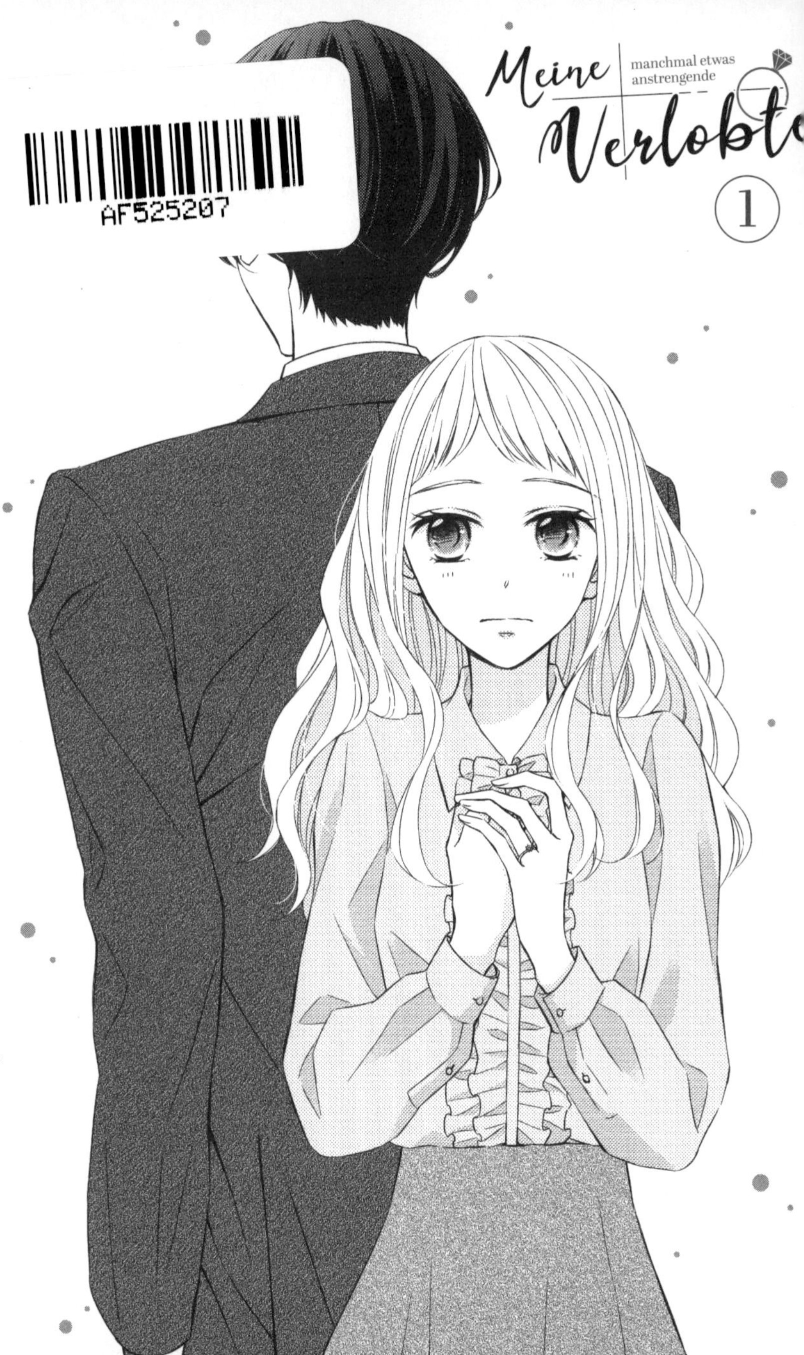

Meine
manchmal etwas
anstrengende
Verlobte
1
AF525207

Inhalt

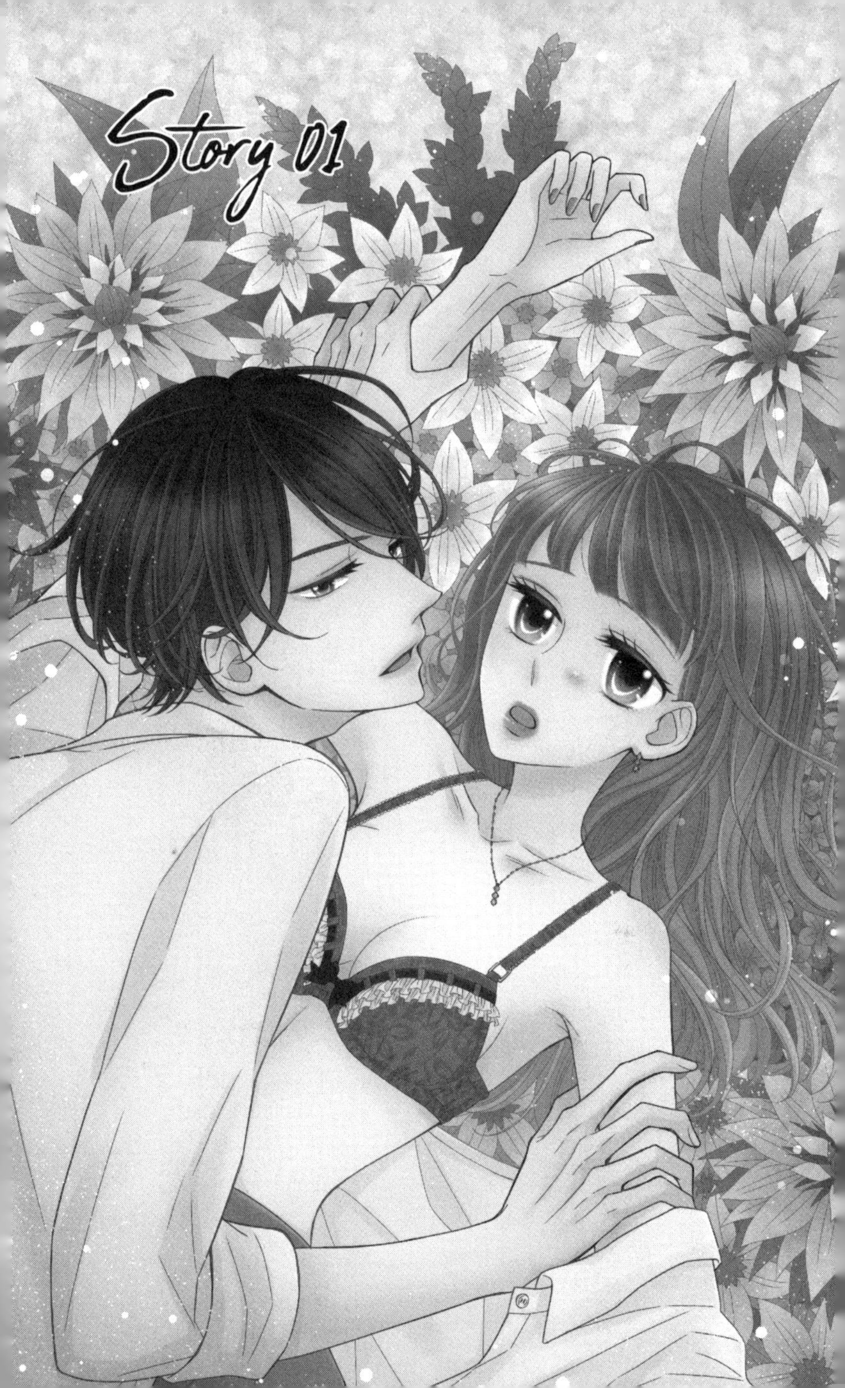
Story 01

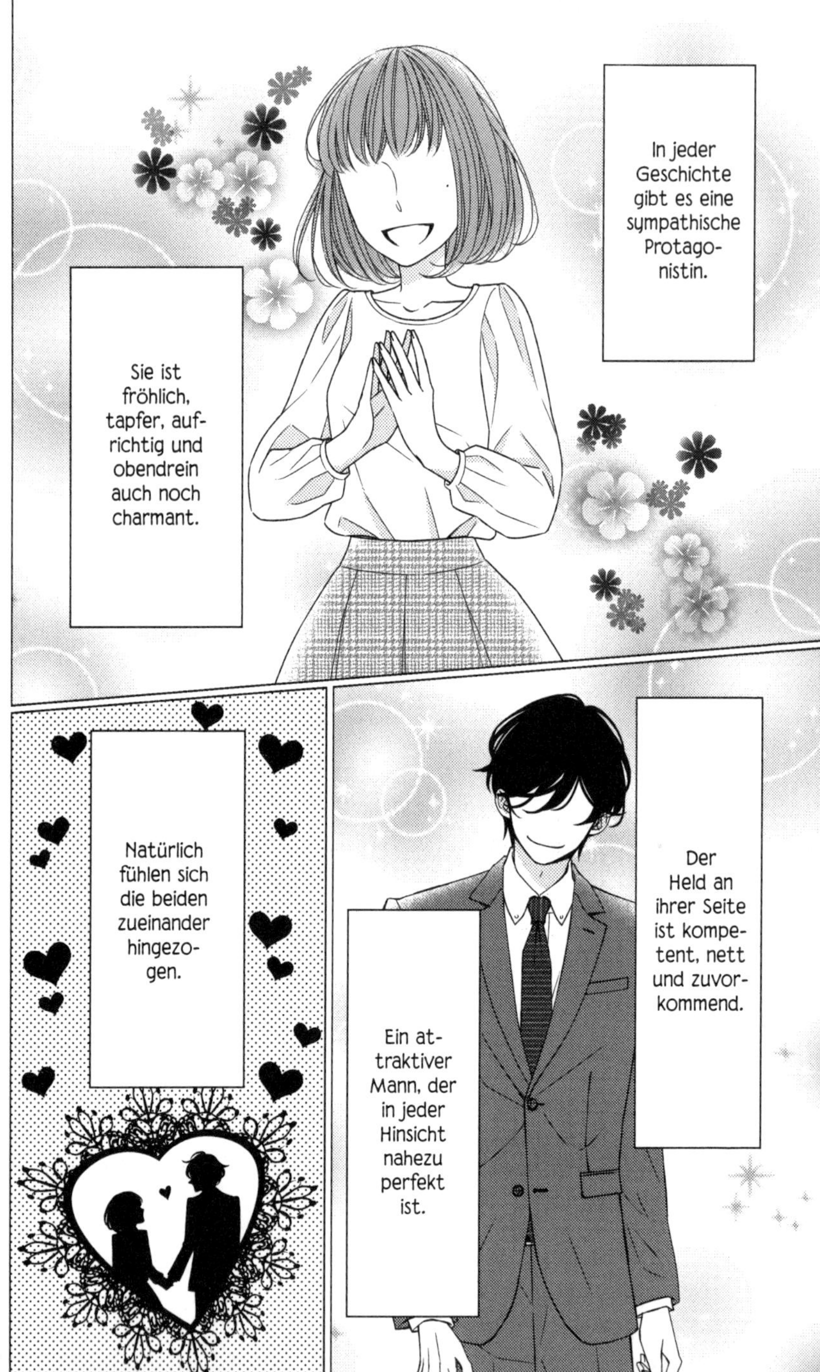
In jeder Geschichte gibt es eine sympathische Protago-nistin.
Sie ist fröhlich, tapfer, auf-richtig und obendrein auch noch charmant.
Der Held an ihrer Seite ist kompe-tent, nett und zuvor-kommend.
Ein at-traktiver Mann, der in jeder Hinsicht nahezu perfekt ist.
Natürlich fühlen sich die beiden zueinander hingezo-gen.

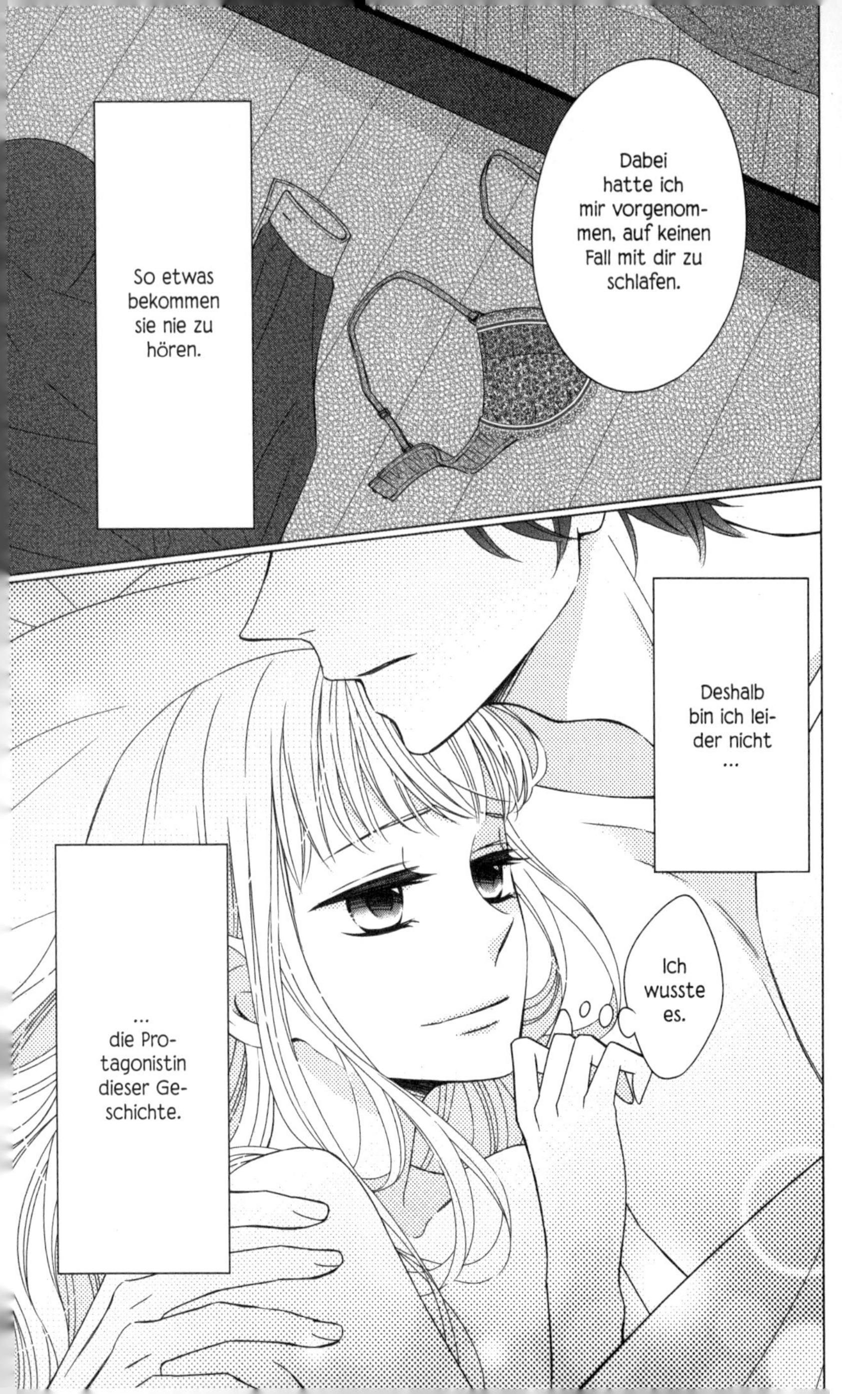
Dabei hatte ich mir vorgenommen, auf keinen Fall mit dir zu schlafen.
So etwas bekommen sie nie zu hören.
Deshalb bin ich leider nicht …
Ich wusste es.
… die Protagonistin dieser Geschichte.

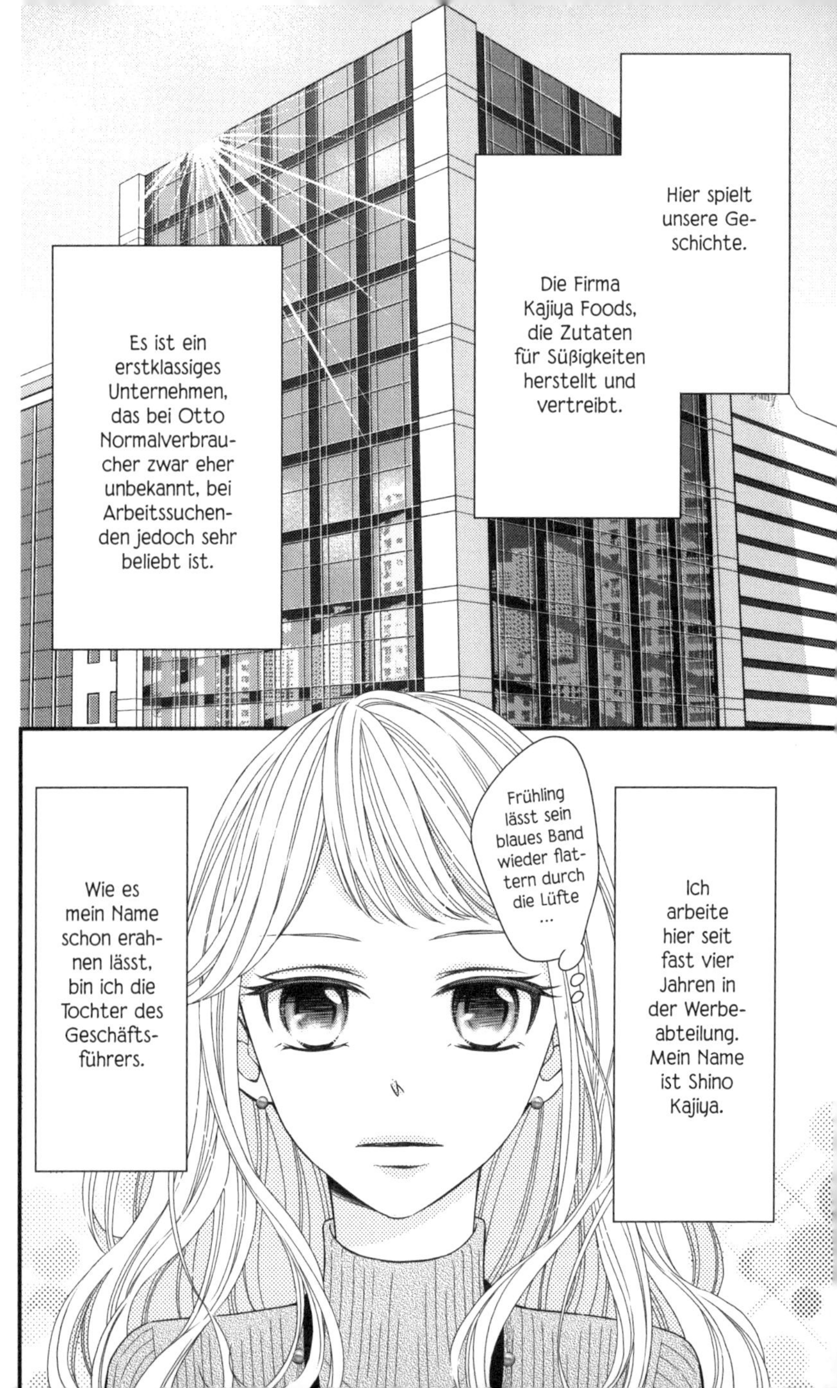

Hier spielt unsere Geschichte.
Die Firma Kajiya Foods, die Zutaten für Süßigkeiten herstellt und vertreibt.
Es ist ein erstklassiges Unternehmen, das bei Otto Normalverbraucher zwar eher unbekannt, bei Arbeitssuchenden jedoch sehr beliebt ist.
Frühling lässt sein blaues Band wieder flattern durch die Lüfte …
Ich arbeite hier seit fast vier Jahren in der Werbeabteilung. Mein Name ist Shino Kajiya.
Wie es mein Name schon erahnen lässt, bin ich die Tochter des Geschäftsführers.

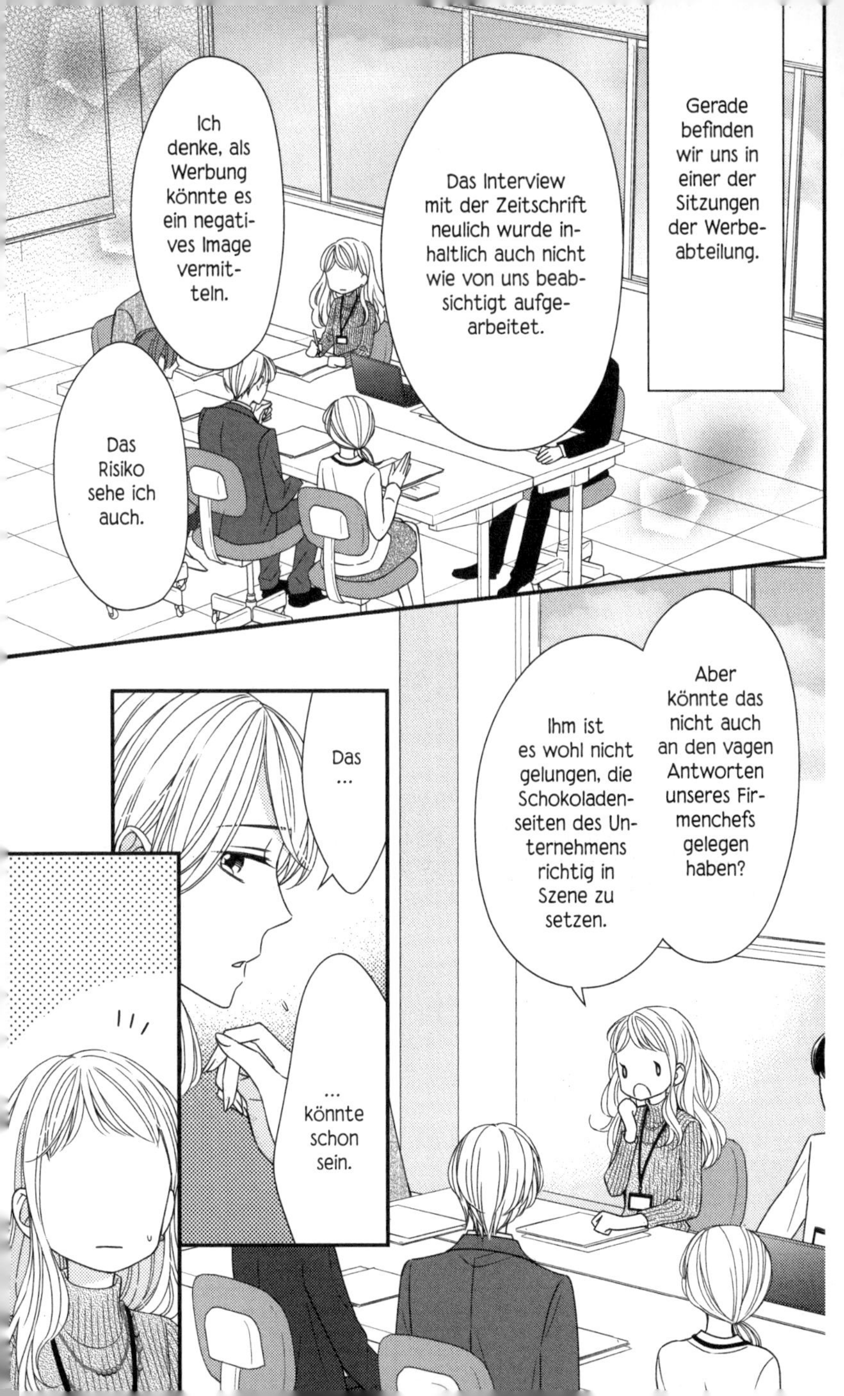

Gerade befinden wir uns in einer der Sitzungen der Werbeabteilung.
Das Interview mit der Zeitschrift neulich wurde inhaltlich auch nicht wie von uns beabsichtigt aufgearbeitet.
Ich denke, als Werbung könnte es ein negatives Image vermitteln.
Das Risiko sehe ich auch.
Aber könnte das nicht auch an den vagen Antworten unseres Firmenchefs gelegen haben?
Ihm ist es wohl nicht gelungen, die Schokoladenseiten des Unternehmens richtig in Szene zu setzen.
Das …
… könnte schon sein.

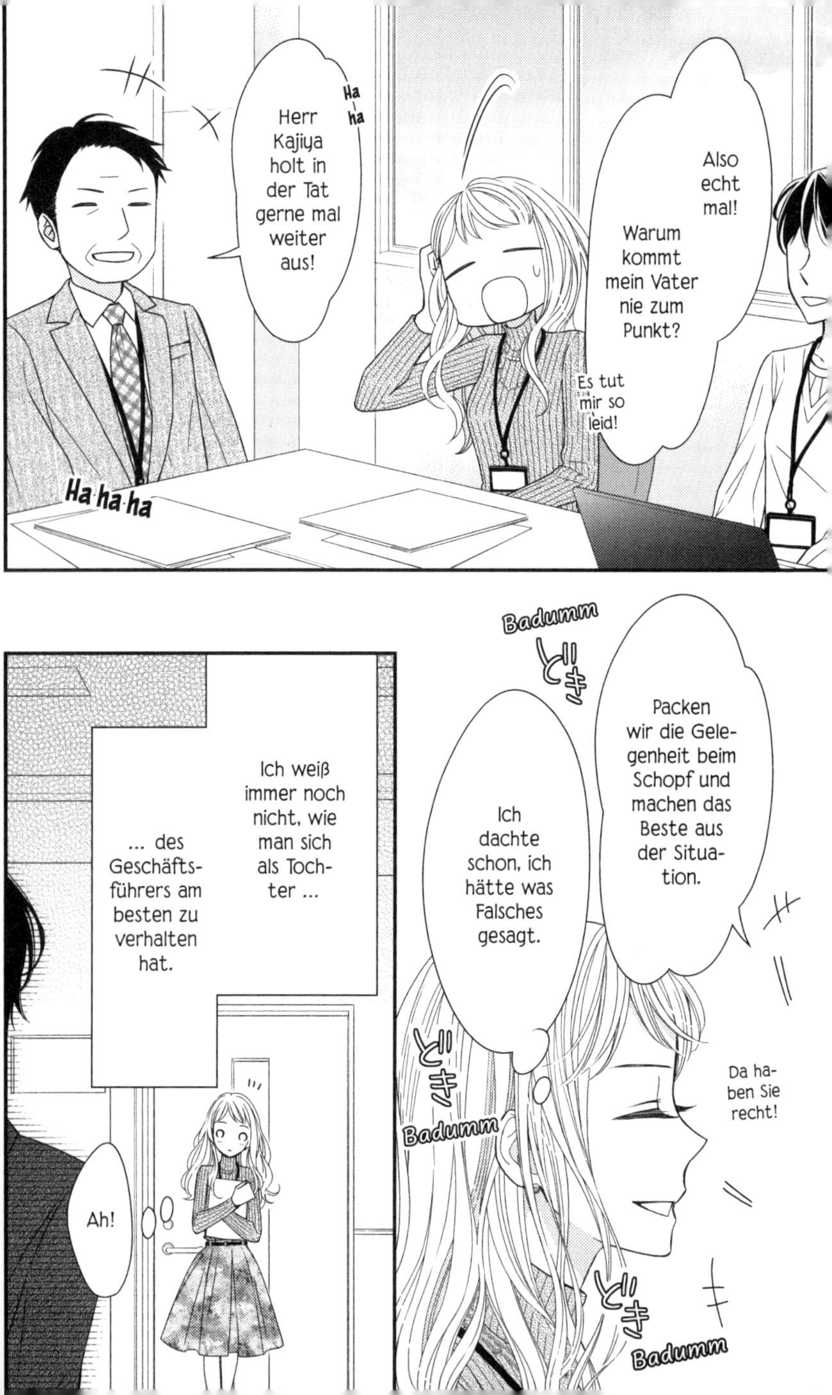

Also echt mal!
Warum kommt mein Vater nie zum Punkt?
Es tut mir so leid!
Ha ha
Herr Kajiya holt in der Tat gerne mal weiter aus!
Ha ha ha

Badumm
どき
Packen wir die Gele-genheit beim Schopf und machen das Beste aus der Situa-tion.
Ich dachte schon, ich hätte was Falsches gesagt.
どき
Badumm
Da ha-ben Sie recht!
どき
Badumm
Ich weiß immer noch nicht, wie man sich als Toch-ter ...
... des Geschäfts-führers am besten zu verhalten hat.
Ah!

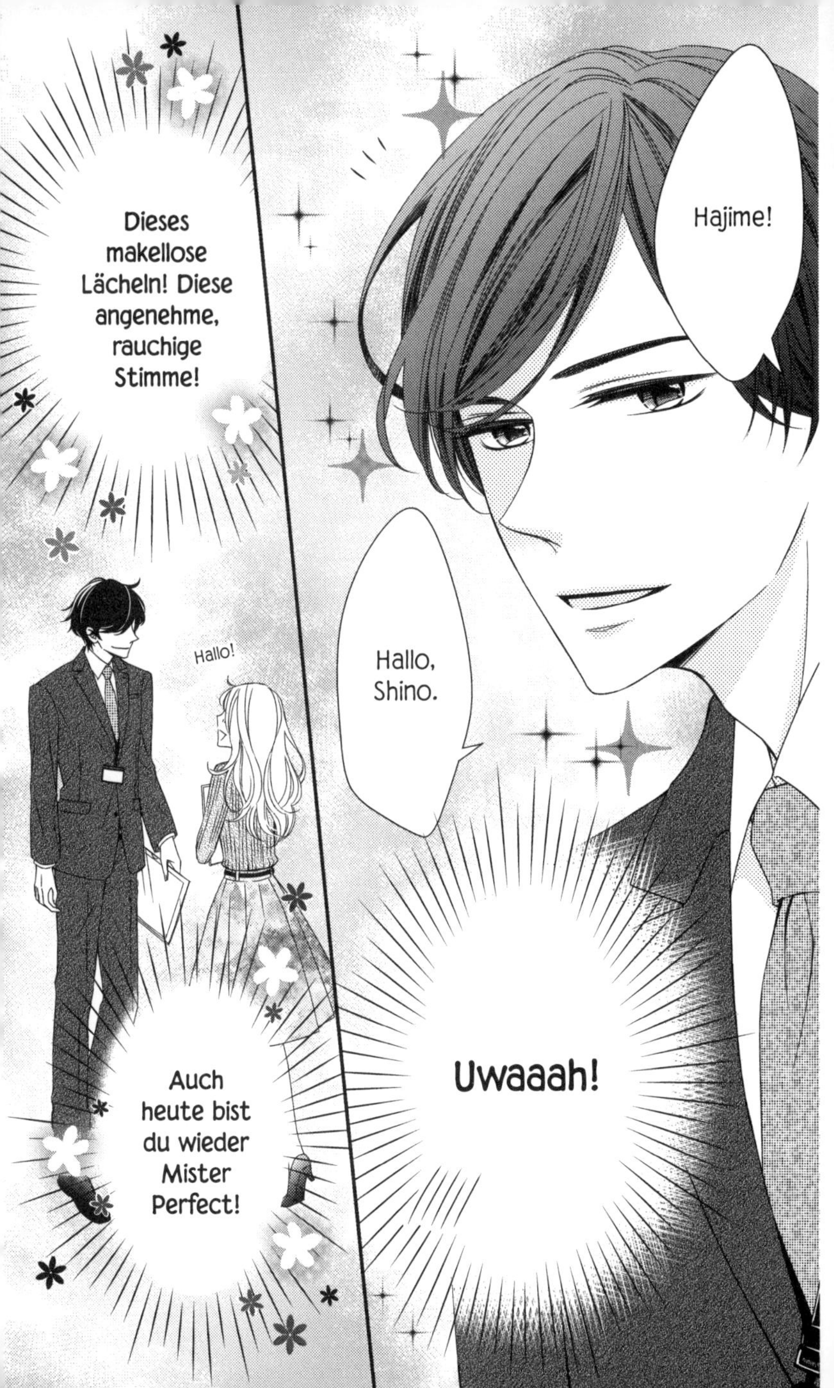
Hajime!
Hallo, Shino.
Uwaaah!
Dieses makellose Lächeln! Diese angenehme, rauchige Stimme!
Hallo!
Auch heute bist du wieder Mister Perfect!

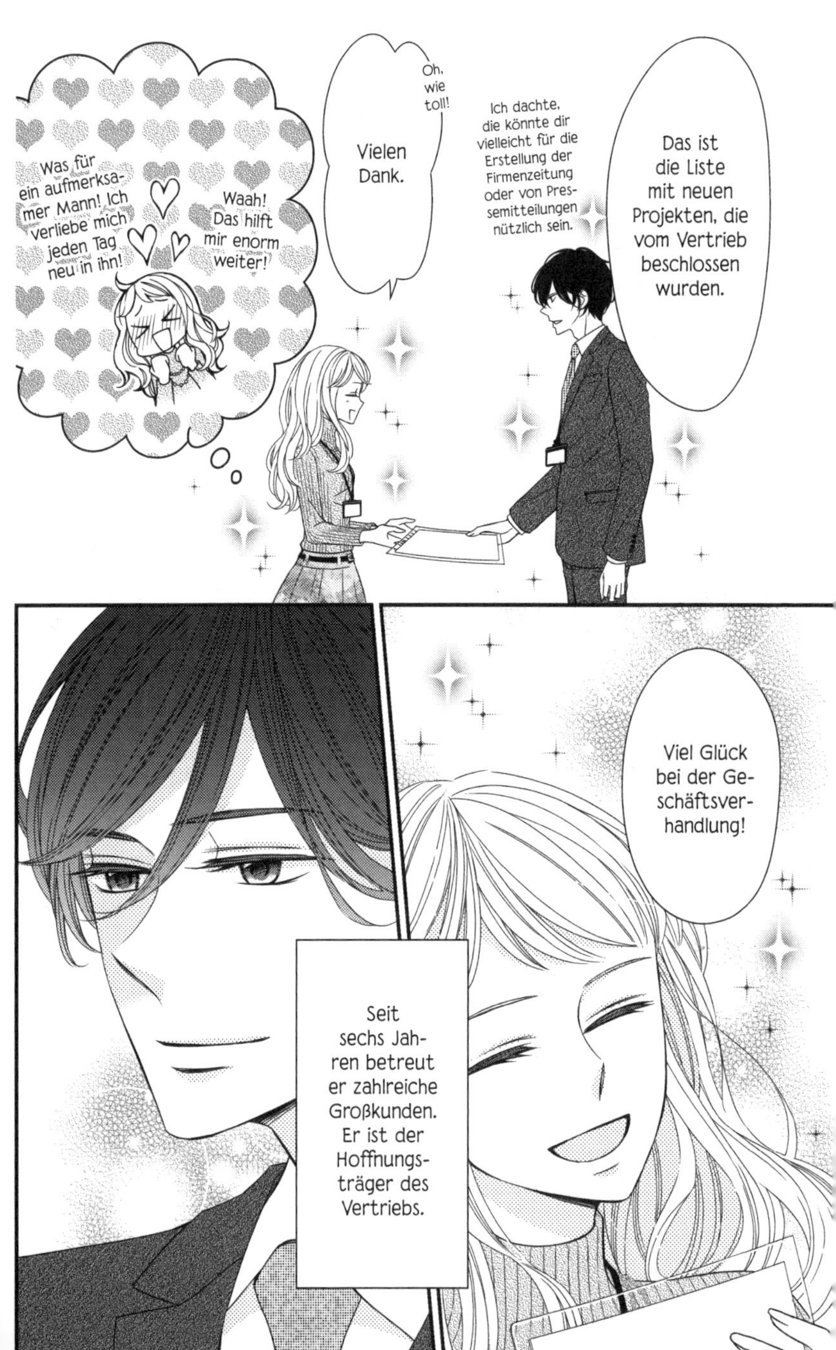
Das ist die Liste mit neuen Projekten, die vom Vertrieb beschlossen wurden.
Ich dachte, die könnte dir vielleicht für die Erstellung der Firmenzeitung oder von Pressemitteilungen nützlich sein.
Oh, wie toll!
Vielen Dank.
Waah! Das hilft mir enorm weiter!
Was für ein aufmerksamer Mann! Ich verliebe mich jeden Tag neu in ihn!
Viel Glück bei der Geschäftsverhandlung!
Seit sechs Jahren betreut er zahlreiche Großkunden. Er ist der Hoffnungsträger des Vertriebs.

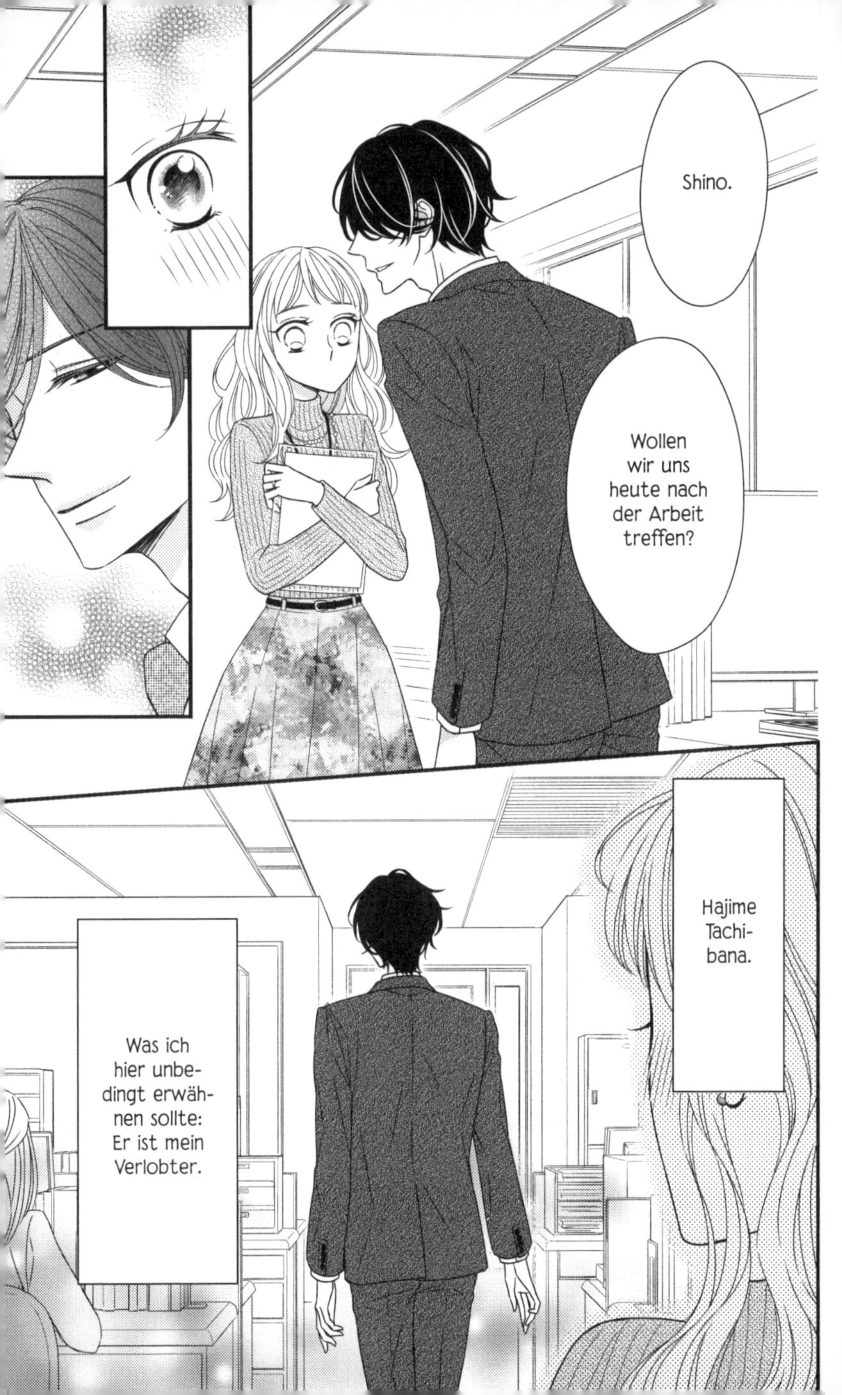
Shino.
Wollen wir uns heute nach der Arbeit treffen?
Hajime Tachi-bana.
Was ich hier unbedingt erwähnen sollte: Er ist mein Verlobter.

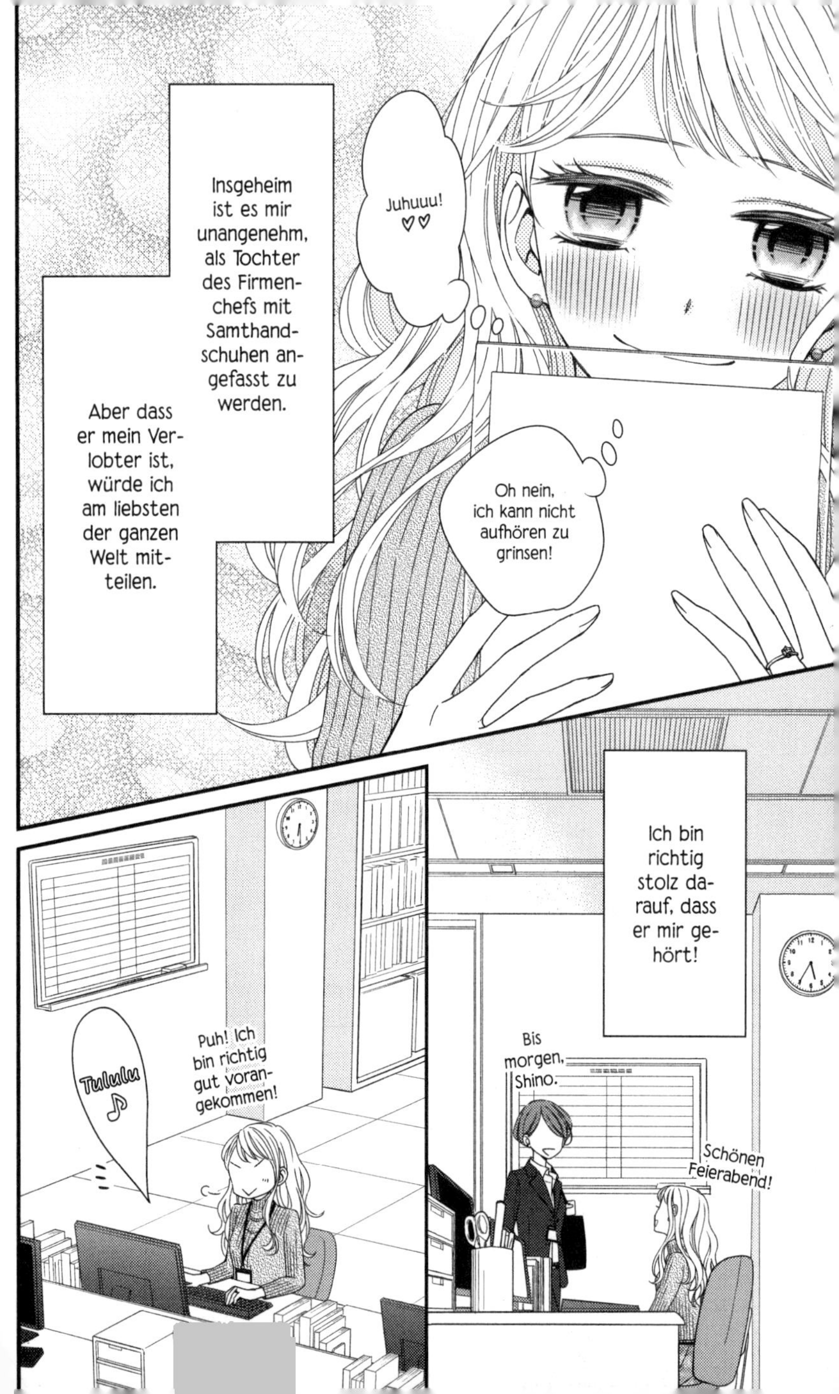

Juhuuu! ♡♡
Oh nein, ich kann nicht aufhören zu grinsen!
Insgeheim ist es mir unangenehm, als Tochter des Firmenchefs mit Samthandschuhen angefasst zu werden.
Aber dass er mein Verlobter ist, würde ich am liebsten der ganzen Welt mitteilen.
Ich bin richtig stolz darauf, dass er mir gehört!
Bis morgen, Shino.
Schönen Feierabend!
Puh! Ich bin richtig gut vorangekommen!
Tululu ♪

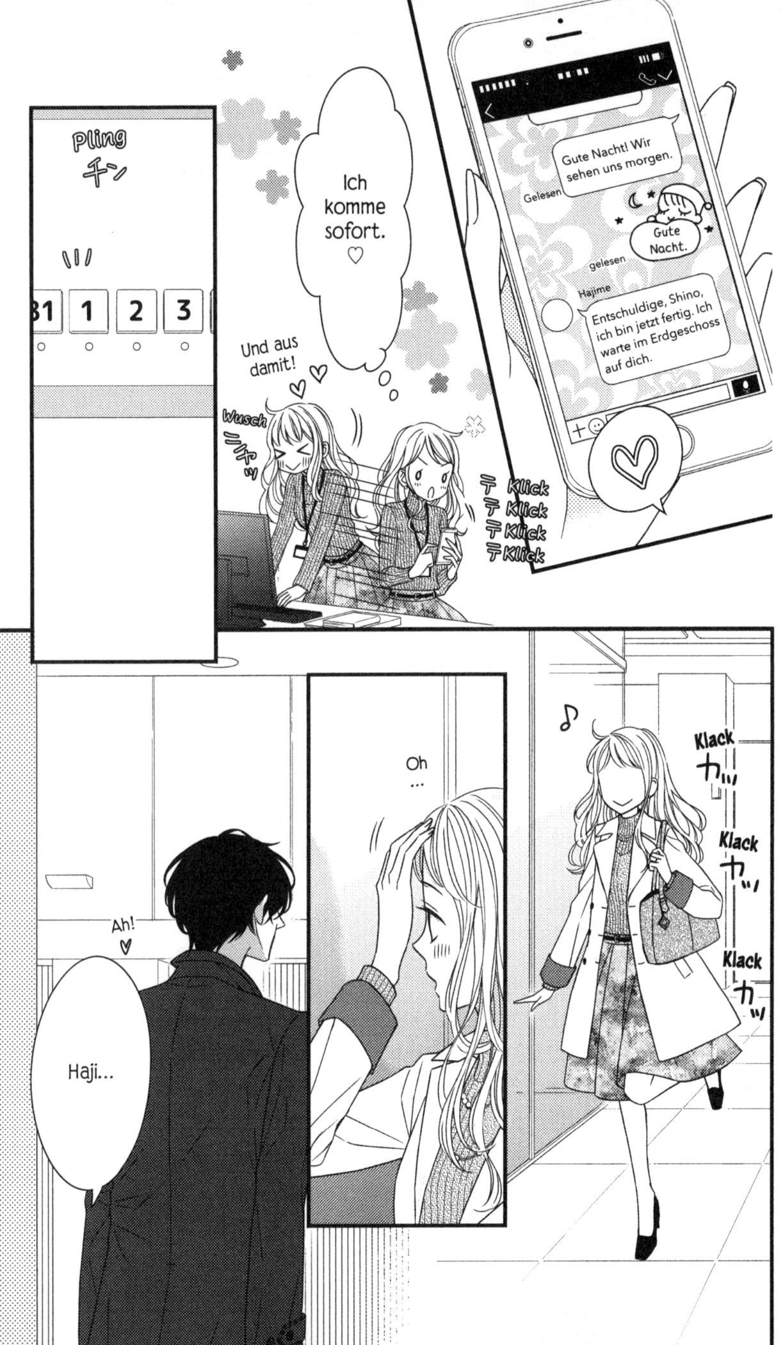

Gute Nacht! Wir sehen uns morgen.
Gelesen
Gute Nacht.
gelesen
Hajime
Entschuldige, Shino, ich bin jetzt fertig. Ich warte im Erdgeschoss auf dich.
Klick
Klick
Klick
Klick
Ich komme sofort. ♡
Und aus damit!
Wusch
Pling
チーン
31 1 2 3
Klack
Klack
Klack
Oh …
Ah! ♡
Haji…

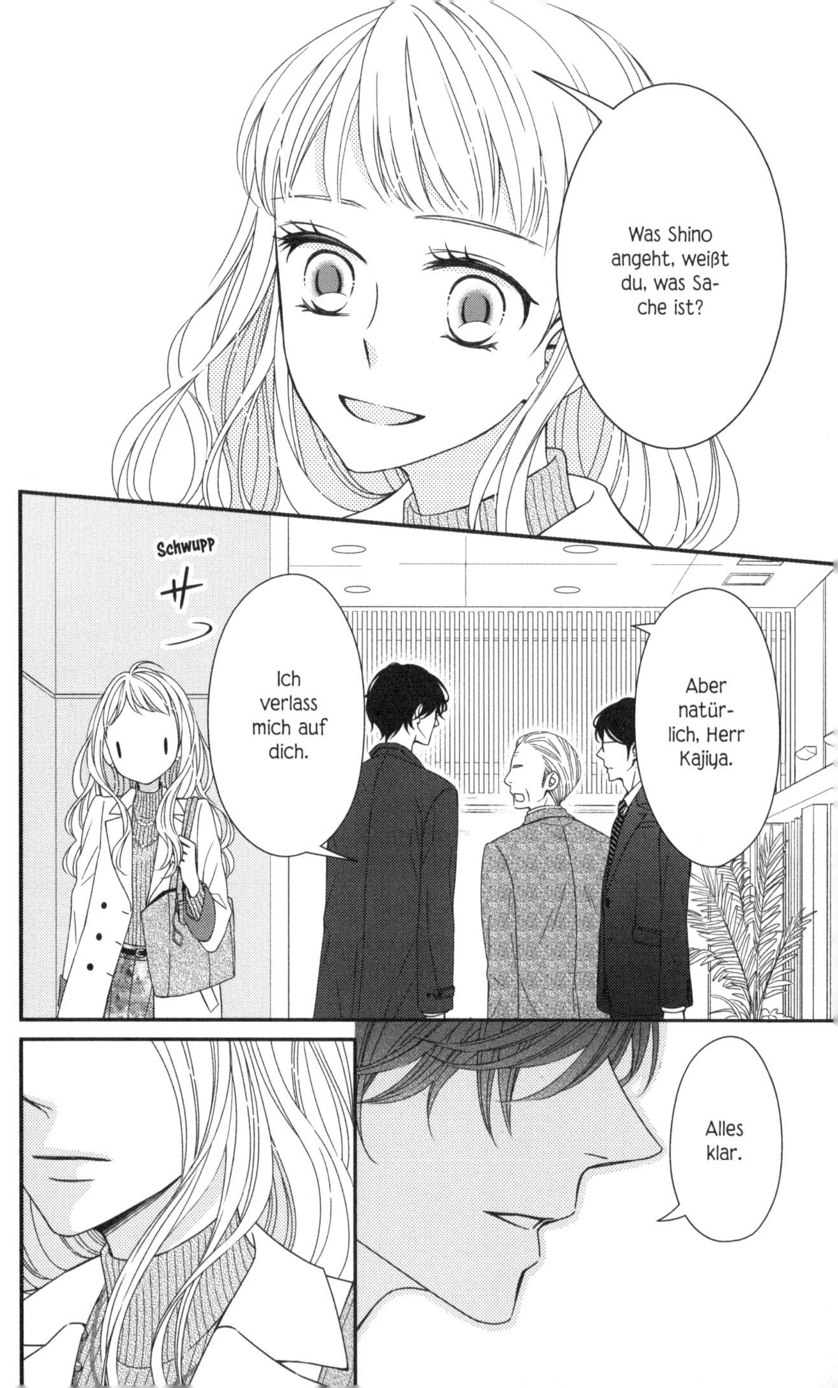
Was Shino angeht, weißt du, was Sache ist?
Aber natür-lich, Herr Kajiya.
Ich verlass mich auf dich.
Schwupp
Alles klar.

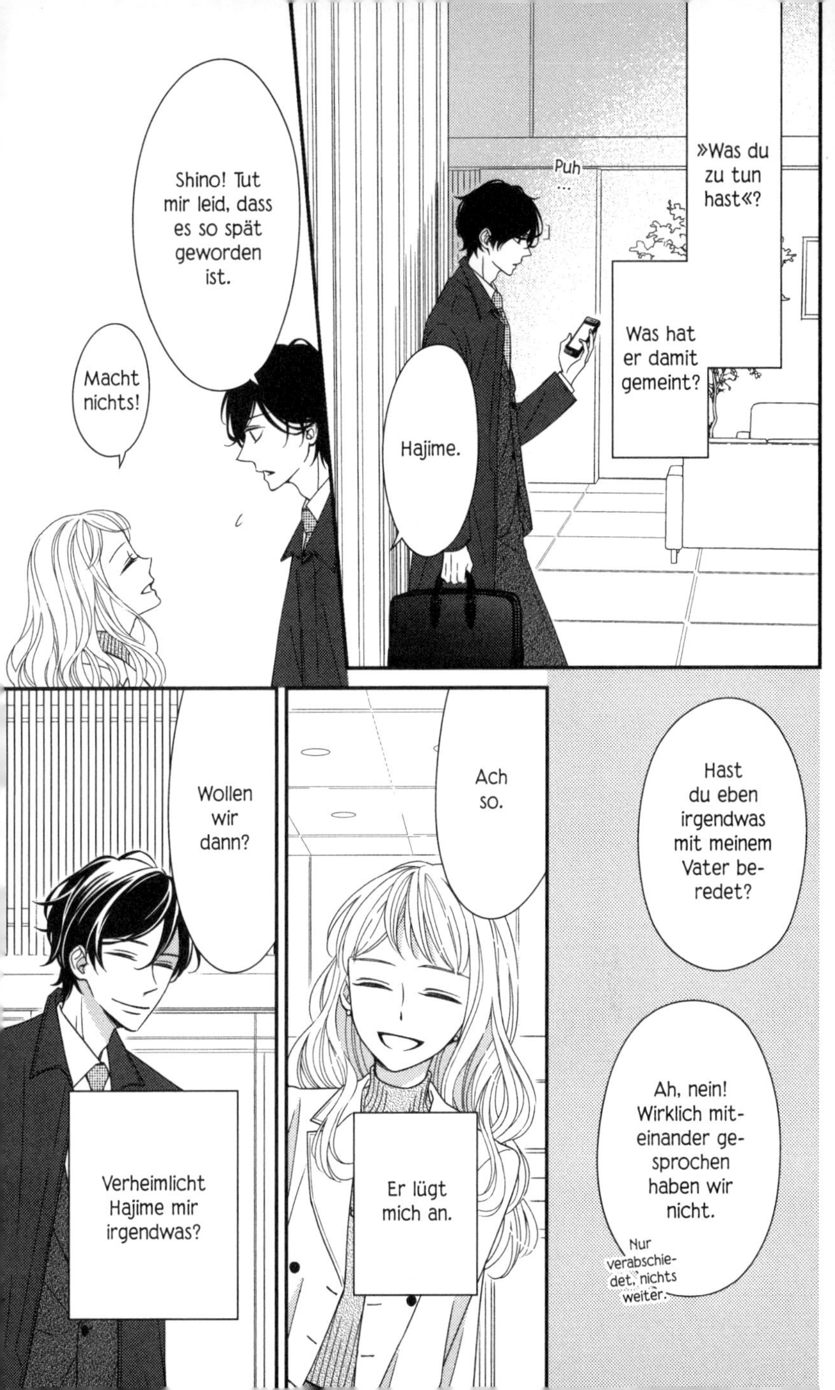
»Was du zu tun hast«?
Was hat er damit gemeint?
Puh …
Hajime.
Shino! Tut mir leid, dass es so spät geworden ist.
Macht nichts!
Hast du eben irgendwas mit meinem Vater beredet?
Ah, nein! Wirklich miteinander gesprochen haben wir nicht.
Nur verabschiedet, nichts weiter.
Ach so.
Er lügt mich an.
Wollen wir dann?
Verheimlicht Hajime mir irgendwas?

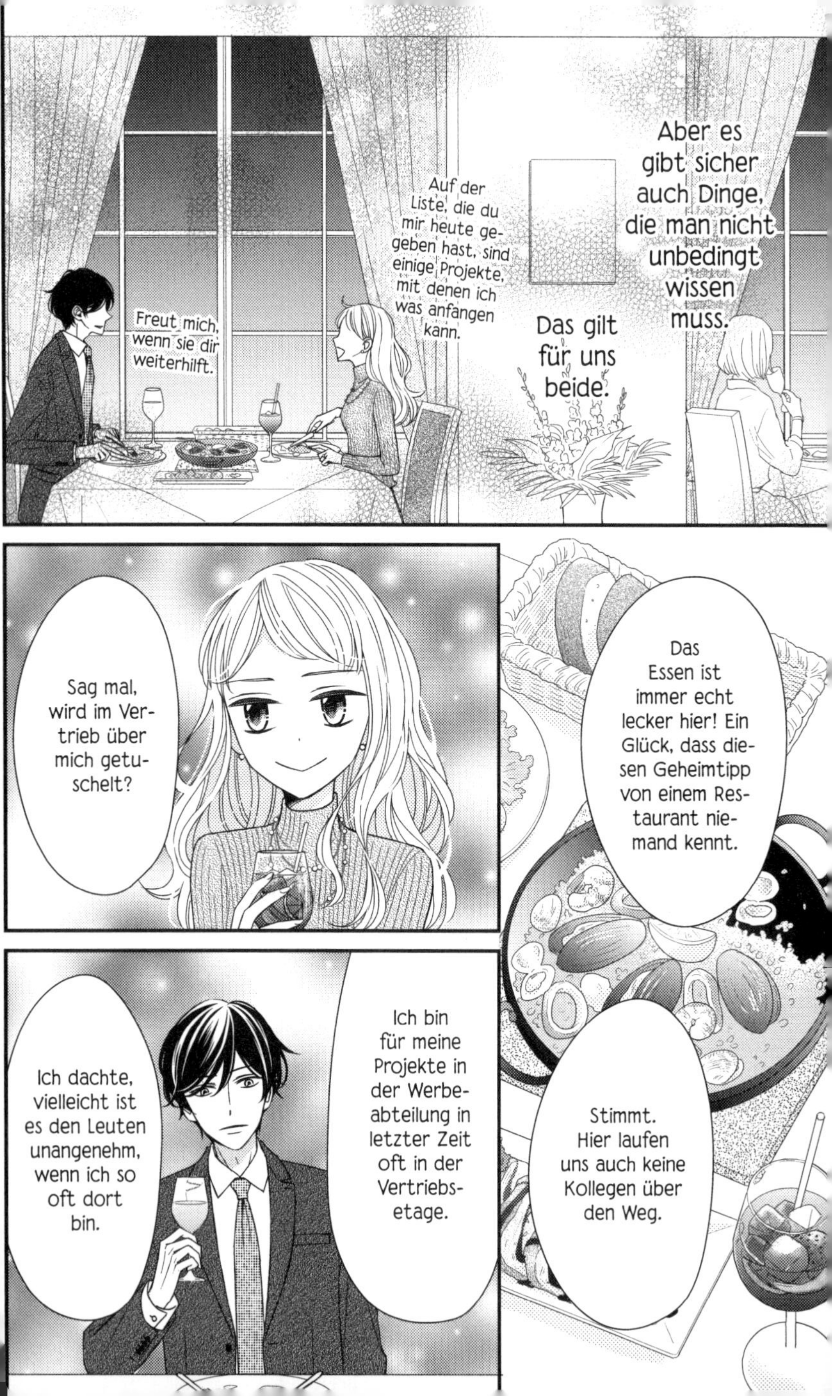

Aber es gibt sicher auch Dinge, die man nicht unbedingt wissen muss.

Das gilt für uns beide.

Auf der Liste, die du mir heute gegeben hast, sind einige Projekte, mit denen ich was anfangen kann.

Freut mich, wenn sie dir weiterhilft.

Das Essen ist immer echt lecker hier! Ein Glück, dass diesen Geheimtipp von einem Restaurant niemand kennt.

Stimmt. Hier laufen uns auch keine Kollegen über den Weg.

Sag mal, wird im Vertrieb über mich getuschelt?

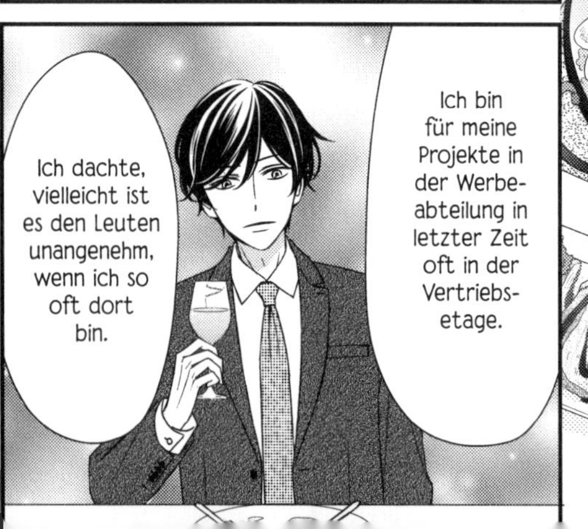

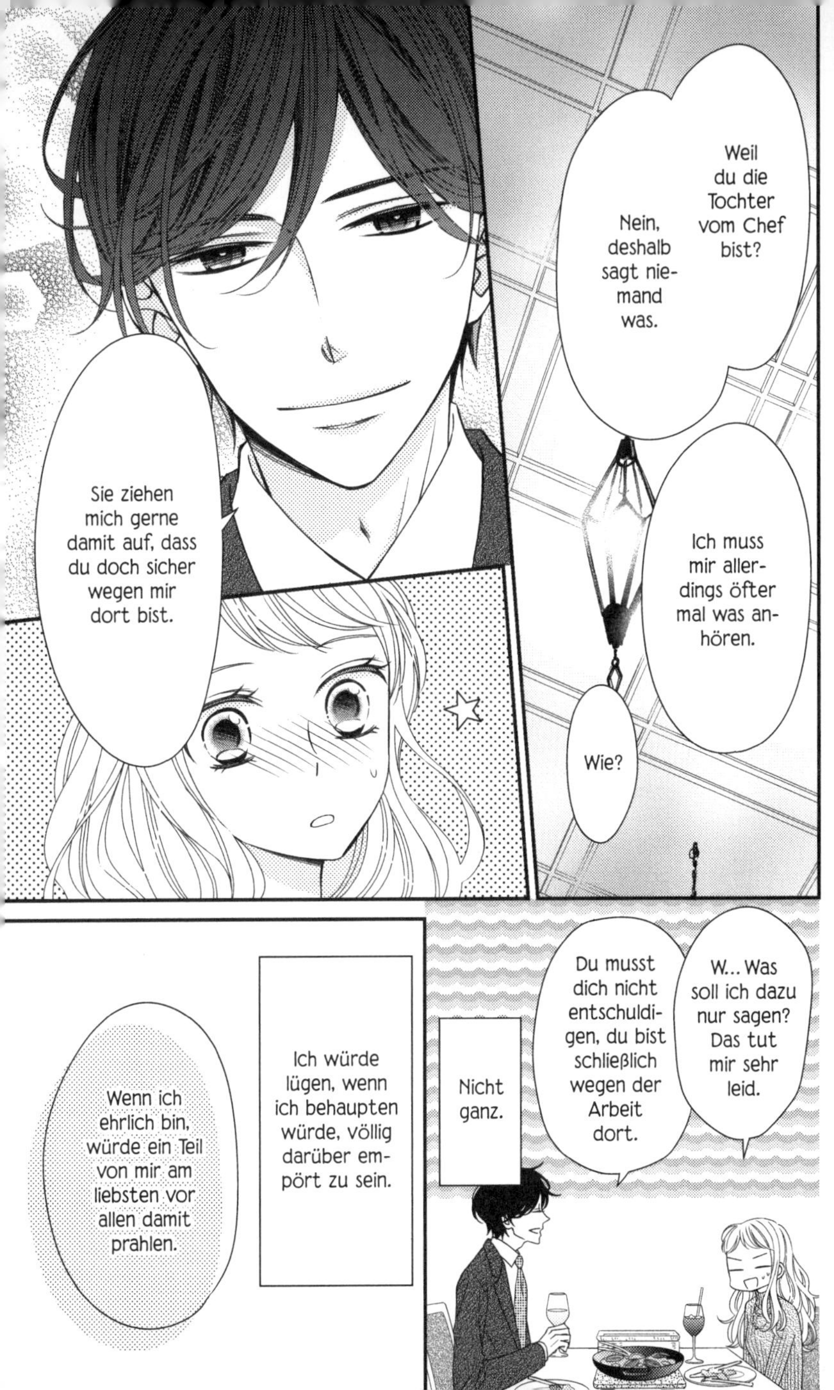
Weil du die Tochter vom Chef bist?
Nein, deshalb sagt niemand was.
Ich muss mir allerdings öfter mal was anhören.
Wie?
Sie ziehen mich gerne damit auf, dass du doch sicher wegen mir dort bist.
W... Was soll ich dazu nur sagen? Das tut mir sehr leid.
Du musst dich nicht entschuldigen, du bist schließlich wegen der Arbeit dort.
Nicht ganz.
Ich würde lügen, wenn ich behaupten würde, völlig darüber empört zu sein.
Wenn ich ehrlich bin, würde ein Teil von mir am liebsten vor allen damit prahlen.

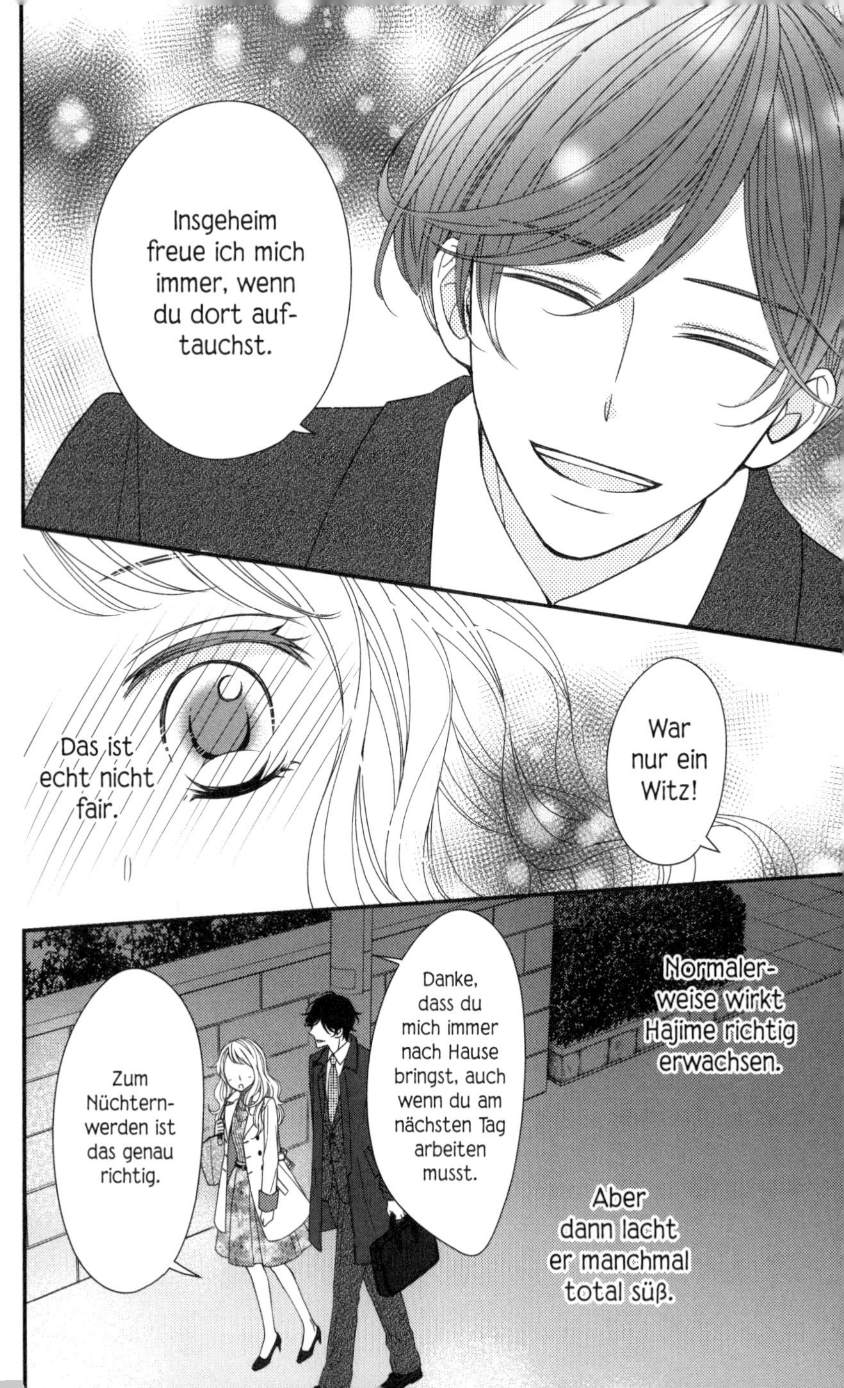
Insgeheim freue ich mich immer, wenn du dort auftauchst.
War nur ein Witz!
Das ist echt nicht fair.
Normalerweise wirkt Hajime richtig erwachsen.
Danke, dass du mich immer nach Hause bringst, auch wenn du am nächsten Tag arbeiten musst.
Zum Nüchternwerden ist das genau richtig.
Aber dann lacht er manchmal total süß.

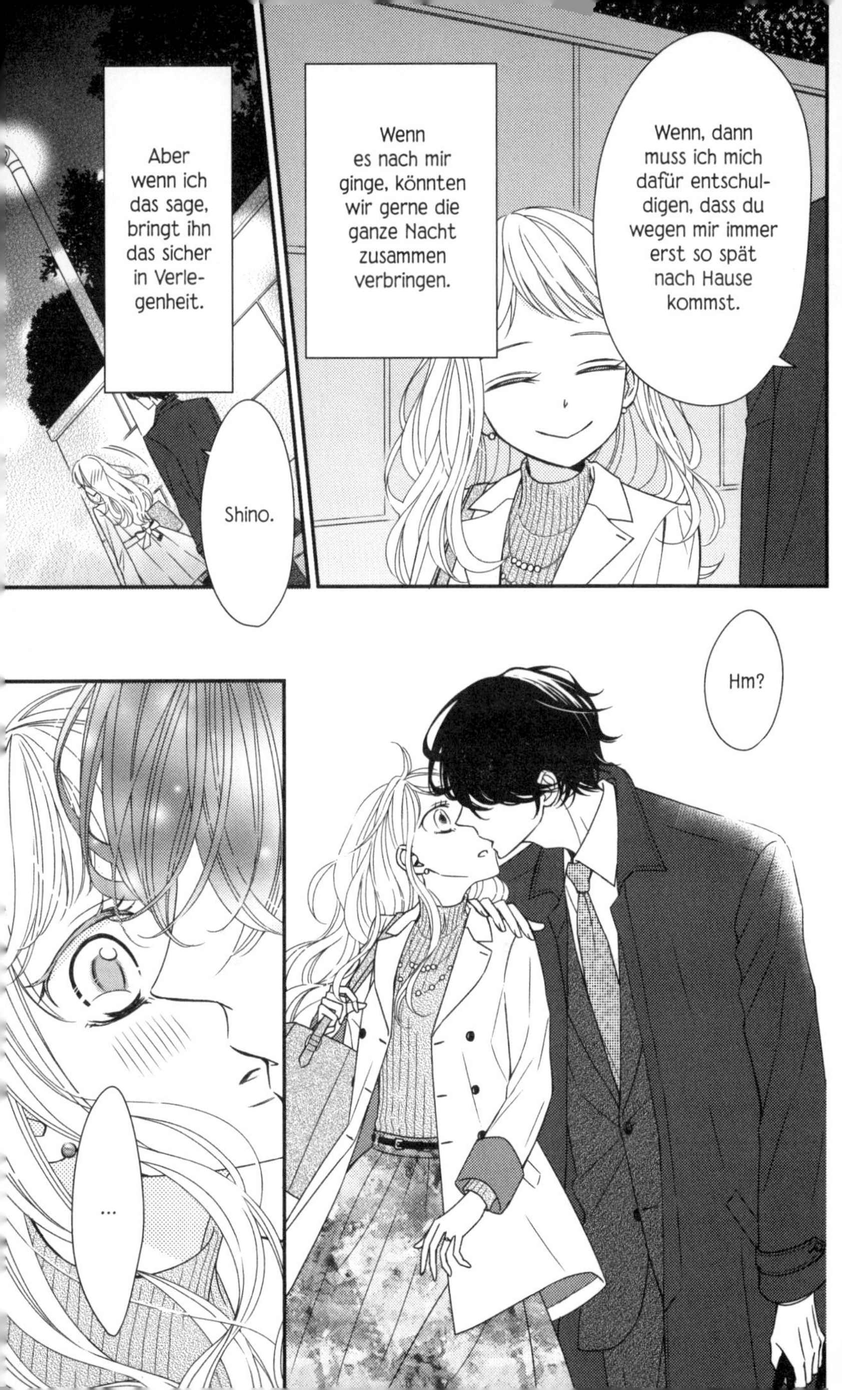
Wenn, dann muss ich mich dafür entschul-digen, dass du wegen mir immer erst so spät nach Hause kommst.
Wenn es nach mir ginge, könnten wir gerne die ganze Nacht zusammen verbringen.
Aber wenn ich das sage, bringt ihn das sicher in Verle-genheit.
Shino.
Hm?
...

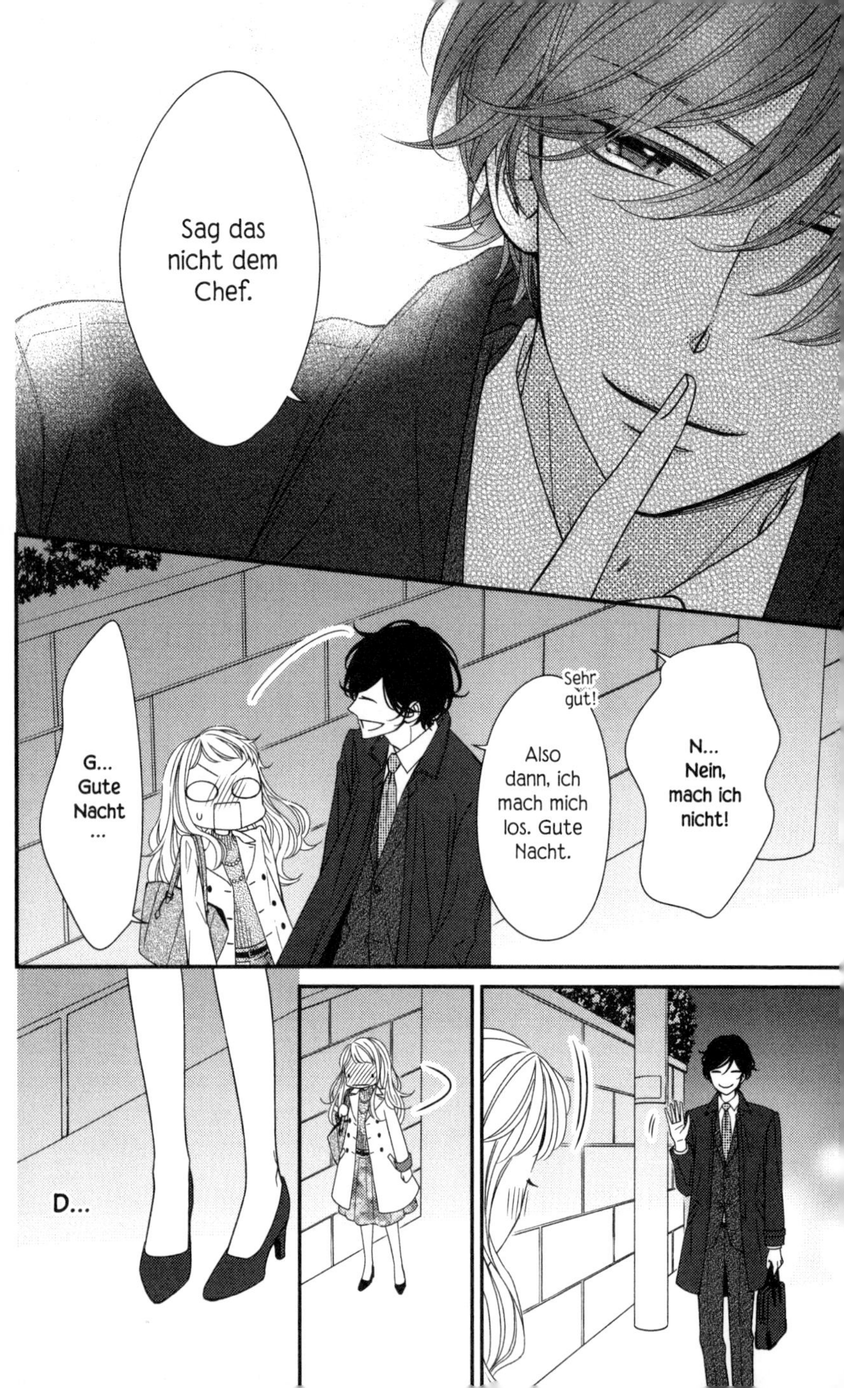
Sag das nicht dem Chef.
N... Nein, mach ich nicht!
Sehr gut!
Also dann, ich mach mich los. Gute Nacht.
G... Gute Nacht ...
D...

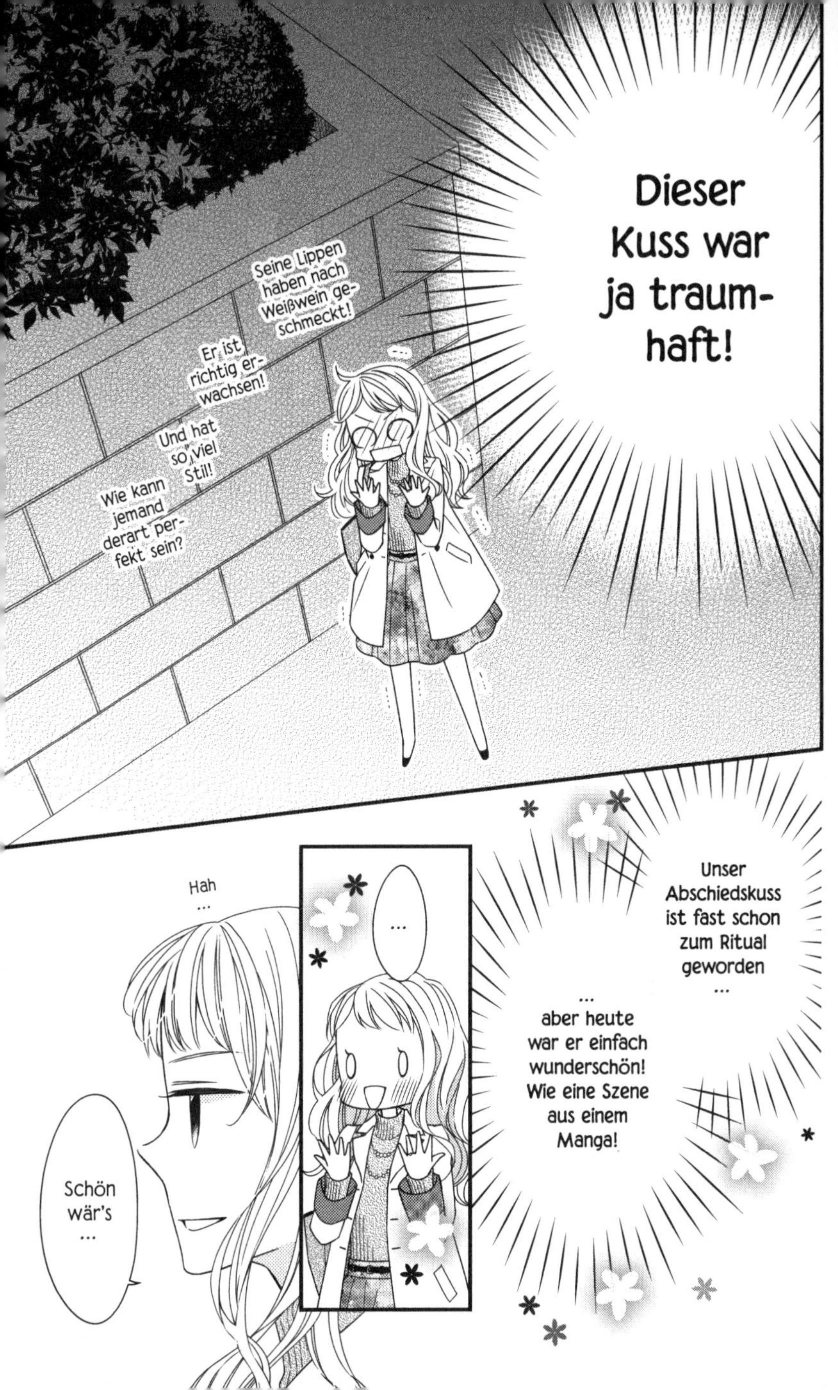
Dieser Kuss war ja traum-haft!
Seine Lippen haben nach Weißwein ge-schmeckt!
Er ist richtig er-wachsen!
Und hat so viel Stil!
Wie kann jemand derart per-fekt sein?
Unser Abschiedskuss ist fast schon zum Ritual geworden …
… aber heute war er einfach wunderschön! Wie eine Szene aus einem Manga!
…
Hah …
Schön wär's …

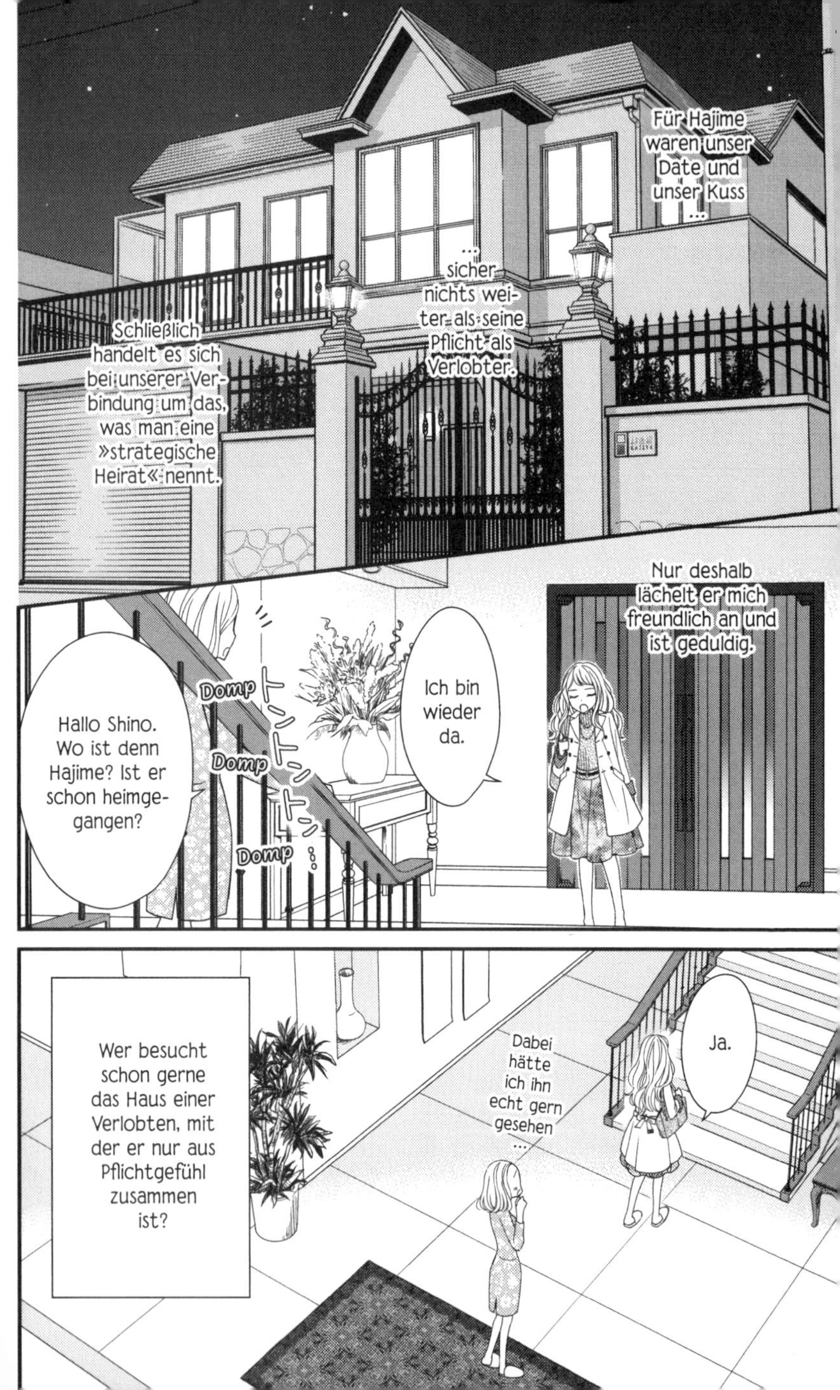
Für Hajime waren unser Date und unser Kuss …
… sicher nichts weiter als seine Pflicht als Verlobter.
Schließlich handelt es sich bei unserer Verbindung um das, was man eine »strategische Heirat« nennt.
Nur deshalb lächelt er mich freundlich an und ist geduldig.
Ich bin wieder da.
Domp
Domp
Domp
Hallo Shino. Wo ist denn Hajime? Ist er schon heimgegangen?
Ja.
Dabei hätte ich ihn echt gern gesehen …
Wer besucht schon gerne das Haus einer Verlobten, mit der er nur aus Pflichtgefühl zusammen ist?

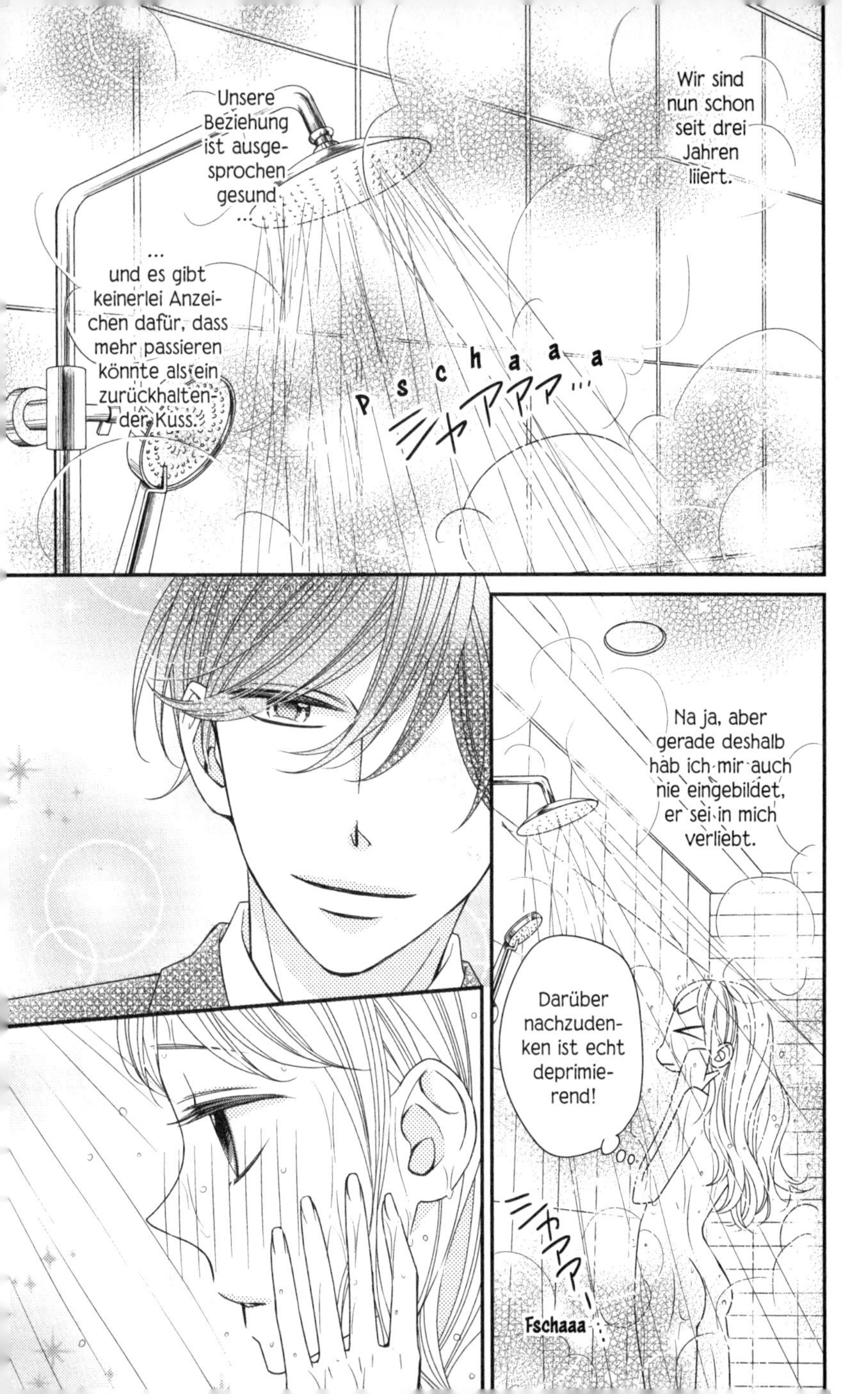
Wir sind nun schon seit drei Jahren liiert.
Unsere Beziehung ist ausgesprochen gesund ...
... und es gibt keinerlei Anzeichen dafür, dass mehr passieren könnte als ein zurückhaltender Kuss.
Pschaaaa
シャアア…
Na ja, aber gerade deshalb hab ich mir auch nie eingebildet, er sei in mich verliebt.
Darüber nachzudenken ist echt deprimierend!
シャアアー
Fschaaa

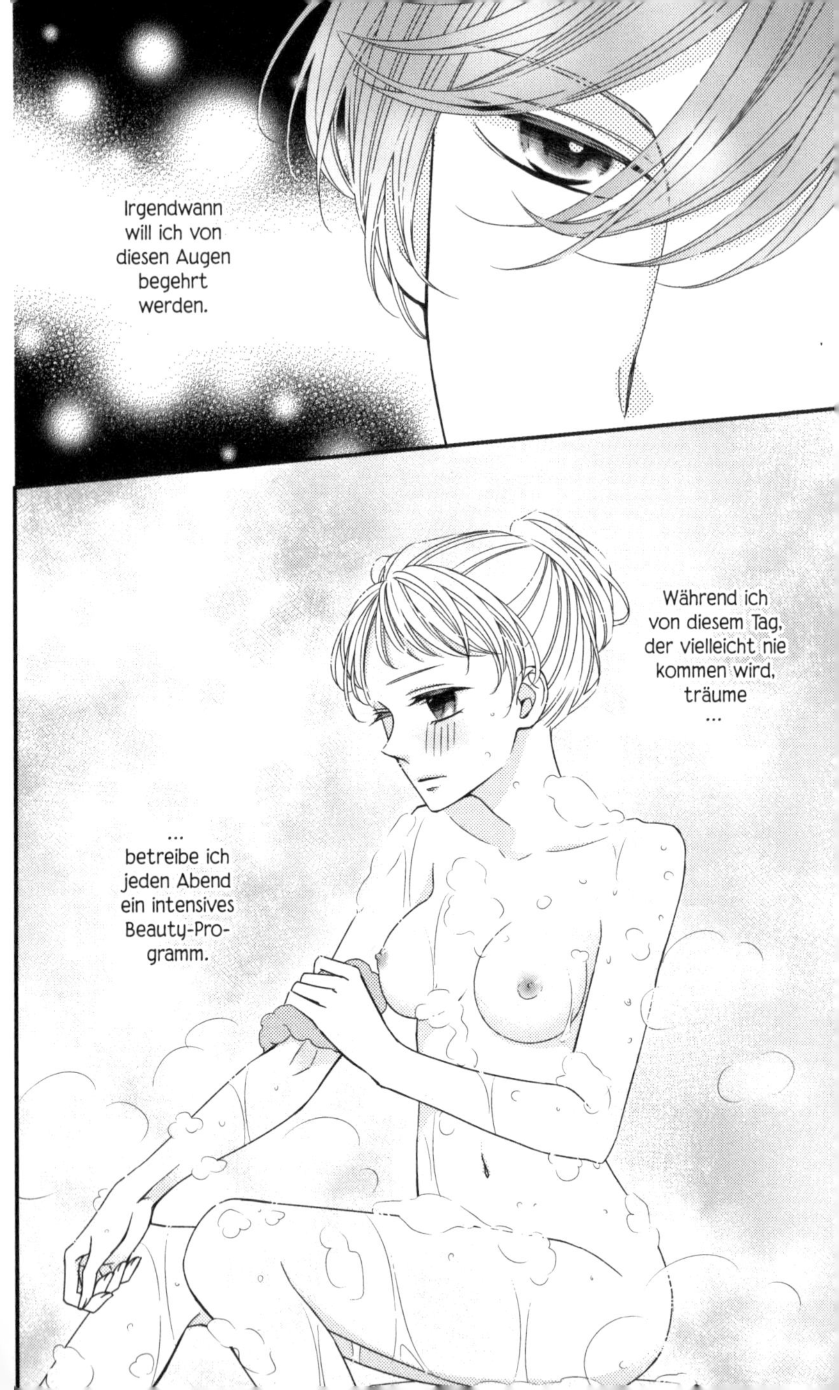
Irgendwann will ich von diesen Augen begehrt werden.
Während ich von diesem Tag, der vielleicht nie kommen wird, träume ...
... betreibe ich jeden Abend ein intensives Beauty-Pro-gramm.

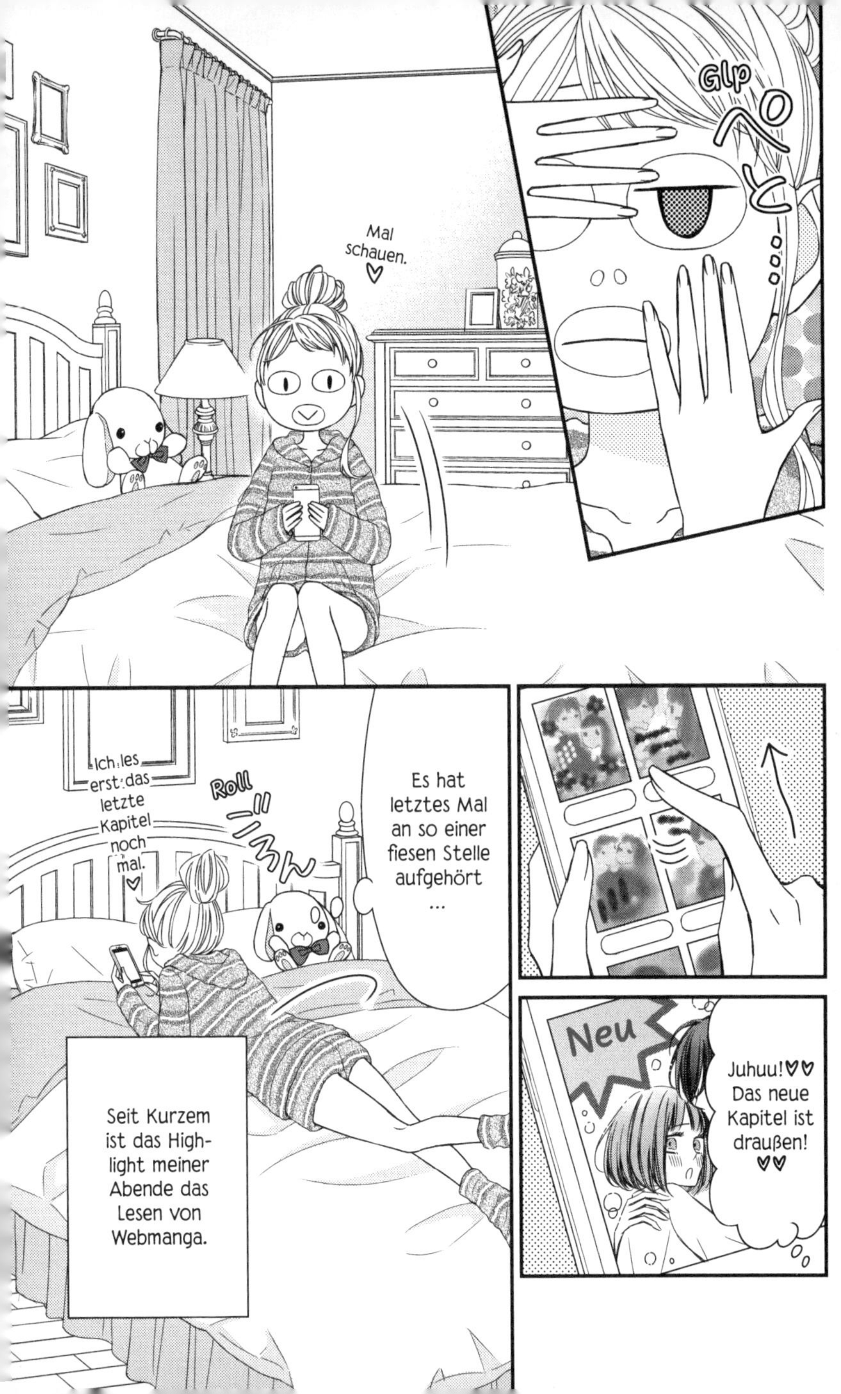
Glp
Mal schauen. ♡
Es hat letztes Mal an so einer fiesen Stelle aufgehört …
Roll
Ich les erst das letzte Kapitel noch mal. ♡
Seit Kurzem ist das Highlight meiner Abende das Lesen von Webmanga.
Neu
Juhuu! ♡♡ Das neue Kapitel ist draußen! ♡♡

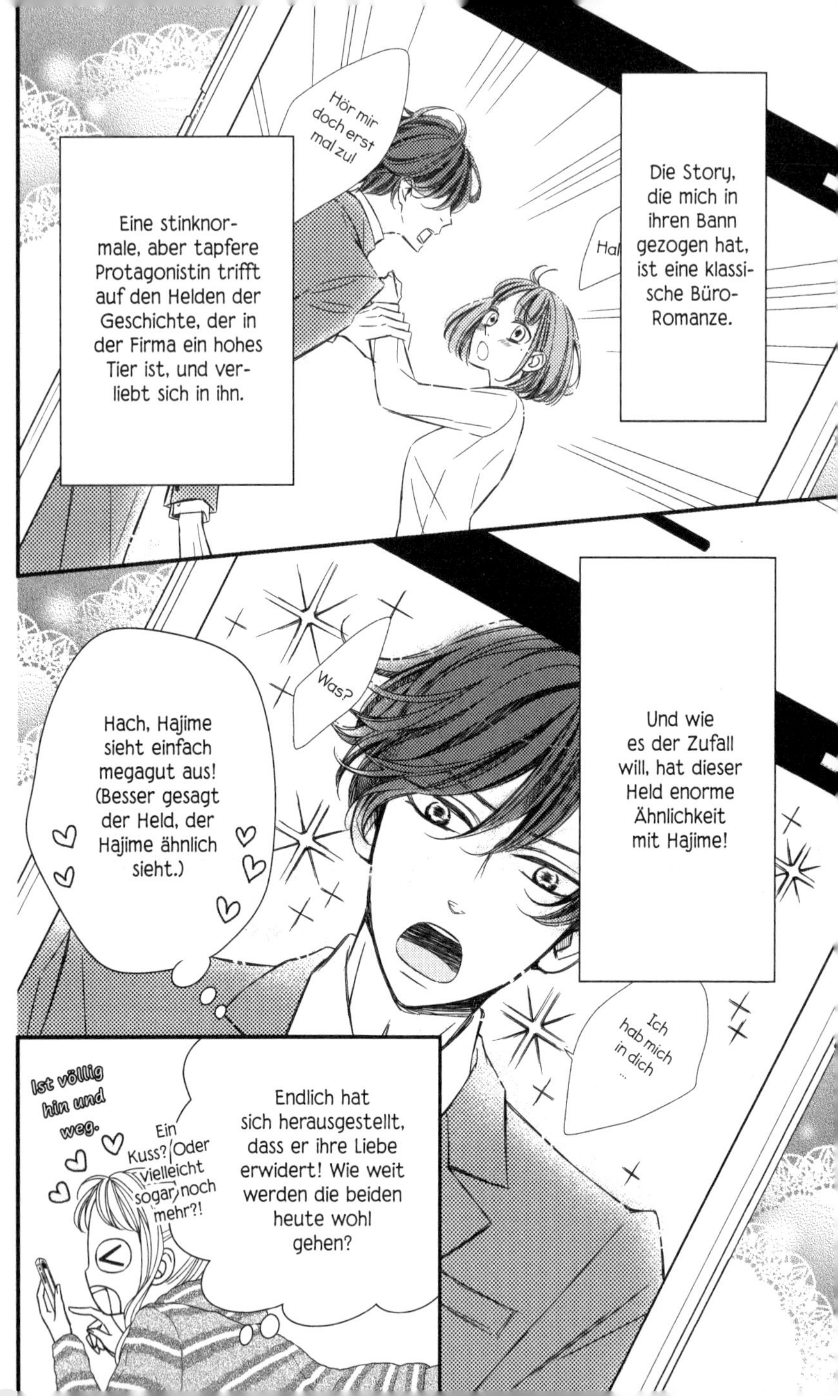
Die Story, die mich in ihren Bann gezogen hat, ist eine klassische Büro-Romanze.
Hal
Hör mir doch erst mal zu!
Eine stinknormale, aber tapfere Protagonistin trifft auf den Helden der Geschichte, der in der Firma ein hohes Tier ist, und verliebt sich in ihn.
Und wie es der Zufall will, hat dieser Held enorme Ähnlichkeit mit Hajime!
Was?
Hach, Hajime sieht einfach megagut aus! (Besser gesagt der Held, der Hajime ähnlich sieht.)
Ich hab mich in dich ...
Endlich hat sich herausgestellt, dass er ihre Liebe erwidert! Wie weit werden die beiden heute wohl gehen?
Ein Kuss? Oder vielleicht sogar noch mehr?!
Ist völlig hin und weg.

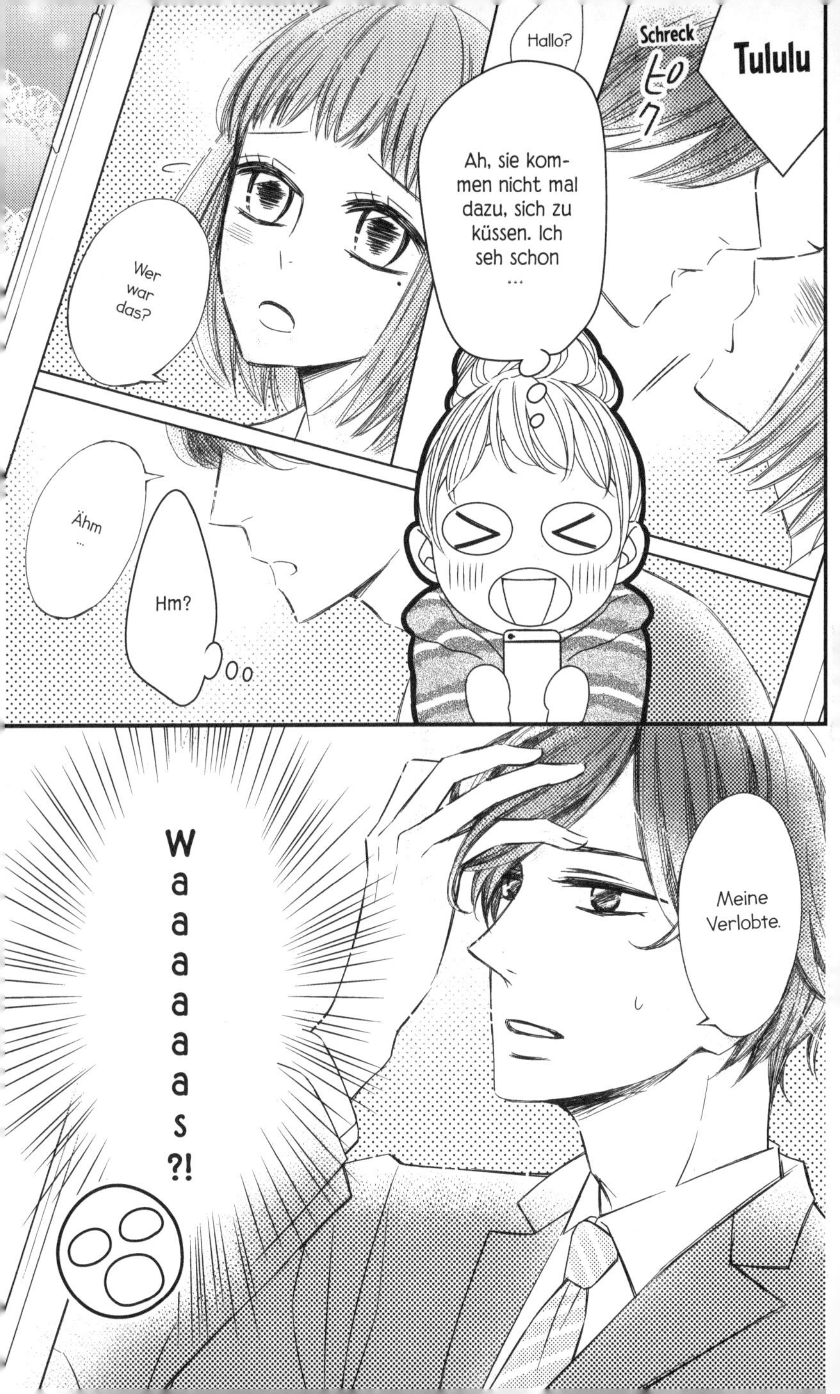

Tululu
Schreck
ピク
Hallo?
Ah, sie kommen nicht mal dazu, sich zu küssen. Ich seh schon ...
Wer war das?
Hm?
Ähm ...
Meine Verlobte.
Waaaaaaaas?!

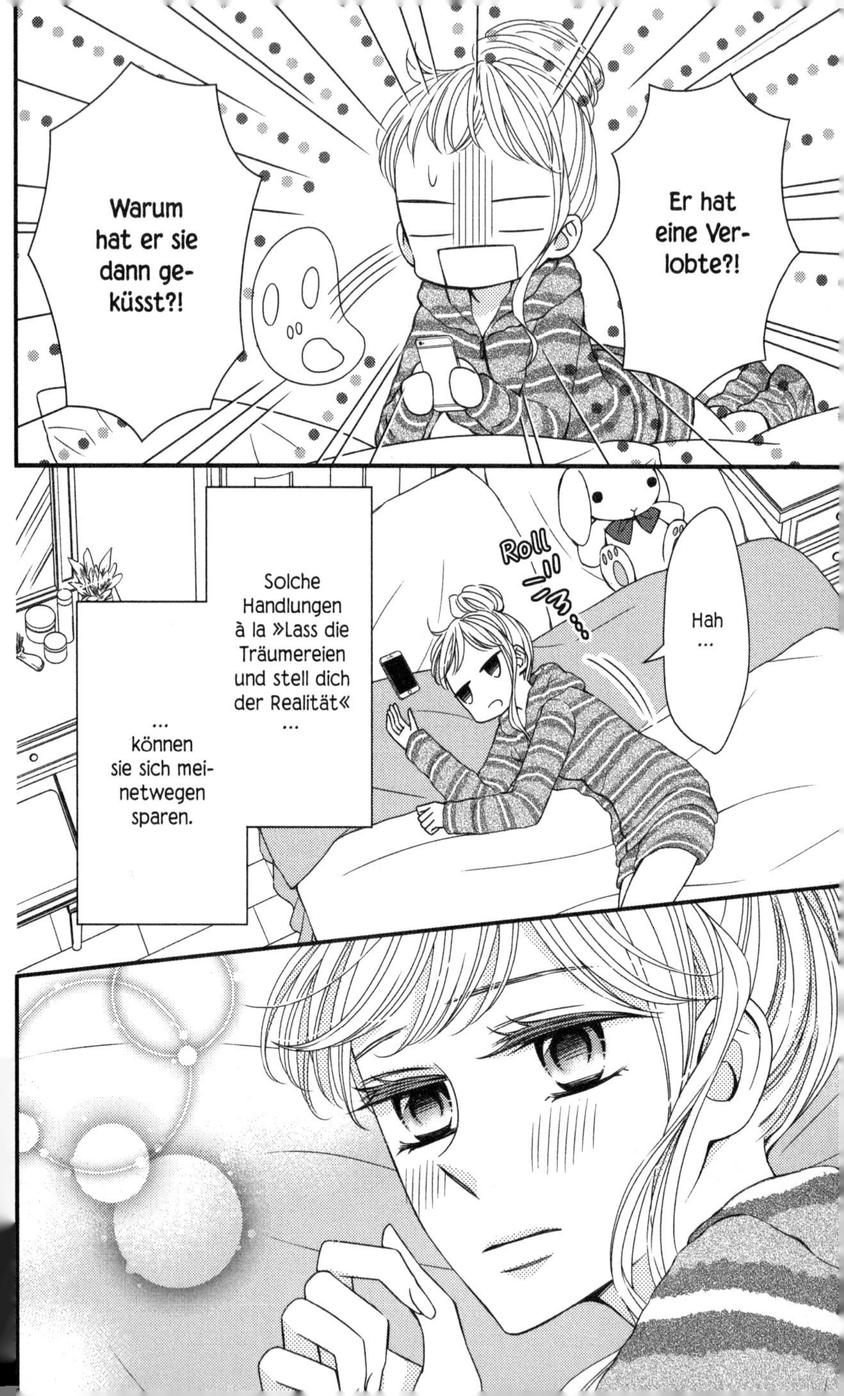
Er hat eine Verlobte?!
Warum hat er sie dann geküsst?!
Hah ...
Roll
Solche Handlungen à la »Lass die Träumereien und stell dich der Realität« ...
... können sie sich meinetwegen sparen.

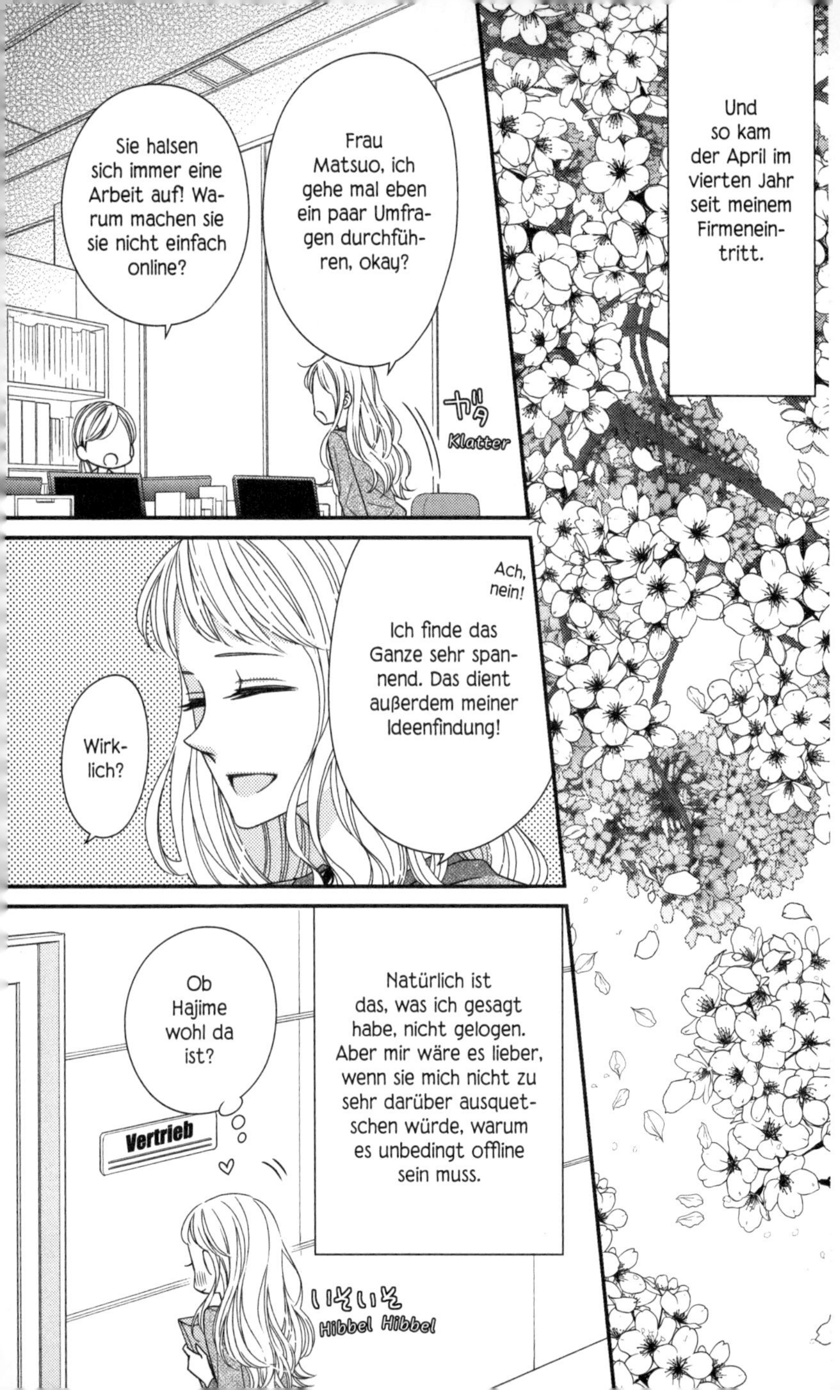
Und so kam der April im vierten Jahr seit meinem Firmeneintritt.
Frau Matsuo, ich gehe mal eben ein paar Umfragen durchführen, okay?
Klatter
Sie halsen sich immer eine Arbeit auf! Warum machen sie sie nicht einfach online?
Ach, nein!
Ich finde das Ganze sehr spannend. Das dient außerdem meiner Ideenfindung!
Wirklich?
Natürlich ist das, was ich gesagt habe, nicht gelogen. Aber mir wäre es lieber, wenn sie mich nicht zu sehr darüber ausquetschen würde, warum es unbedingt offline sein muss.
Ob Hajime wohl da ist?
Vertrieb
Hibbel Hibbel

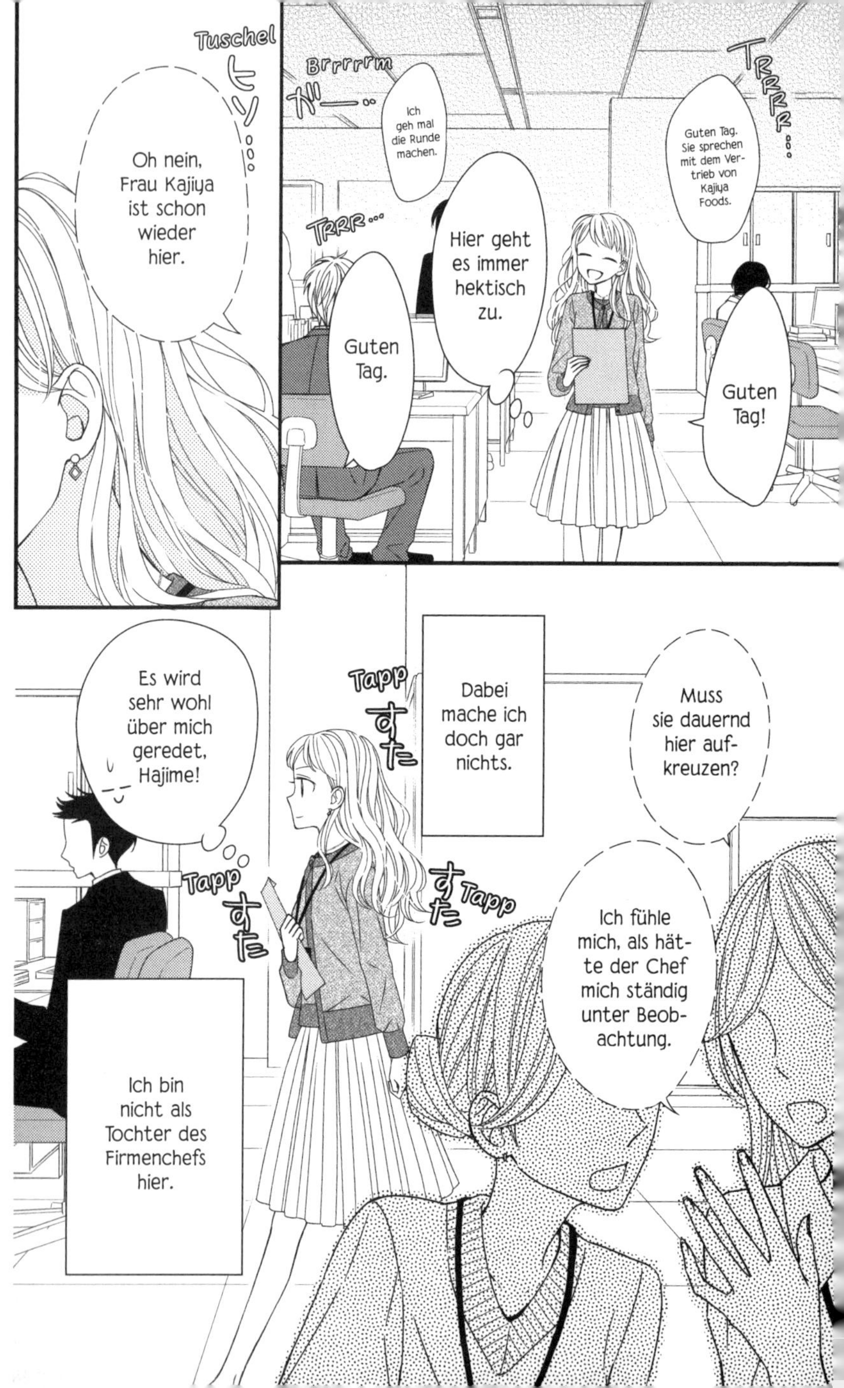

Trrrr...
Guten Tag. Sie sprechen mit dem Vertrieb von Kajiya Foods.
Brrrrrm
Ich geh mal die Runde machen.
Hier geht es immer hektisch zu.
Trrr...
Guten Tag!
Guten Tag.
Tuschel
Oh nein, Frau Kajiya ist schon wieder hier.
Muss sie dauernd hier aufkreuzen?
Dabei mache ich doch gar nichts.
Tapp
Ich fühle mich, als hätte der Chef mich ständig unter Beobachtung.
Tapp
Tapp
Es wird sehr wohl über mich geredet, Hajime!
Ich bin nicht als Tochter des Firmenchefs hier.

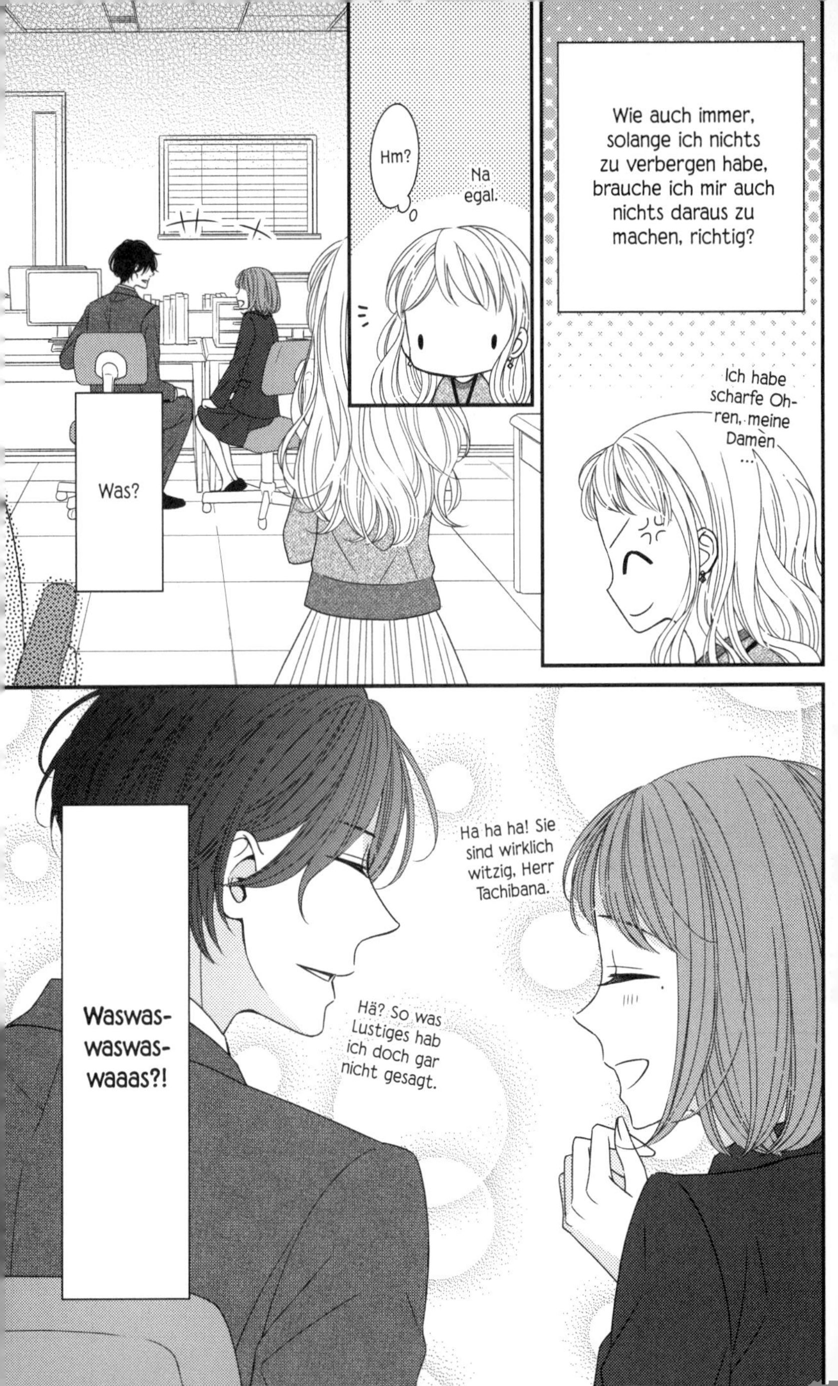
Wie auch immer, solange ich nichts zu verbergen habe, brauche ich mir auch nichts daraus zu machen, richtig?
Ich habe scharfe Ohren, meine Damen ...
Hm?
Na egal.
Was?
Ha ha ha! Sie sind wirklich witzig, Herr Tachibana.
Hä? So was Lustiges hab ich doch gar nicht gesagt.
Waswas-waswas-waaas?!

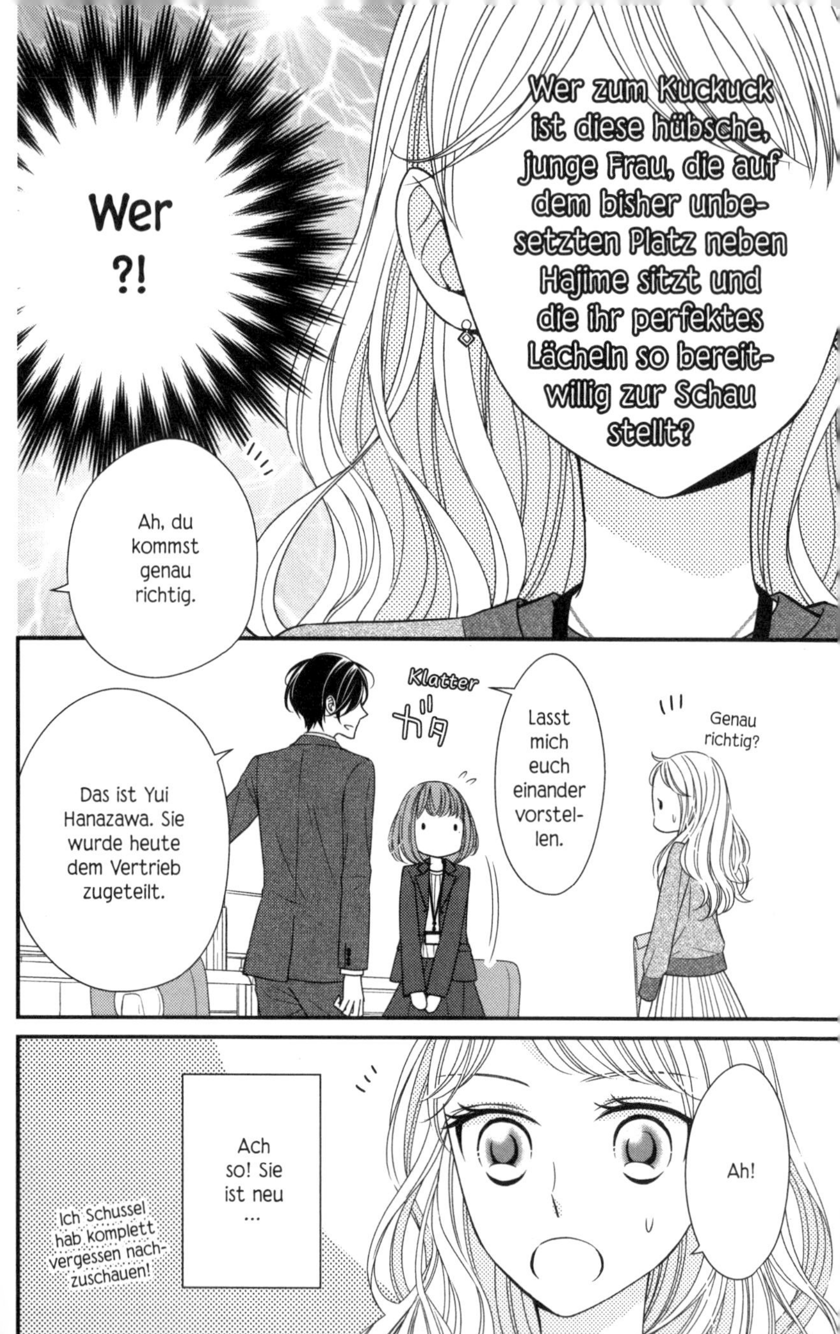
Wer zum Kuckuck ist diese hübsche, junge Frau, die auf dem bisher unbesetzten Platz neben Hajime sitzt und die ihr perfektes Lächeln so bereitwillig zur Schau stellt?
Wer ?!
Ah, du kommst genau richtig.
Genau richtig?
Klatter
ガタ
Lasst mich euch einander vorstellen.
Das ist Yui Hanazawa. Sie wurde heute dem Vertrieb zugeteilt.
Ah!
Ach so! Sie ist neu …
Ich Schussel hab komplett vergessen nachzuschauen!

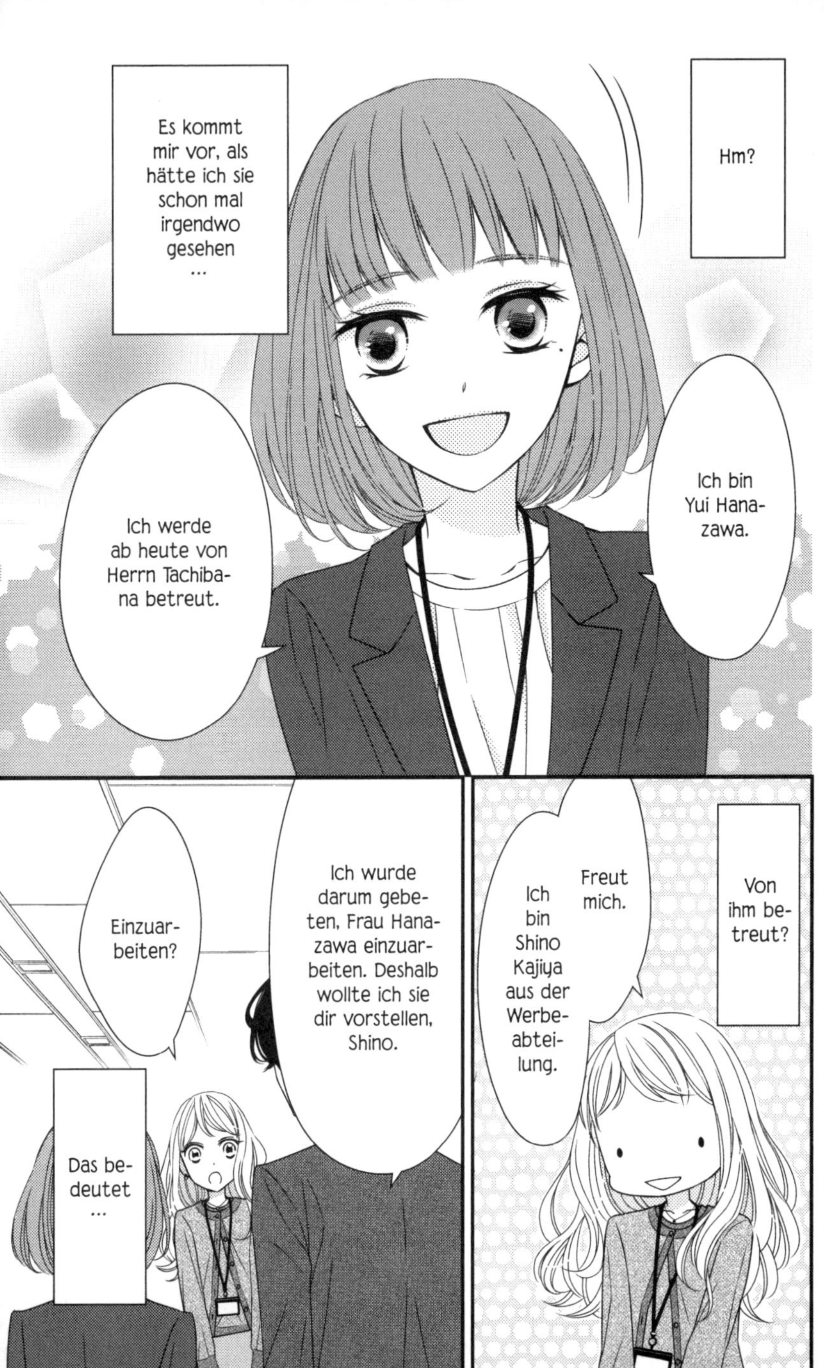
Hm?
Es kommt mir vor, als hätte ich sie schon mal irgendwo gesehen ...
Ich bin Yui Hanazawa.
Ich werde ab heute von Herrn Tachibana betreut.
Von ihm betreut?
Ich bin Shino Kajiya aus der Werbeabteilung.
Freut mich.
Ich wurde darum gebeten, Frau Hanazawa einzuarbeiten. Deshalb wollte ich sie dir vorstellen, Shino.
Einzuarbeiten?
Das bedeutet ...

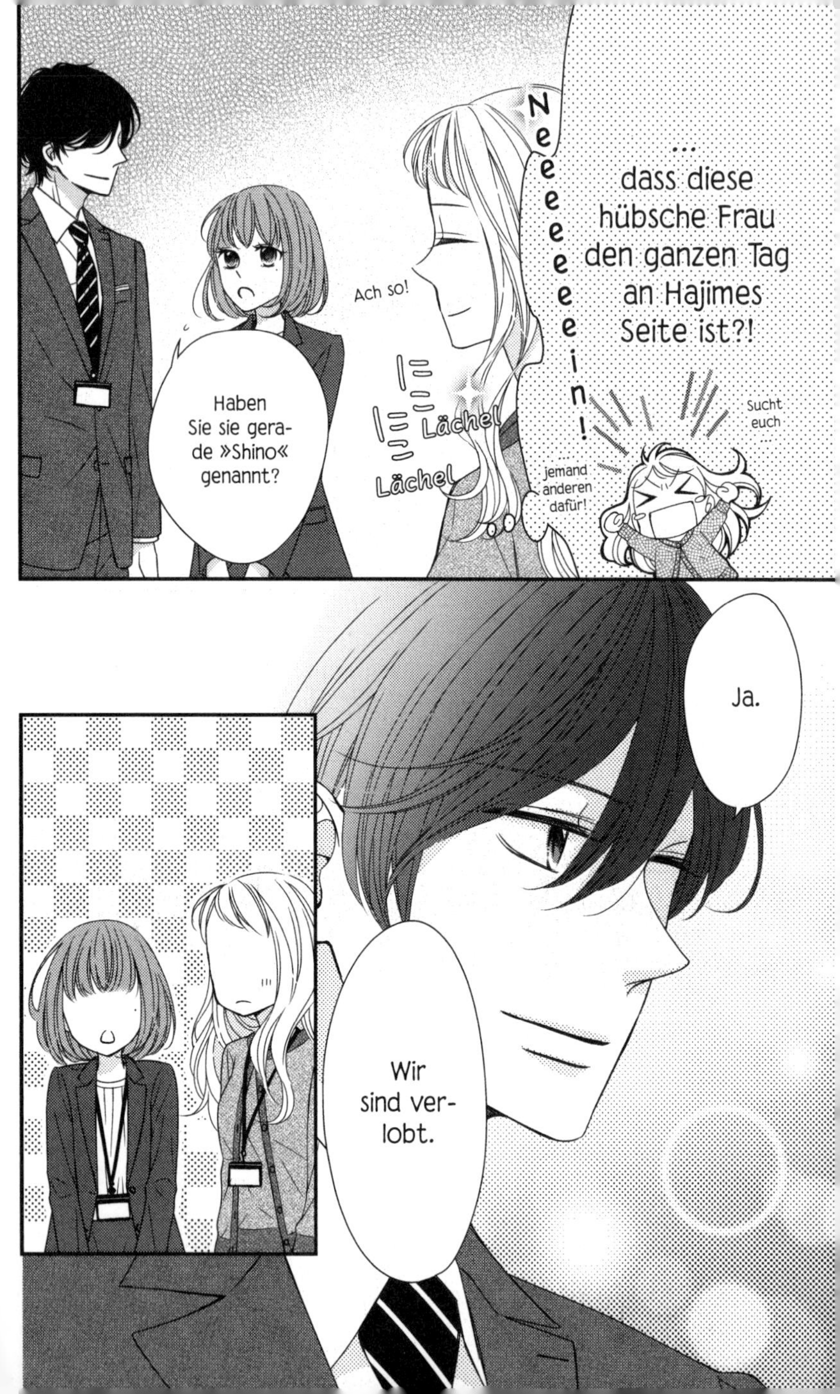
... dass diese hübsche Frau den ganzen Tag an Hajimes Seite ist?!
Neeeeeeeein!
Sucht euch ...
jemand anderen dafür!
Ach so!
Lächel
Lächel
Haben Sie sie gerade »Shino« genannt?
Ja.
Wir sind verlobt.

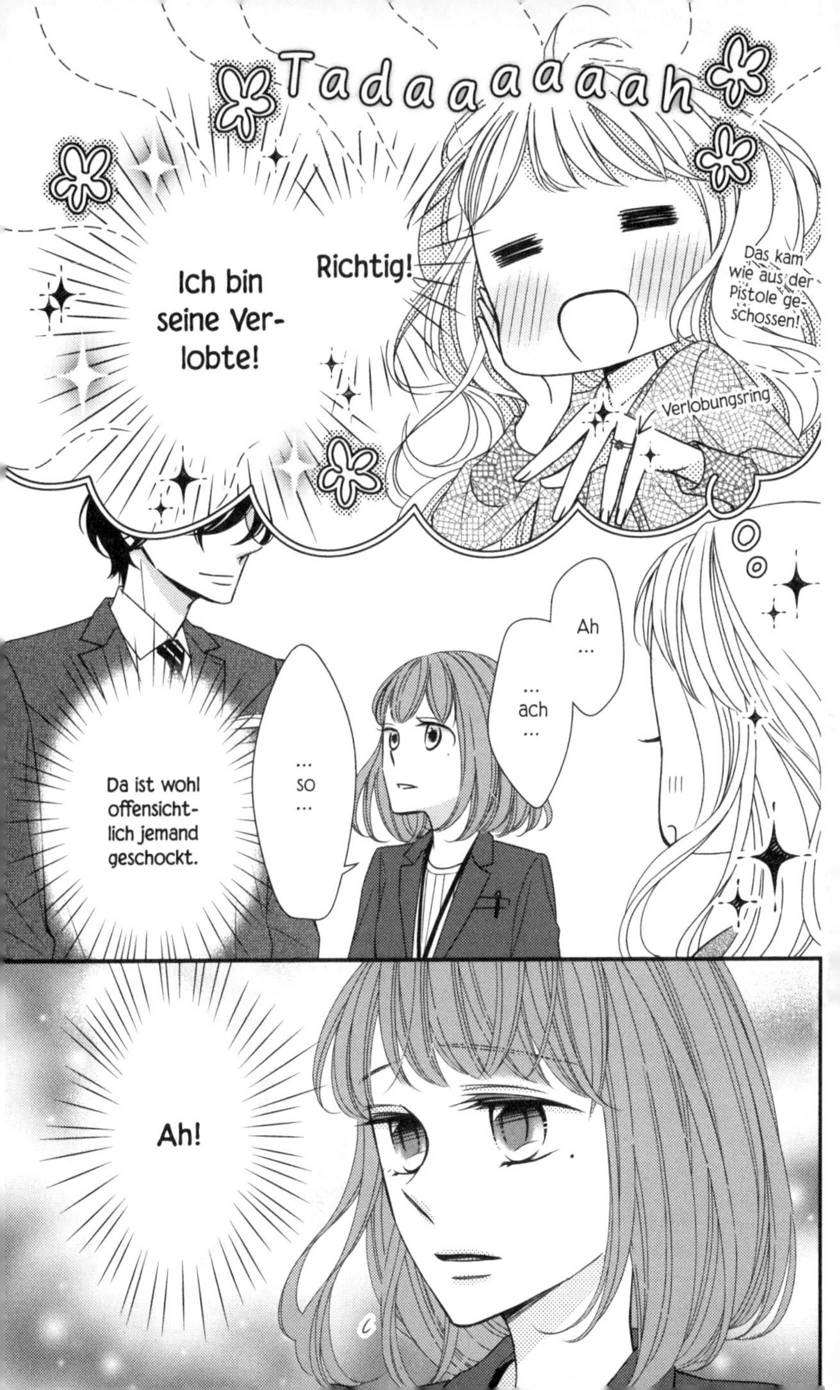
Tadaaaaaaah
Richtig!
Ich bin seine Verlobte!
Das kam wie aus der Pistole geschossen!
Verlobungsring
Ah …
… ach …
… so …
Da ist wohl offensichtlich jemand geschockt.
Ah!

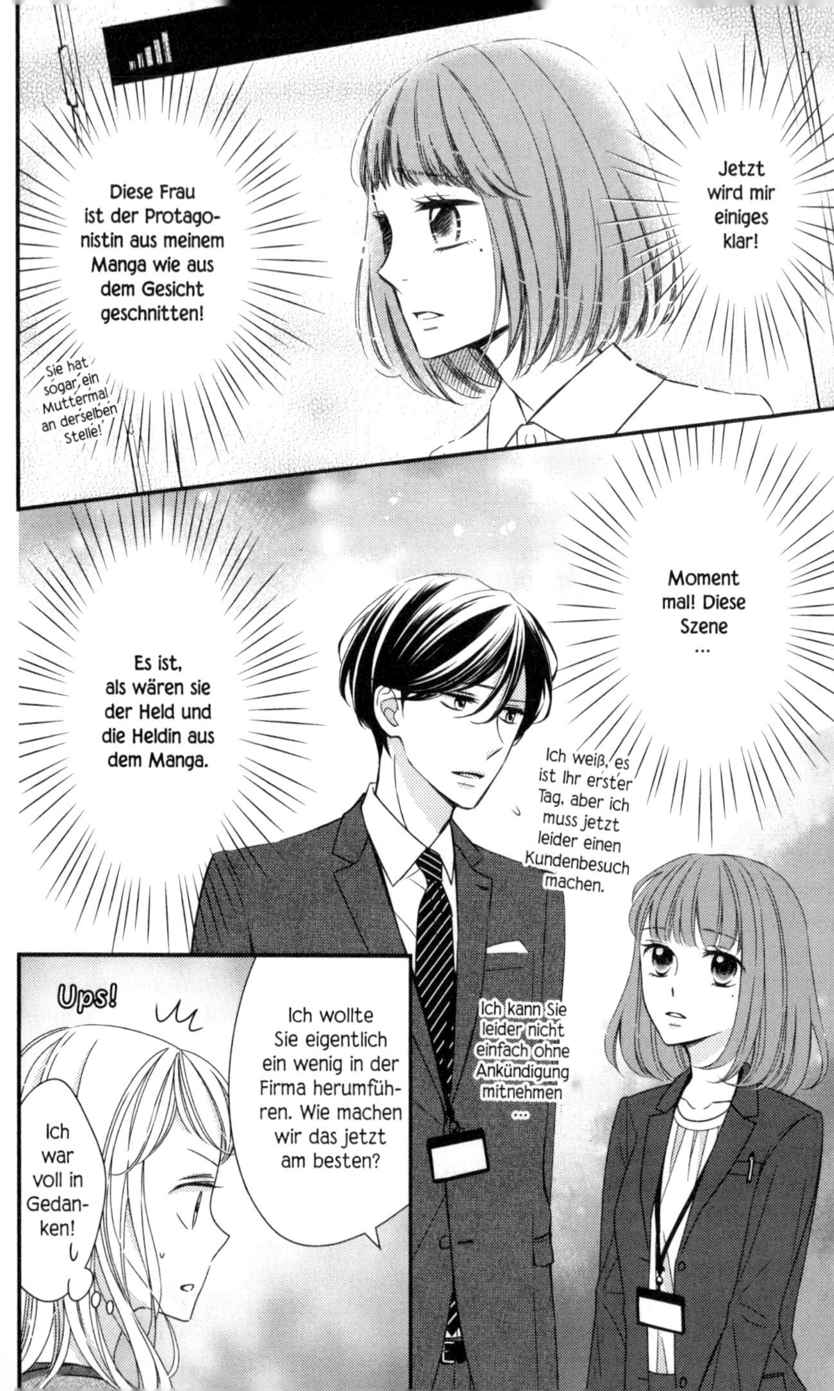
Jetzt wird mir einiges klar!
Diese Frau ist der Protagonistin aus meinem Manga wie aus dem Gesicht geschnitten!
Sie hat sogar ein Muttermal an derselben Stelle!
Moment mal! Diese Szene ...
Es ist, als wären sie der Held und die Heldin aus dem Manga.
Ich weiß, es ist Ihr erster Tag, aber ich muss jetzt leider einen Kundenbesuch machen.
Ich kann Sie leider nicht einfach ohne Ankündigung mitnehmen ...
Ich wollte Sie eigentlich ein wenig in der Firma herumführen. Wie machen wir das jetzt am besten?
Ups!
Ich war voll in Gedanken!

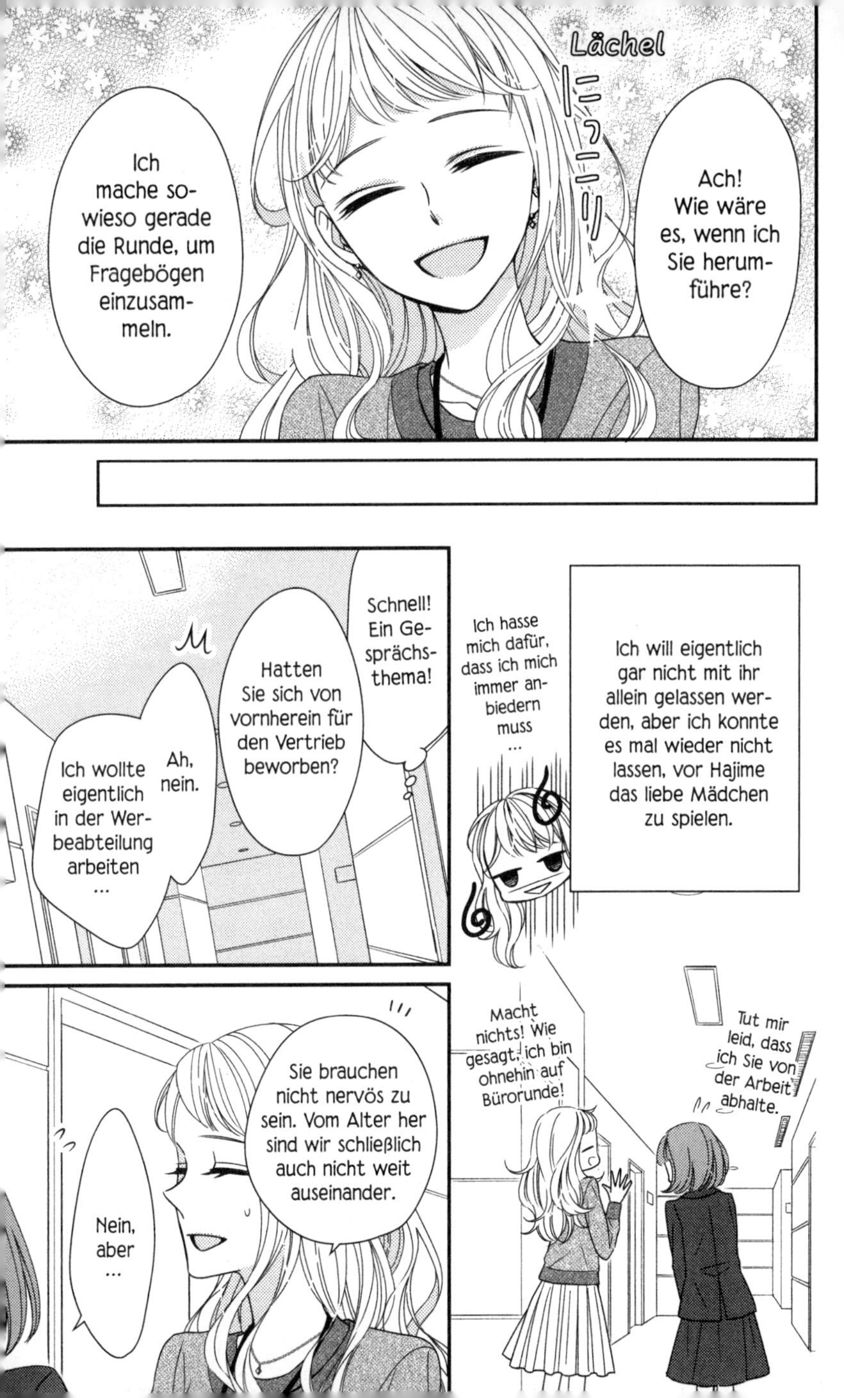

Lächel

Ach! Wie wäre es, wenn ich Sie herumführe?

Ich mache sowieso gerade die Runde, um Fragebögen einzusammeln.

Ich will eigentlich gar nicht mit ihr allein gelassen werden, aber ich konnte es mal wieder nicht lassen, vor Hajime das liebe Mädchen zu spielen.

Ich hasse mich dafür, dass ich mich immer anbiedern muss …

Schnell! Ein Gesprächsthema!

Hatten Sie sich von vornherein für den Vertrieb beworben?

Ah, nein.

Ich wollte eigentlich in der Werbeabteilung arbeiten …

Tut mir leid, dass ich Sie von der Arbeit abhalte.

Macht nichts! Wie gesagt, ich bin ohnehin auf Bürorunde!

Sie brauchen nicht nervös zu sein. Vom Alter her sind wir schließlich auch nicht weit auseinander.

Nein, aber …

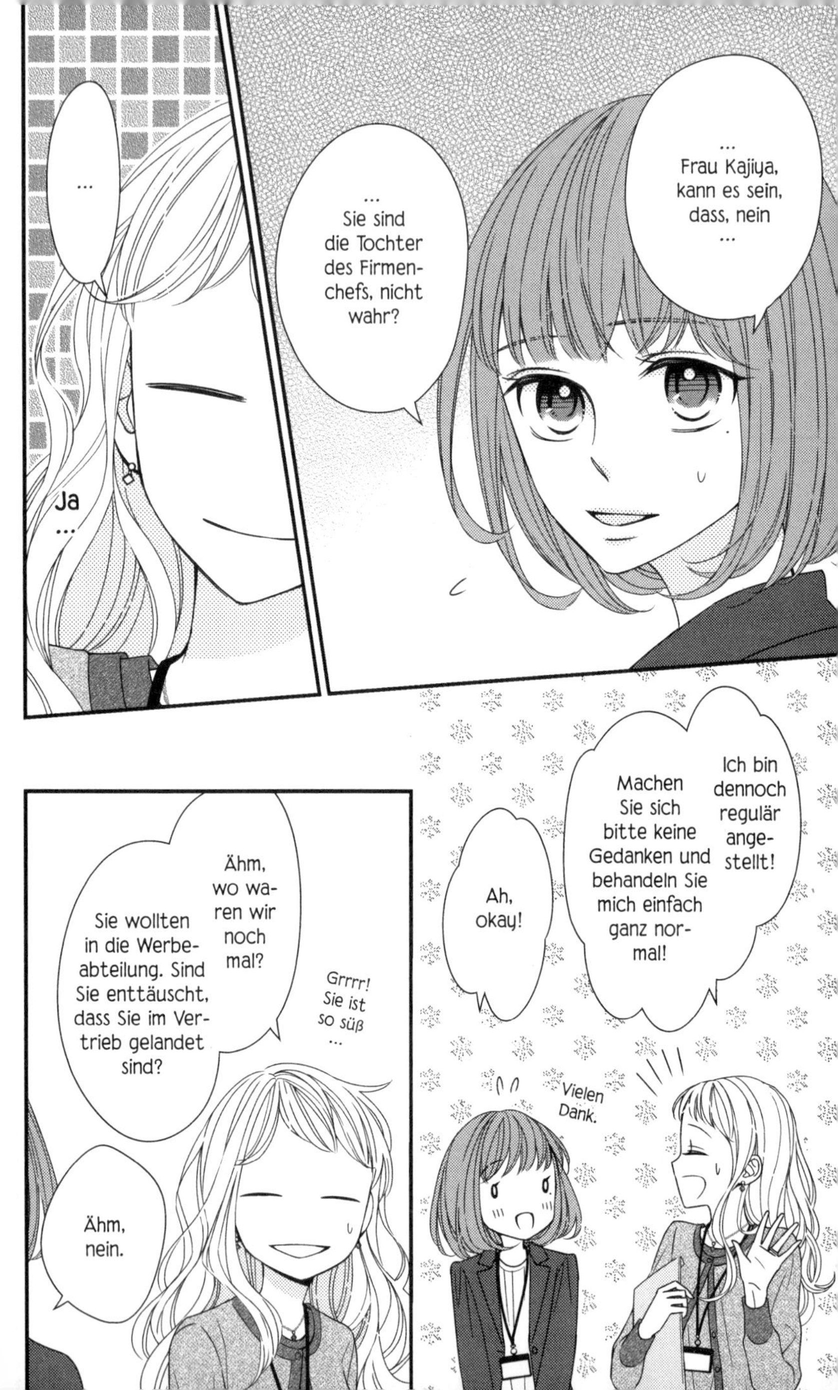
... Frau Kajiya, kann es sein, dass, nein ...
... Sie sind die Tochter des Firmenchefs, nicht wahr?
...
Ja ...
Ich bin dennoch regulär angestellt!
Machen Sie sich bitte keine Gedanken und behandeln Sie mich einfach ganz normal!
Ah, okay!
Vielen Dank.
Ähm, wo waren wir noch mal?
Grrrr! Sie ist so süß ...
Sie wollten in die Werbeabteilung. Sind Sie enttäuscht, dass Sie im Vertrieb gelandet sind?
Ähm, nein.

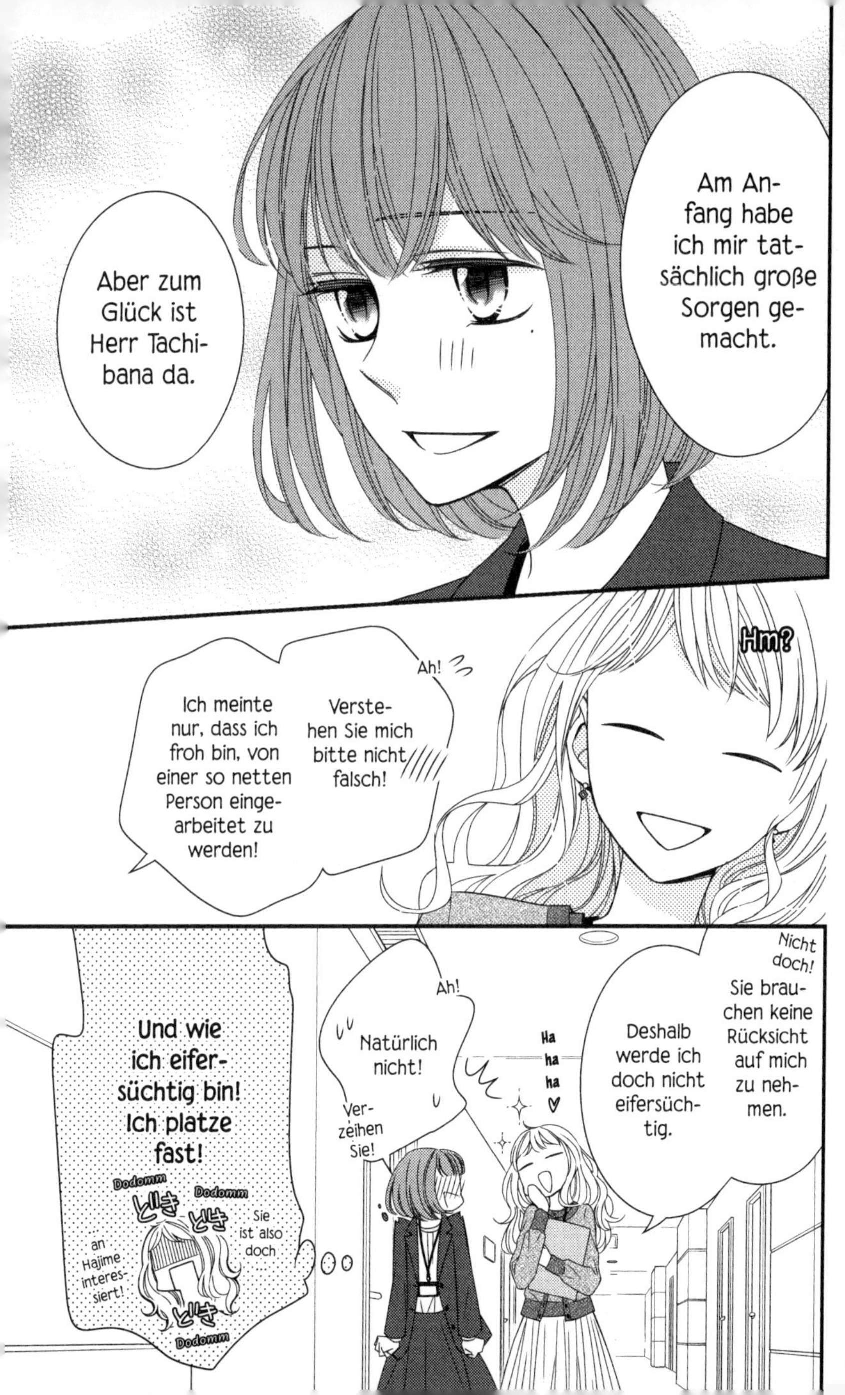

Am Anfang habe ich mir tatsächlich große Sorgen gemacht.
Aber zum Glück ist Herr Tachibana da.
Hm?
Ah!
Verstehen Sie mich bitte nicht falsch!
Ich meinte nur, dass ich froh bin, von einer so netten Person eingearbeitet zu werden!
Nicht doch!
Sie brauchen keine Rücksicht auf mich zu nehmen.
Deshalb werde ich doch nicht eifersüchtig.
Ha ha ha ♥
Ah!
Natürlich nicht!
Verzeihen Sie!
Und wie ich eifersüchtig bin! Ich platze fast!
Dodomm
どき
Dodomm
どき
Sie ist also doch an Hajime interessiert!
どき
Dodomm

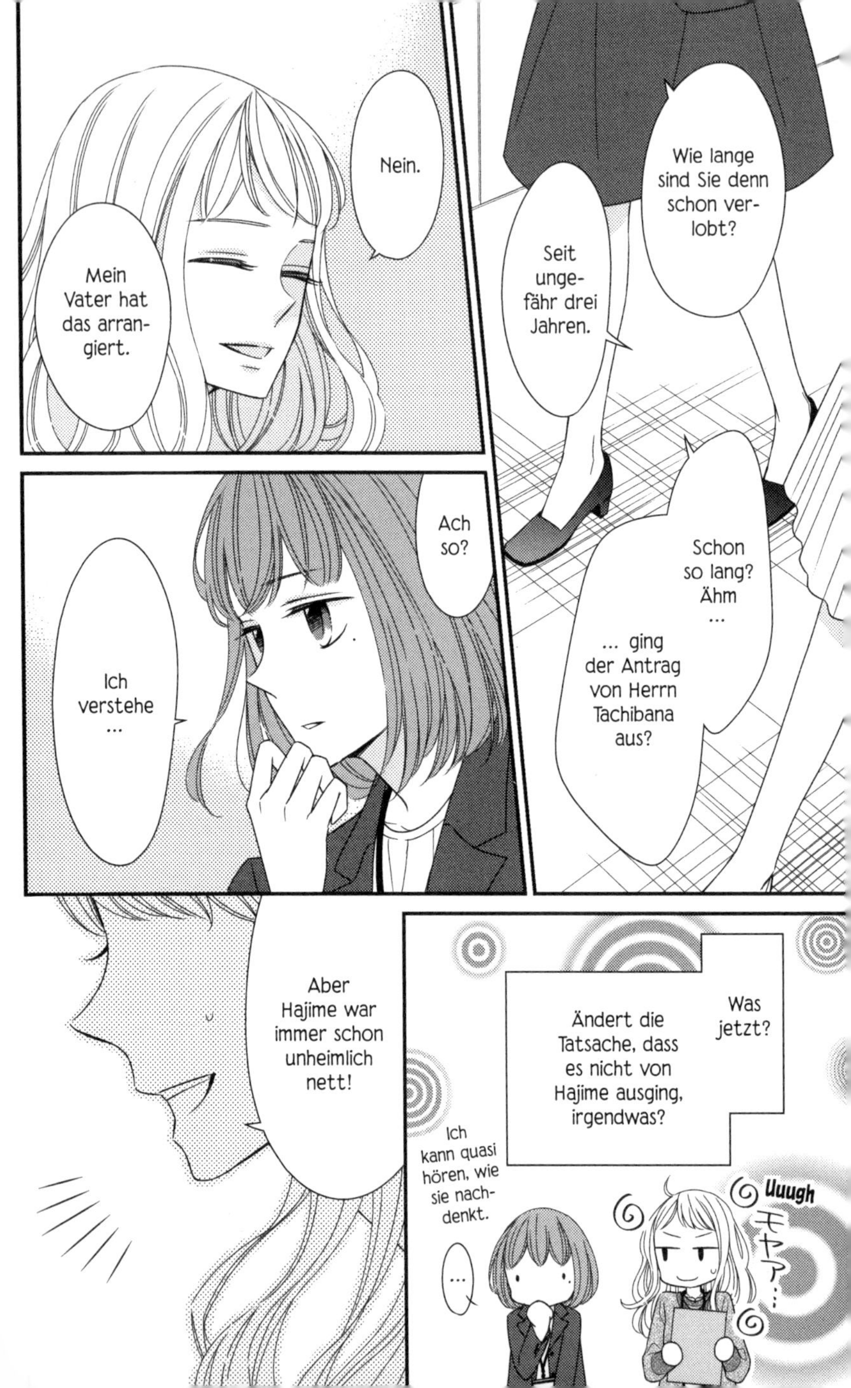
Wie lange sind Sie denn schon verlobt?
Seit ungefähr drei Jahren.
Nein.
Mein Vater hat das arrangiert.
Schon so lang? Ähm ...
... ging der Antrag von Herrn Tachibana aus?
Ach so?
Ich verstehe ...
Was jetzt?
Ändert die Tatsache, dass es nicht von Hajime ausging, irgendwas?
Uuugh
モヤア…
Ich kann quasi hören, wie sie nachdenkt.
...
Aber Hajime war immer schon unheimlich nett!

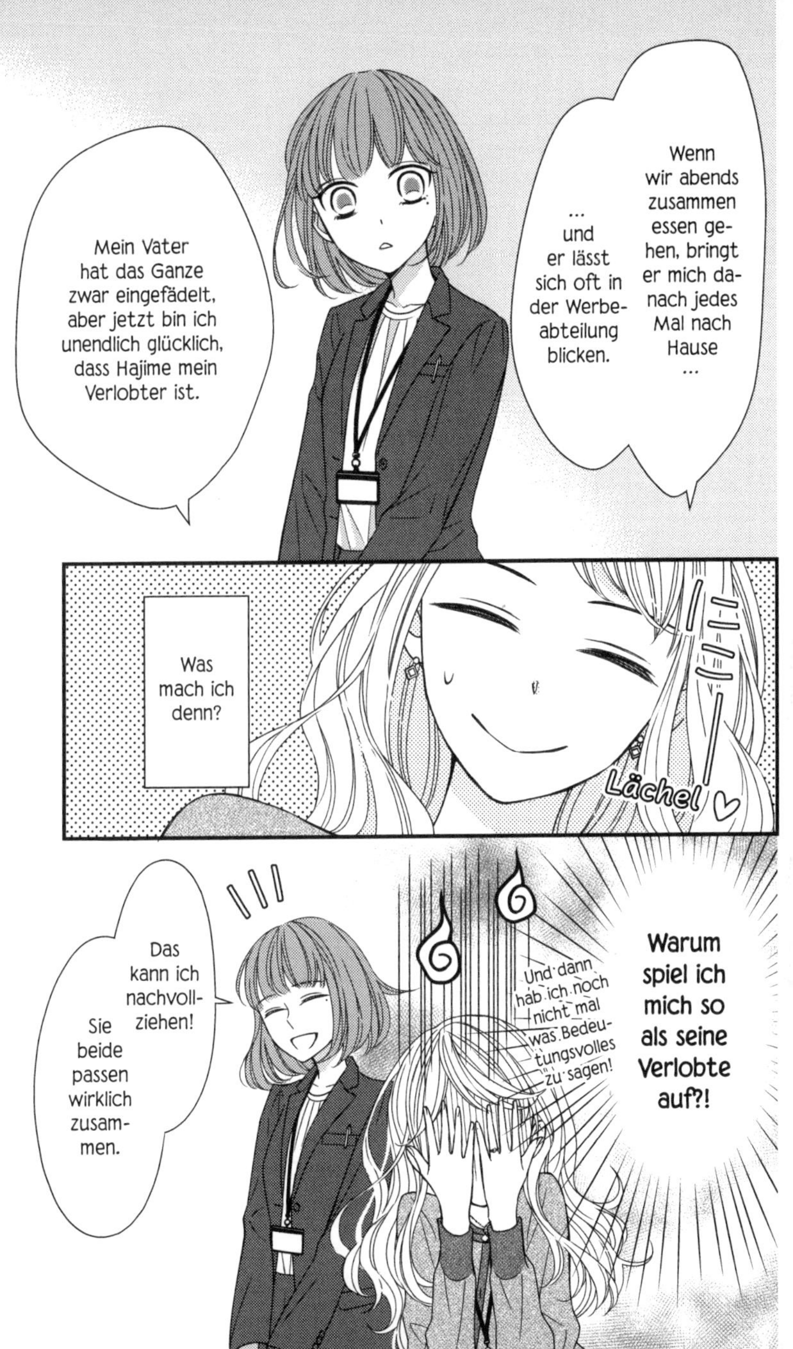

Wenn wir abends zusammen essen gehen, bringt er mich danach jedes Mal nach Hause …
… und er lässt sich oft in der Werbeabteilung blicken.
Mein Vater hat das Ganze zwar eingefädelt, aber jetzt bin ich unendlich glücklich, dass Hajime mein Verlobter ist.
Lächel
Was mach ich denn?
Warum spiel ich mich so als seine Verlobte auf?!
Und dann hab ich noch nicht mal was Bedeutungsvolles zu sagen!
Das kann ich nachvollziehen!
Sie beide passen wirklich zusammen.

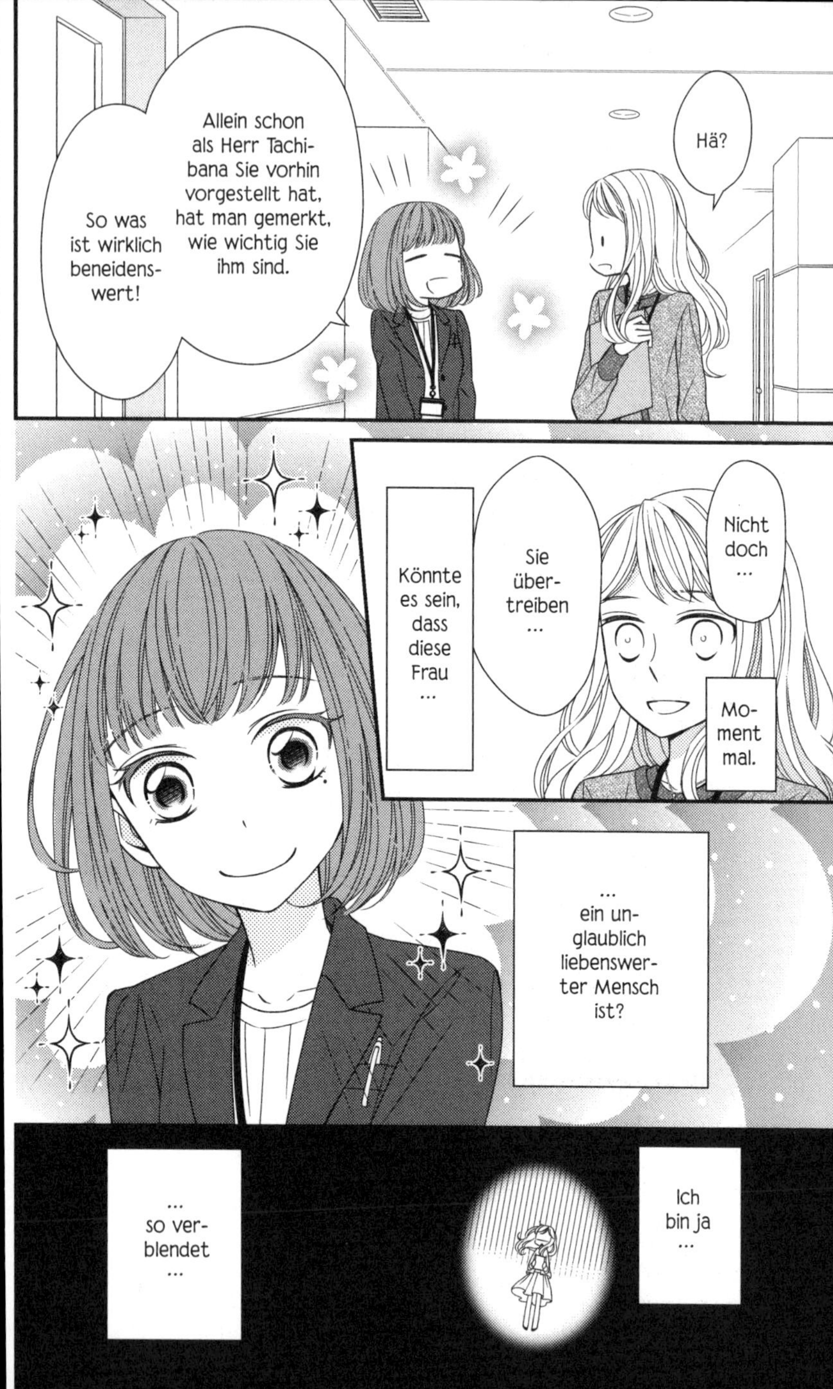

Hä?
Allein schon als Herr Tachibana Sie vorhin vorgestellt hat, hat man gemerkt, wie wichtig Sie ihm sind.
So was ist wirklich beneidenswert!
Nicht doch ...
Sie übertreiben ...
Moment mal.
Könnte es sein, dass diese Frau ...
... ein unglaublich liebenswerter Mensch ist?
Ich bin ja ...
... so verblendet ...

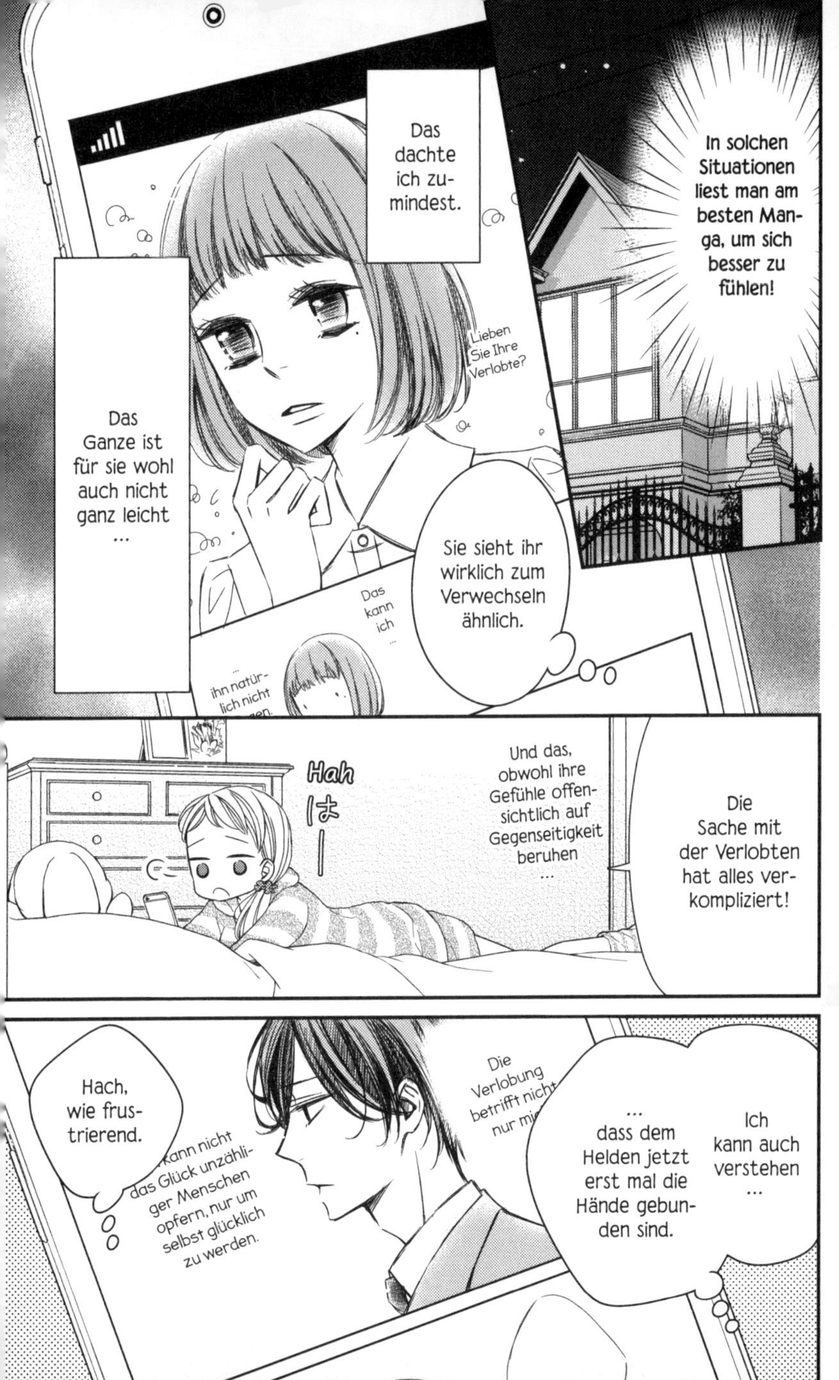

In solchen Situationen liest man am besten Manga, um sich besser zu fühlen!
Das dachte ich zumindest.
Lieben Sie Ihre Verlobte?
Sie sieht ihr wirklich zum Verwechseln ähnlich.
Das Ganze ist für sie wohl auch nicht ganz leicht ...
Das kann ich ...
Die Sache mit der Verlobten hat alles verkompliziert!
Und das, obwohl ihre Gefühle offensichtlich auf Gegenseitigkeit beruhen ...
Hah
はー
Ich kann auch verstehen ...
... dass dem Helden jetzt erst mal die Hände gebunden sind.
Hach, wie frustrierend.

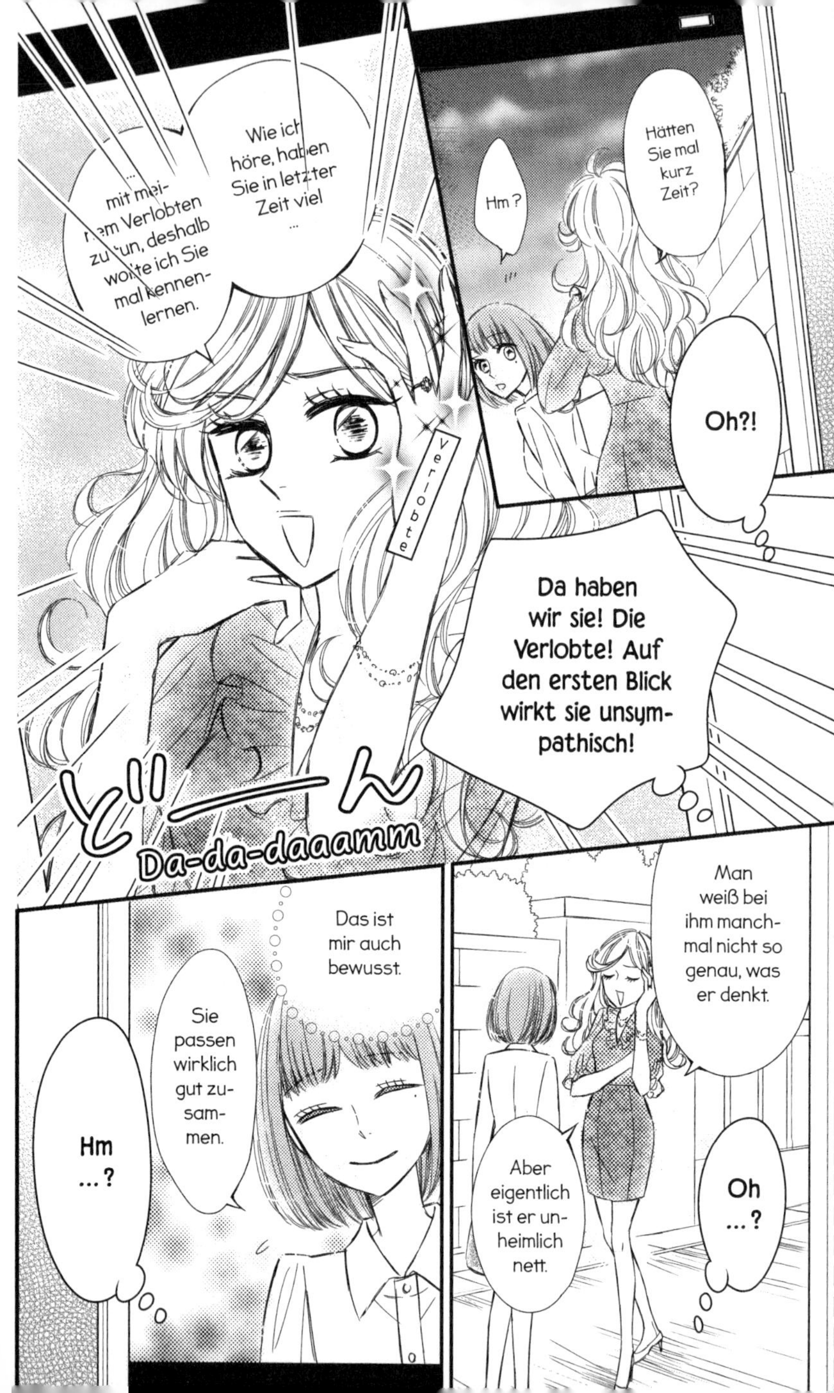
Hätten Sie mal kurz Zeit?
Hm?
Wie ich höre, haben Sie in letzter Zeit viel ...
... mit meinem Verlobten zu tun, deshalb wollte ich Sie mal kennenlernen.
Verlobte
Oh?!
Da haben wir sie! Die Verlobte! Auf den ersten Blick wirkt sie unsympathisch!
Da-da-daaamm
Man weiß bei ihm manchmal nicht so genau, was er denkt.
Aber eigentlich ist er unheimlich nett.
Oh ...?
Das ist mir auch bewusst.
Sie passen wirklich gut zusammen.
Hm ...?

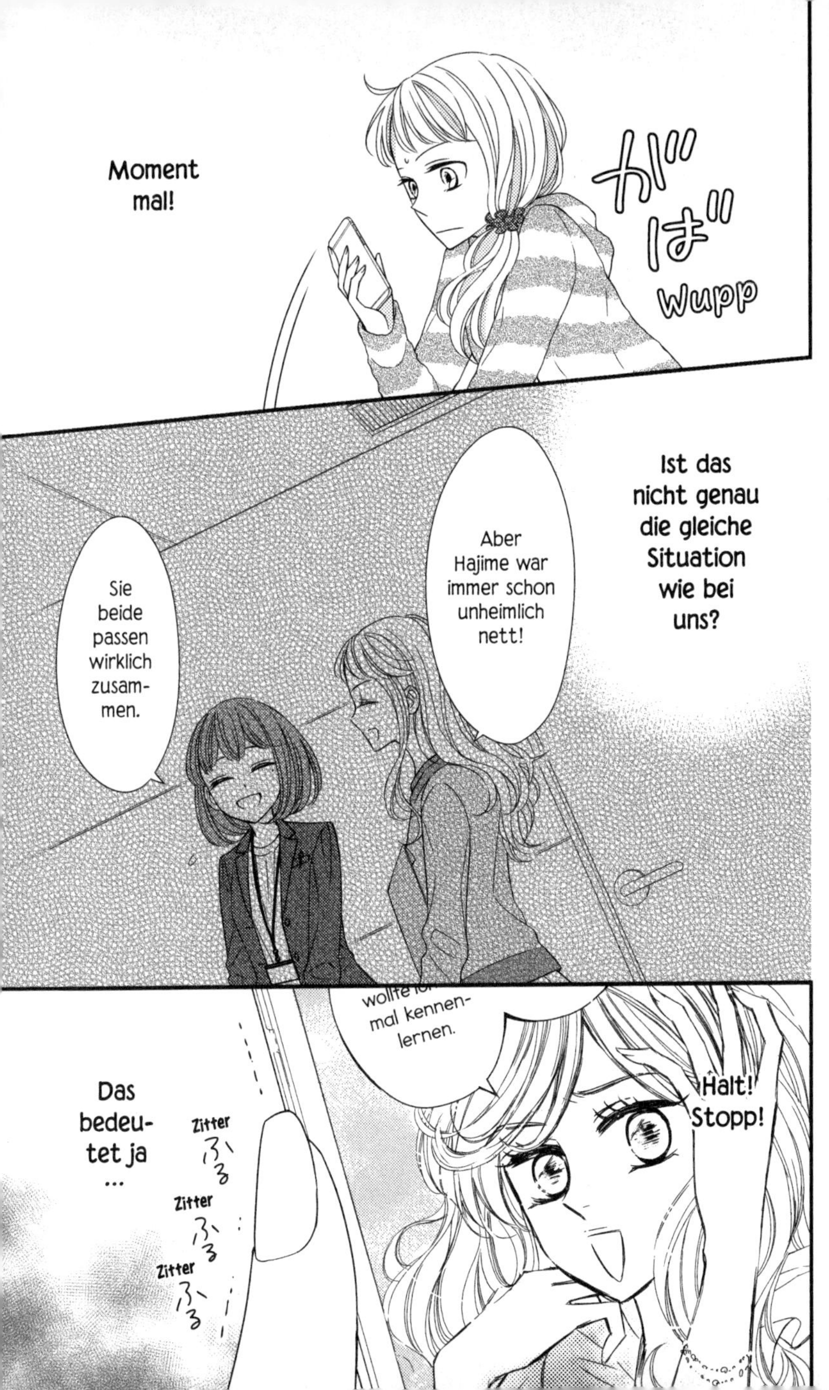
がば
Wupp
Moment mal!
Ist das nicht genau die gleiche Situation wie bei uns?
Aber Hajime war immer schon unheimlich nett!
Sie beide passen wirklich zusammen.
mal kennenlernen.
Halt! Stopp!
Das bedeutet ja …
Zitter
ふる
Zitter
ふる
Zitter
ふる

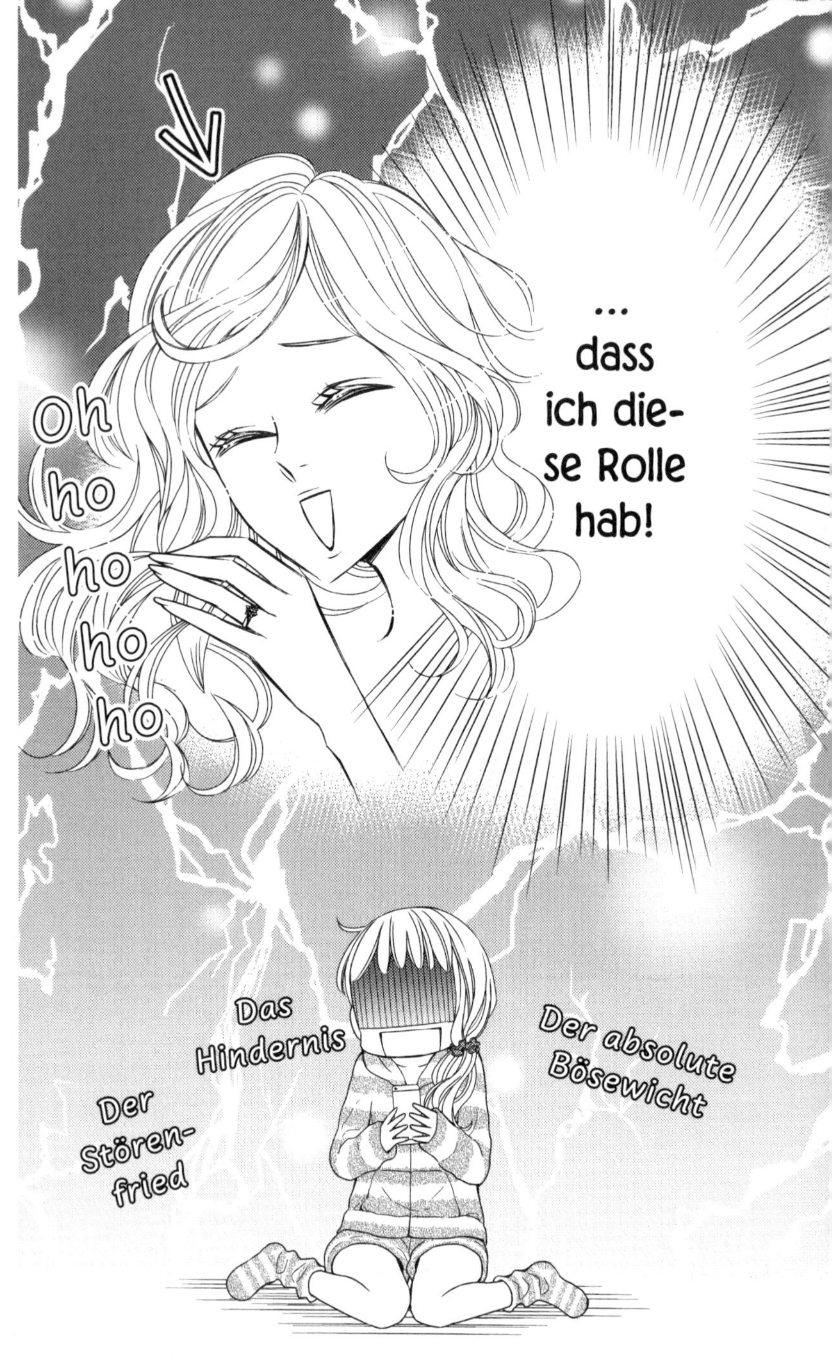

... dass ich diese Rolle hab!
Oh ho ho ho ho
Der absolute Bösewicht
Das Hindernis
Der Störenfried

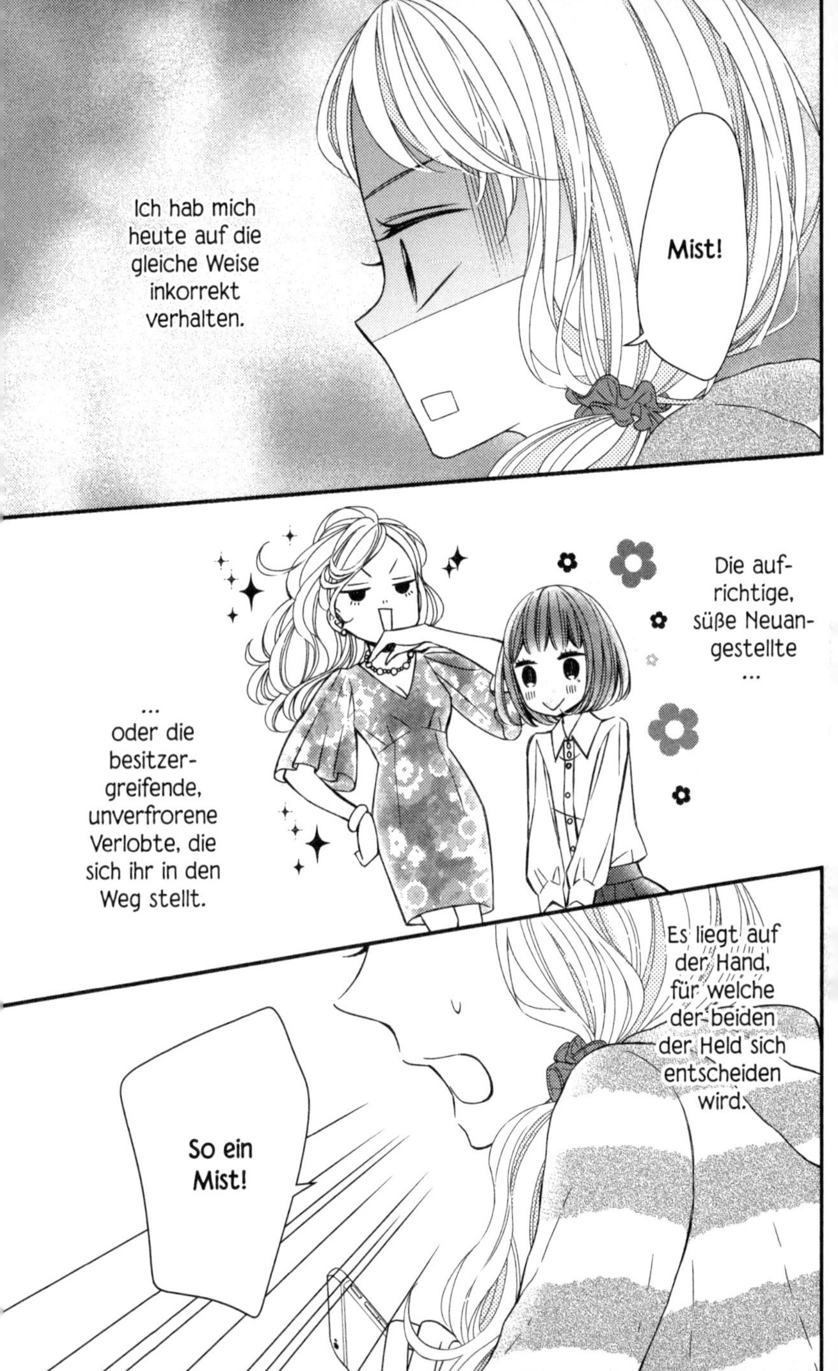
Mist!
Ich hab mich heute auf die gleiche Weise inkorrekt verhalten.
Die auf-richtige, süße Neuan-gestellte ...
... oder die besitzer-greifende, unverfrorene Verlobte, die sich ihr in den Weg stellt.
Es liegt auf der Hand, für welche der beiden der Held sich entscheiden wird.
So ein Mist!

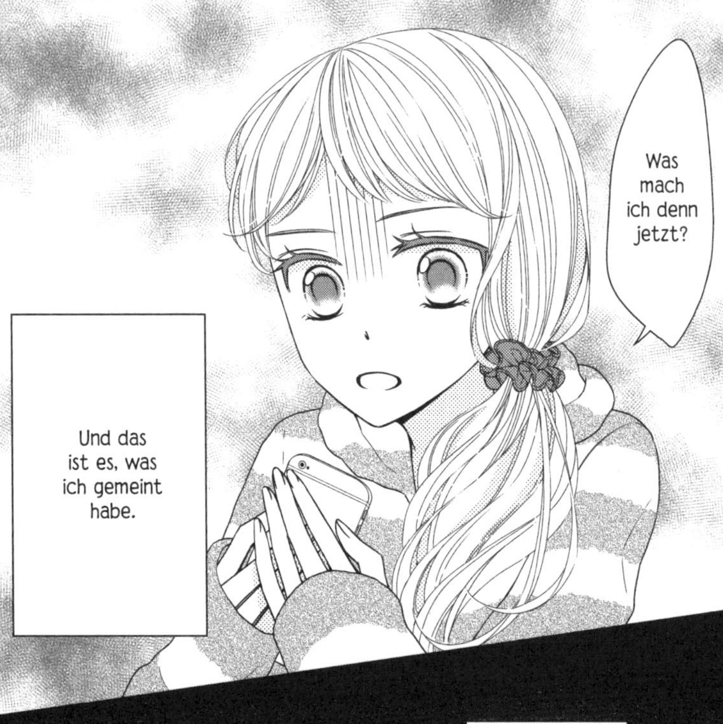

Wie ich am Anfang bereits erwähnte ...

... bin nicht ich die Protagonistin dieser Geschichte.

Story 1 Ende

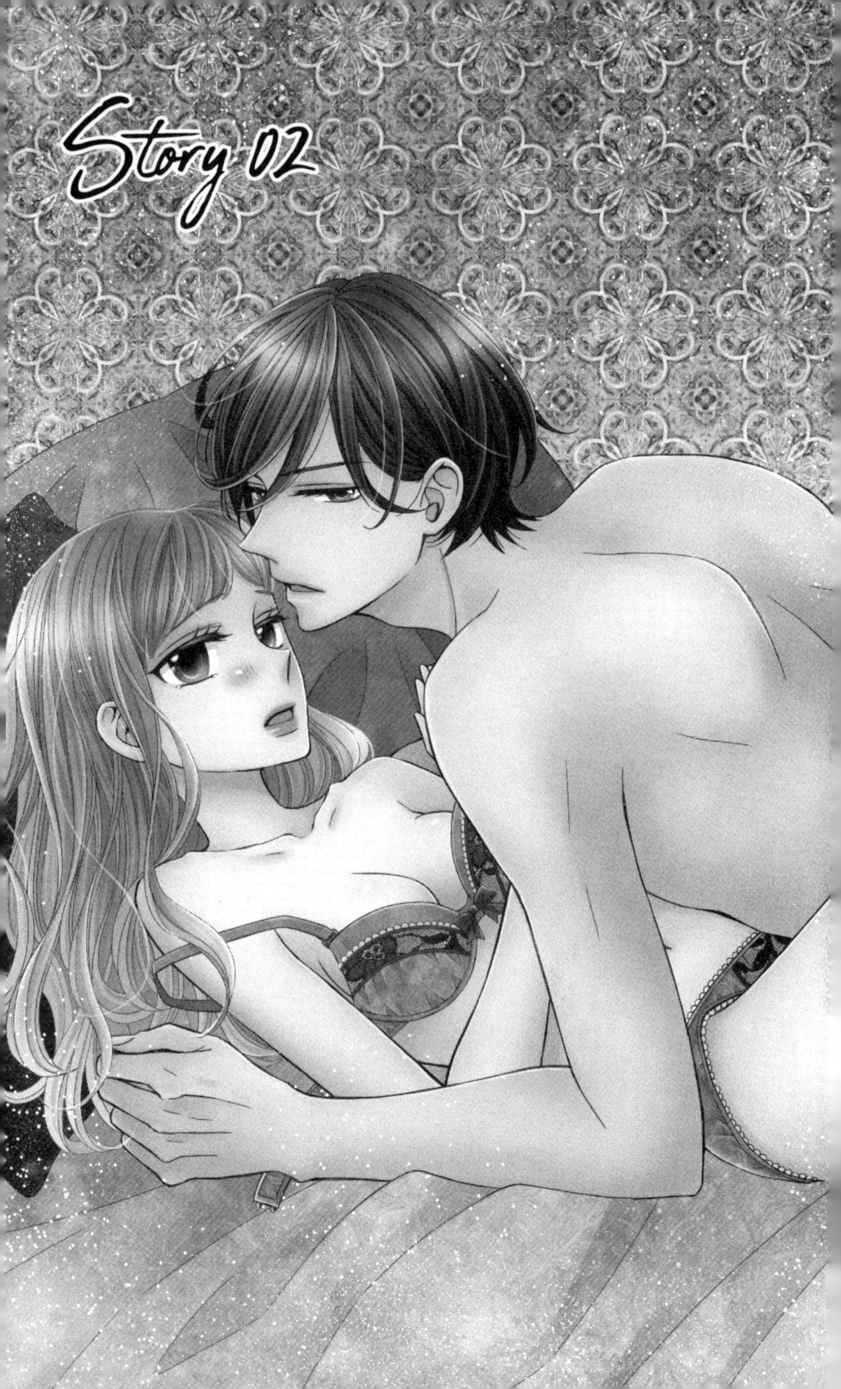
Story 02

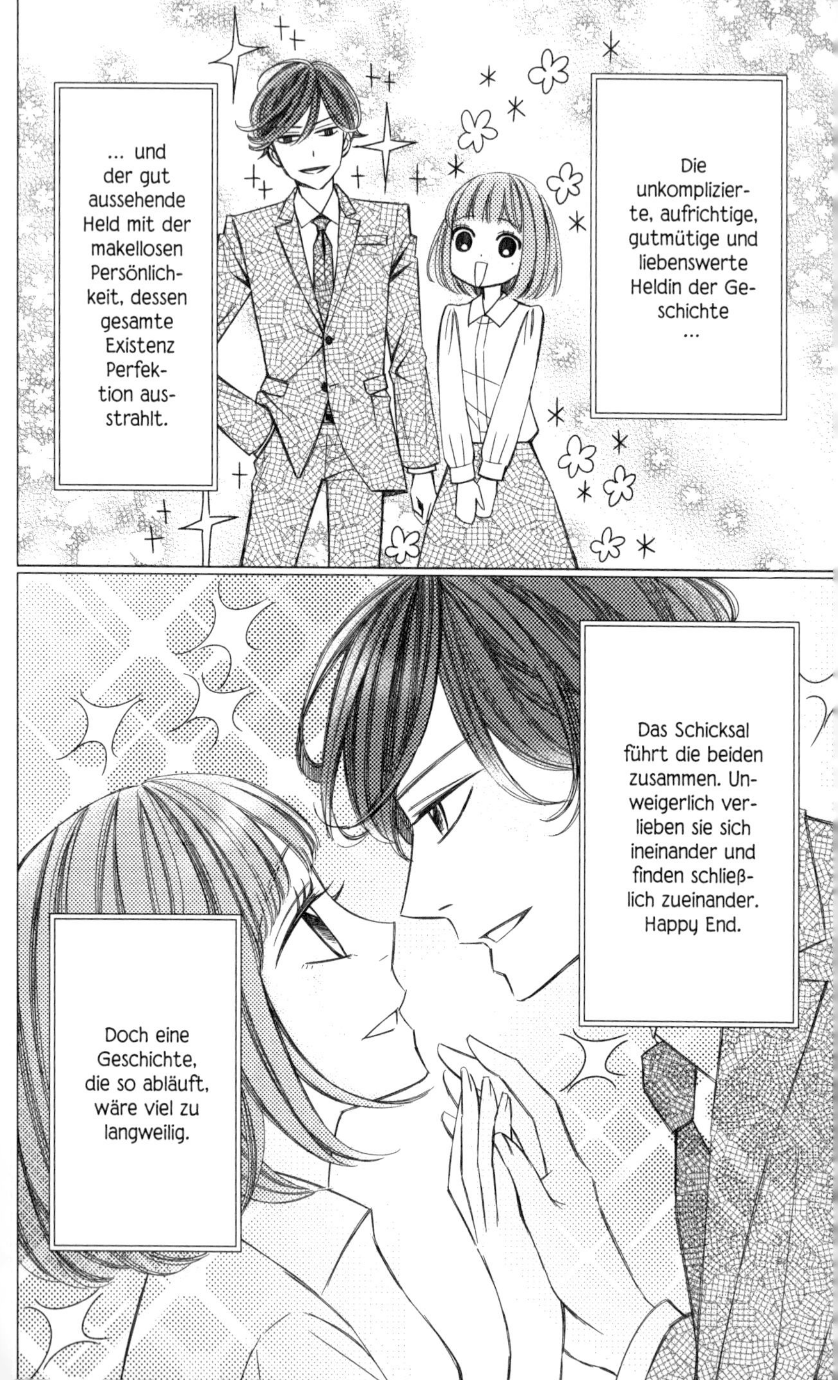
Die unkomplizierte, aufrichtige, gutmütige und liebenswerte Heldin der Geschichte …
… und der gut aussehende Held mit der makellosen Persönlichkeit, dessen gesamte Existenz Perfektion ausstrahlt.
Das Schicksal führt die beiden zusammen. Unweigerlich verlieben sie sich ineinander und finden schließlich zueinander. Happy End.
Doch eine Geschichte, die so abläuft, wäre viel zu langweilig.

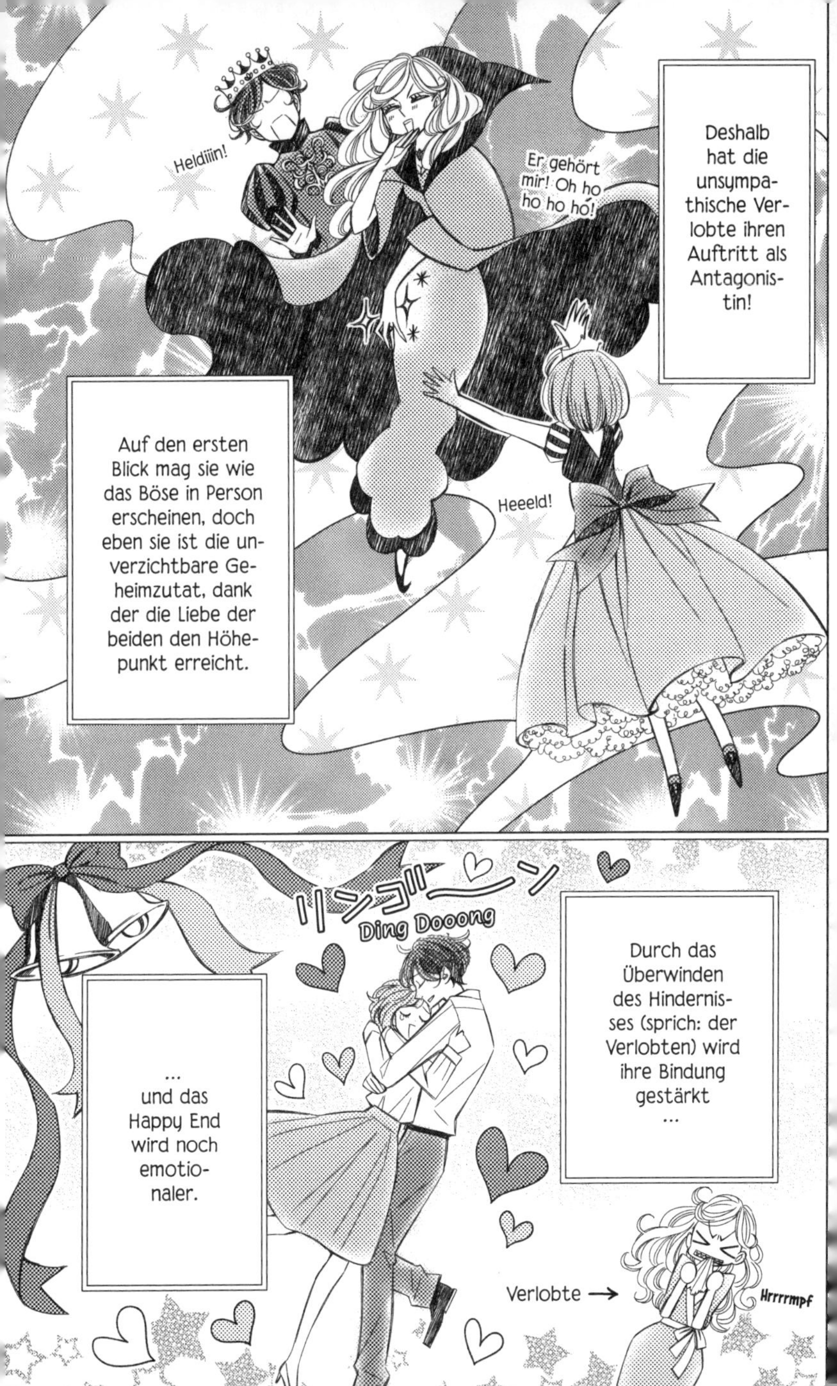
Deshalb hat die unsympathische Verlobte ihren Auftritt als Antagonistin!
Er gehört mir! Oh ho ho ho hó!
Heldiiin!
Heeeld!
Auf den ersten Blick mag sie wie das Böse in Person erscheinen, doch eben sie ist die unverzichtbare Geheimzutat, dank der die Liebe der beiden den Höhepunkt erreicht.
Durch das Überwinden des Hindernisses (sprich: der Verlobten) wird ihre Bindung gestärkt …
リンゴーーン
Ding Dooong
… und das Happy End wird noch emotionaler.
Verlobte →
Hrrrrmpf

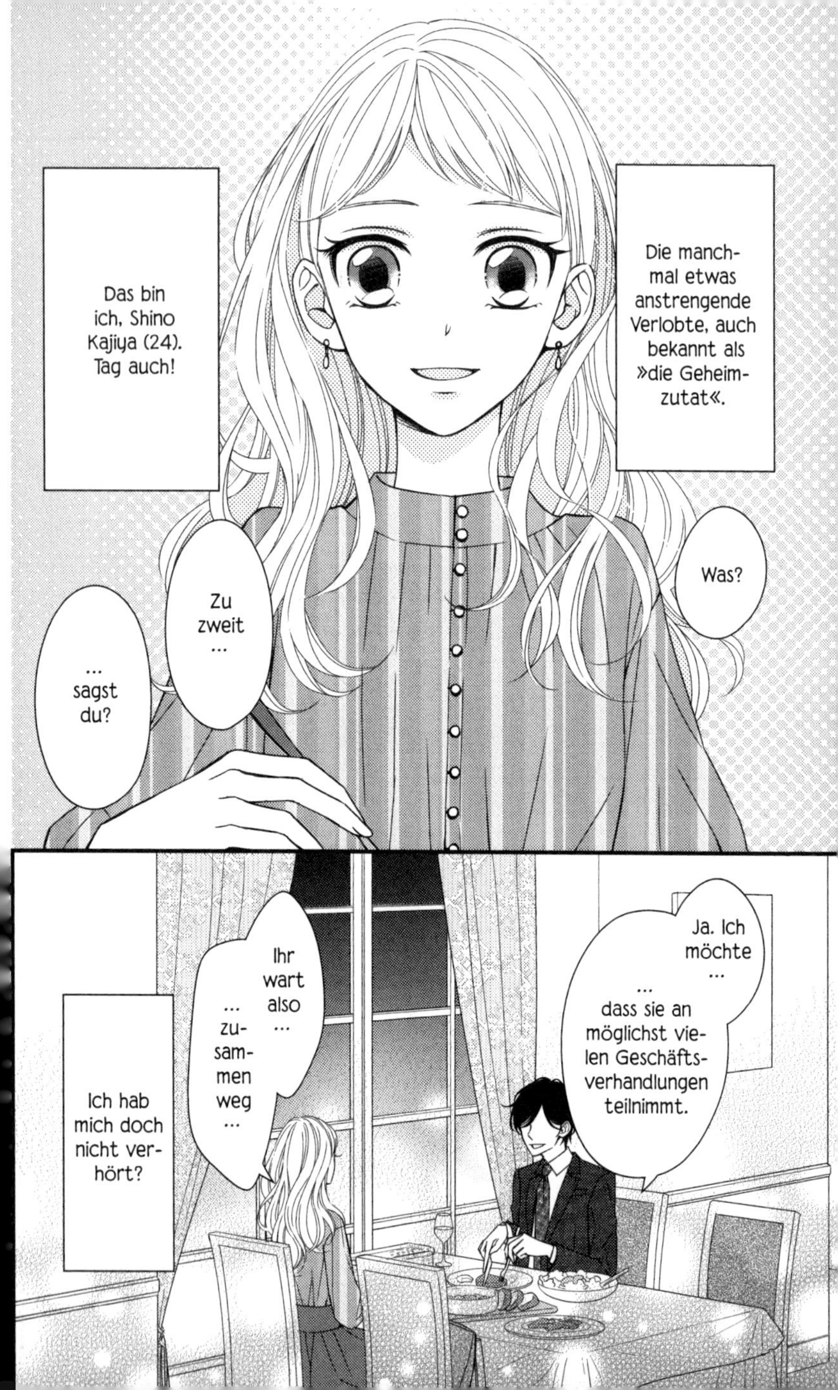

Die manchmal etwas anstrengende Verlobte, auch bekannt als »die Geheimzutat«.
Das bin ich, Shino Kajiya (24). Tag auch!
Was?
Zu zweit …
… sagst du?
Ja. Ich möchte … … dass sie an möglichst vielen Geschäftsverhandlungen teilnimmt.
Ihr wart also … … zusammen weg …
Ich hab mich doch nicht verhört?

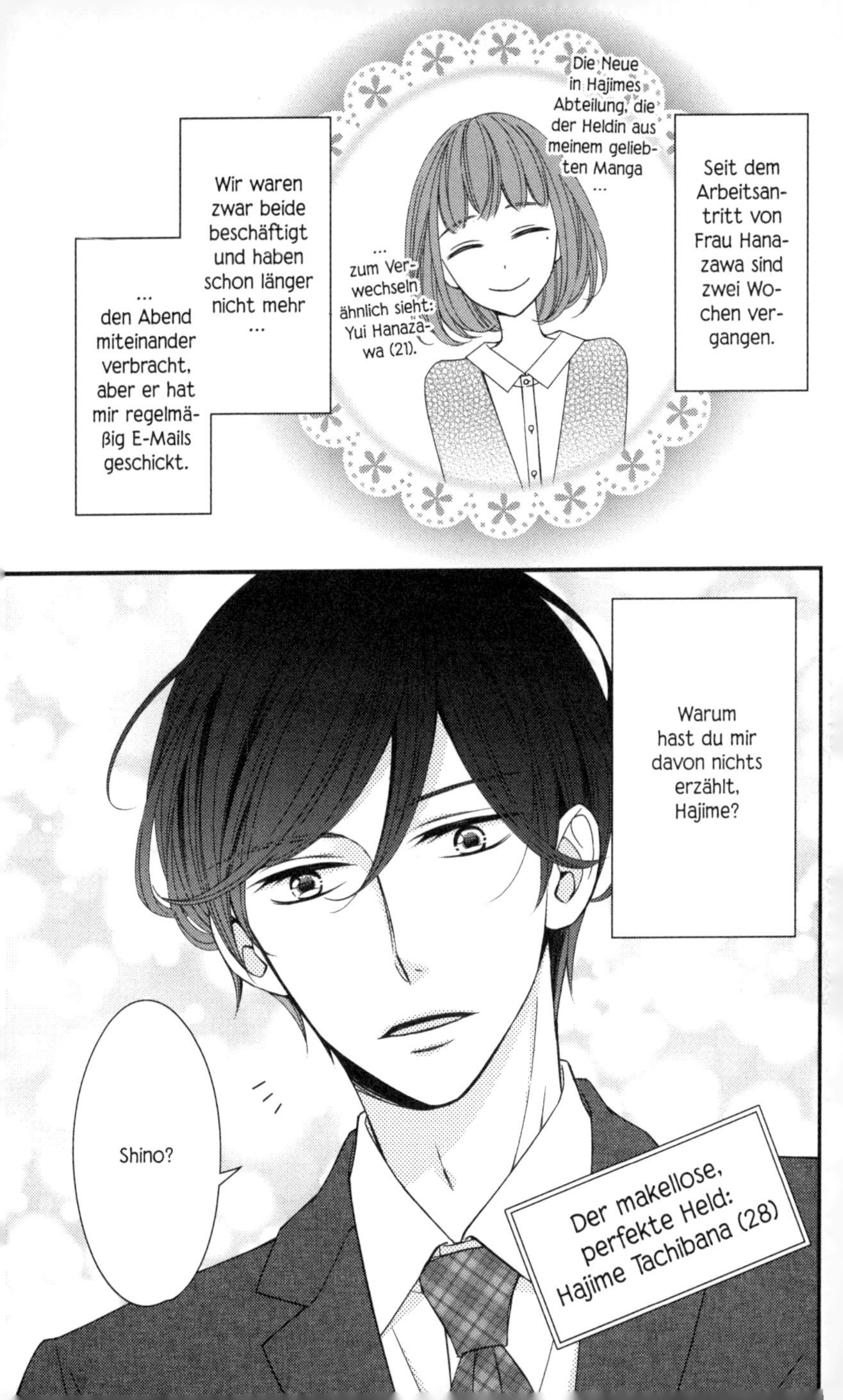

Seit dem Arbeitsantritt von Frau Hanazawa sind zwei Wochen vergangen.

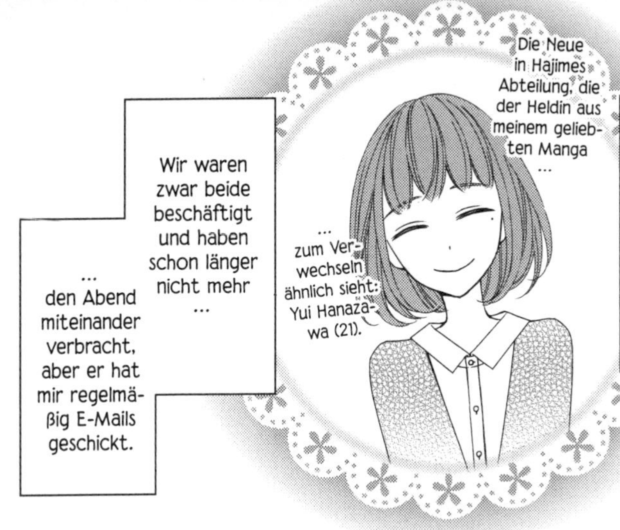

Warum hast du mir davon nichts erzählt, Hajime?

Shino?

Der makellose, perfekte Held: Hajime Tachibana (28)

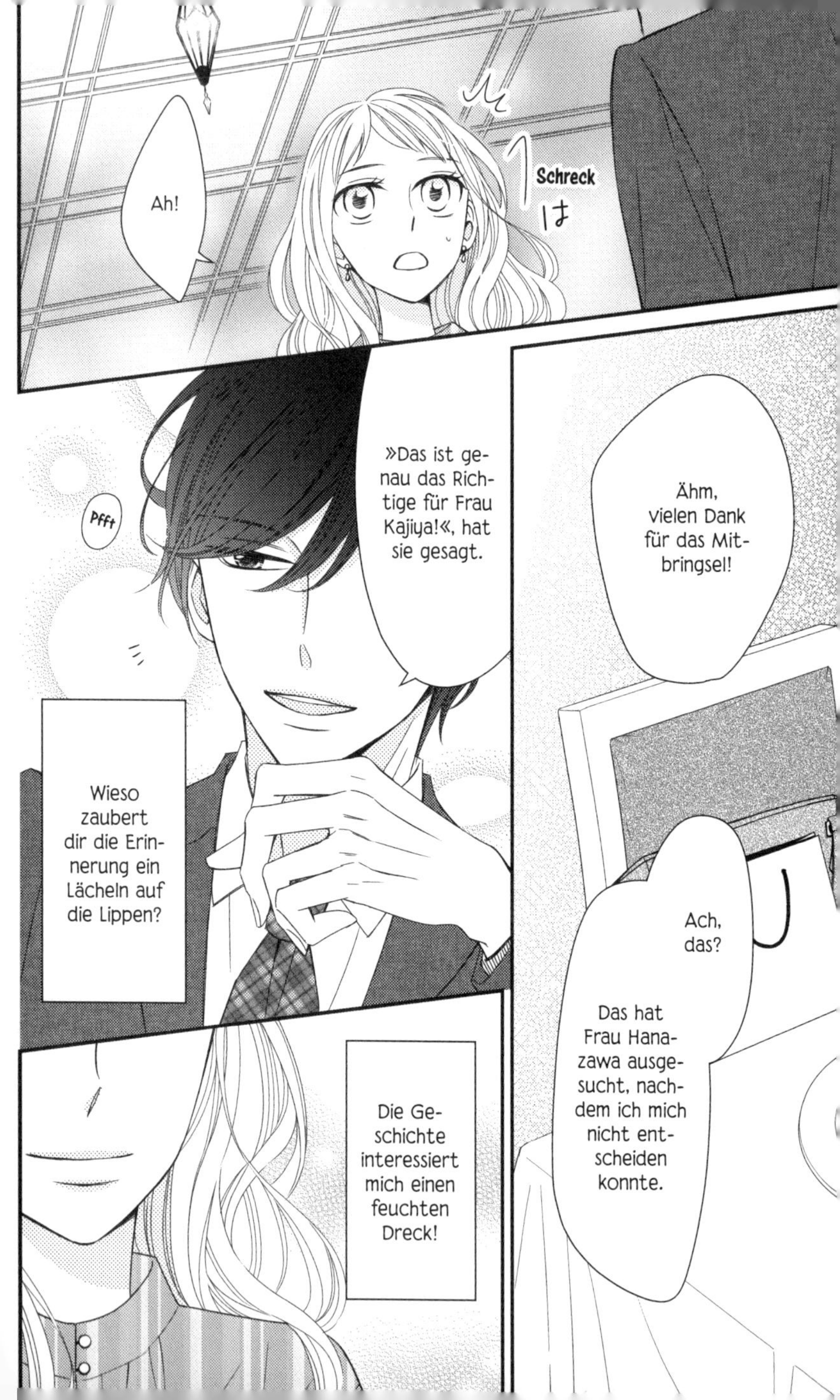
Schreck
は
Ah!
Ähm, vielen Dank für das Mitbringsel!
»Das ist genau das Richtige für Frau Kajiya!«, hat sie gesagt.
Pfft
Ach, das?
Das hat Frau Hanazawa ausgesucht, nachdem ich mich nicht entscheiden konnte.
Wieso zaubert dir die Erinnerung ein Lächeln auf die Lippen?
Die Geschichte interessiert mich einen feuchten Dreck!

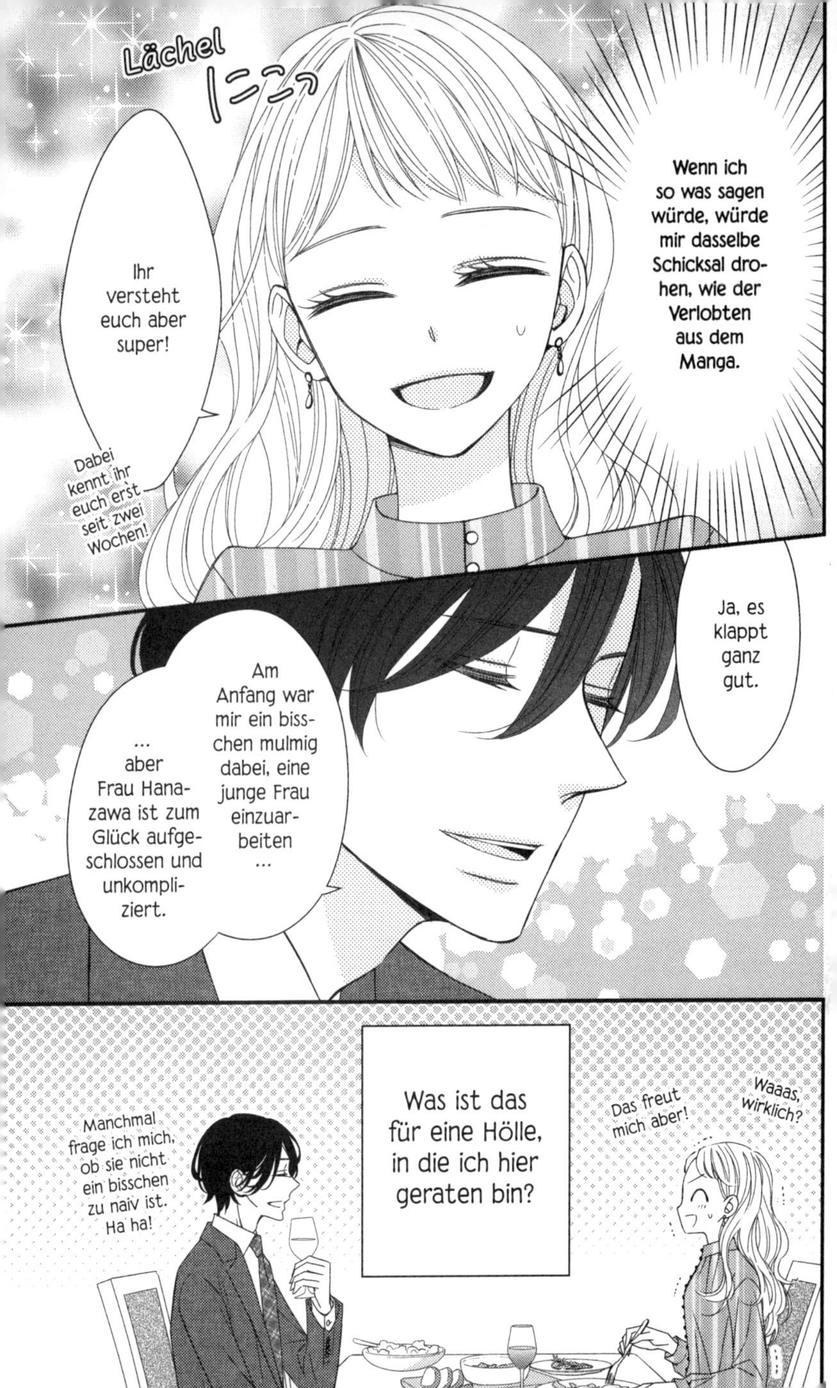
Lächel
Wenn ich so was sagen würde, würde mir dasselbe Schicksal drohen, wie der Verlobten aus dem Manga.
Ihr versteht euch aber super!
Dabei kennt ihr euch erst seit zwei Wochen!
Ja, es klappt ganz gut.
Am Anfang war mir ein bisschen mulmig dabei, eine junge Frau einzuarbeiten ...
... aber Frau Hanazawa ist zum Glück aufgeschlossen und unkompliziert.
Waaas, wirklich?
Das freut mich aber!
Was ist das für eine Hölle, in die ich hier geraten bin?
Manchmal frage ich mich, ob sie nicht ein bisschen zu naiv ist. Ha ha!

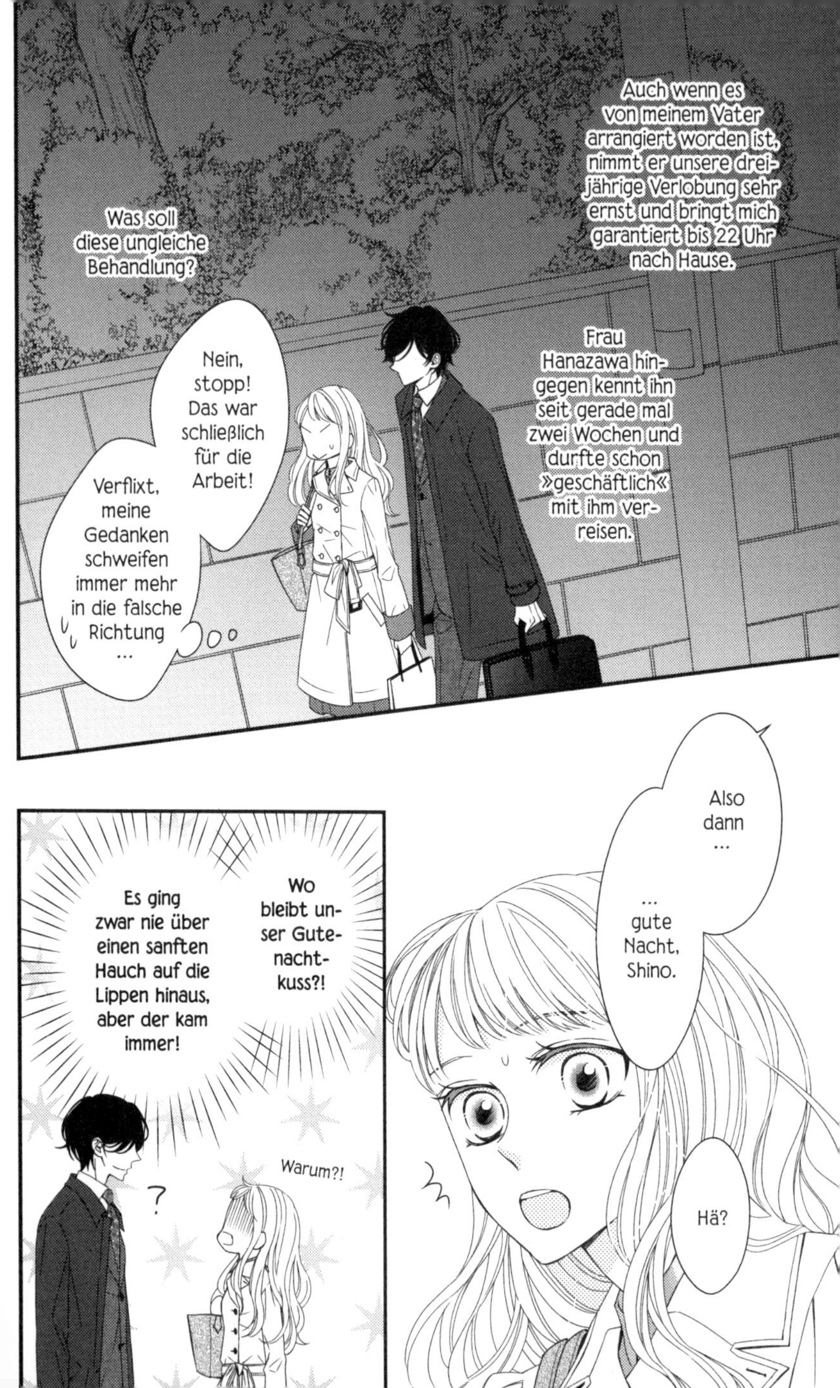
Auch wenn es von meinem Vater arrangiert worden ist, nimmt er unsere dreijährige Verlobung sehr ernst und bringt mich garantiert bis 22 Uhr nach Hause.
Was soll diese ungleiche Behandlung?
Frau Hanazawa hingegen kennt ihn seit gerade mal zwei Wochen und durfte schon »geschäftlich« mit ihm verreisen.
Nein, stopp! Das war schließlich für die Arbeit!
Verflixt, meine Gedanken schweifen immer mehr in die falsche Richtung …
Also dann …
… gute Nacht, Shino.
Hä?
Wo bleibt unser Gutenachtkuss?!
Es ging zwar nie über einen sanften Hauch auf die Lippen hinaus, aber der kam immer!
Warum?!
?

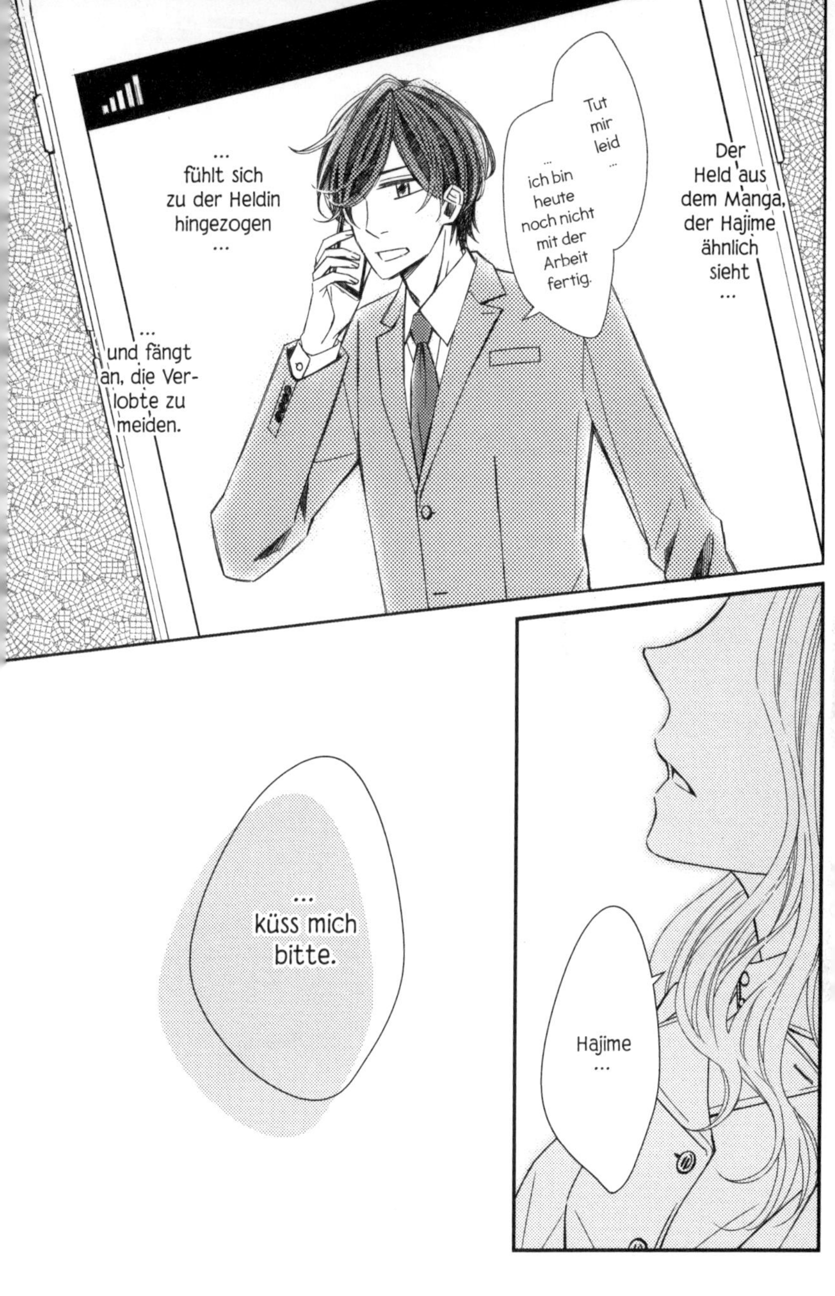
Der Held aus dem Manga, der Hajime ähnlich sieht …
Tut mir leid … … ich bin heute noch nicht mit der Arbeit fertig.
… fühlt sich zu der Heldin hingezogen …
… und fängt an, die Verlobte zu meiden.
Hajime …
… küss mich bitte.

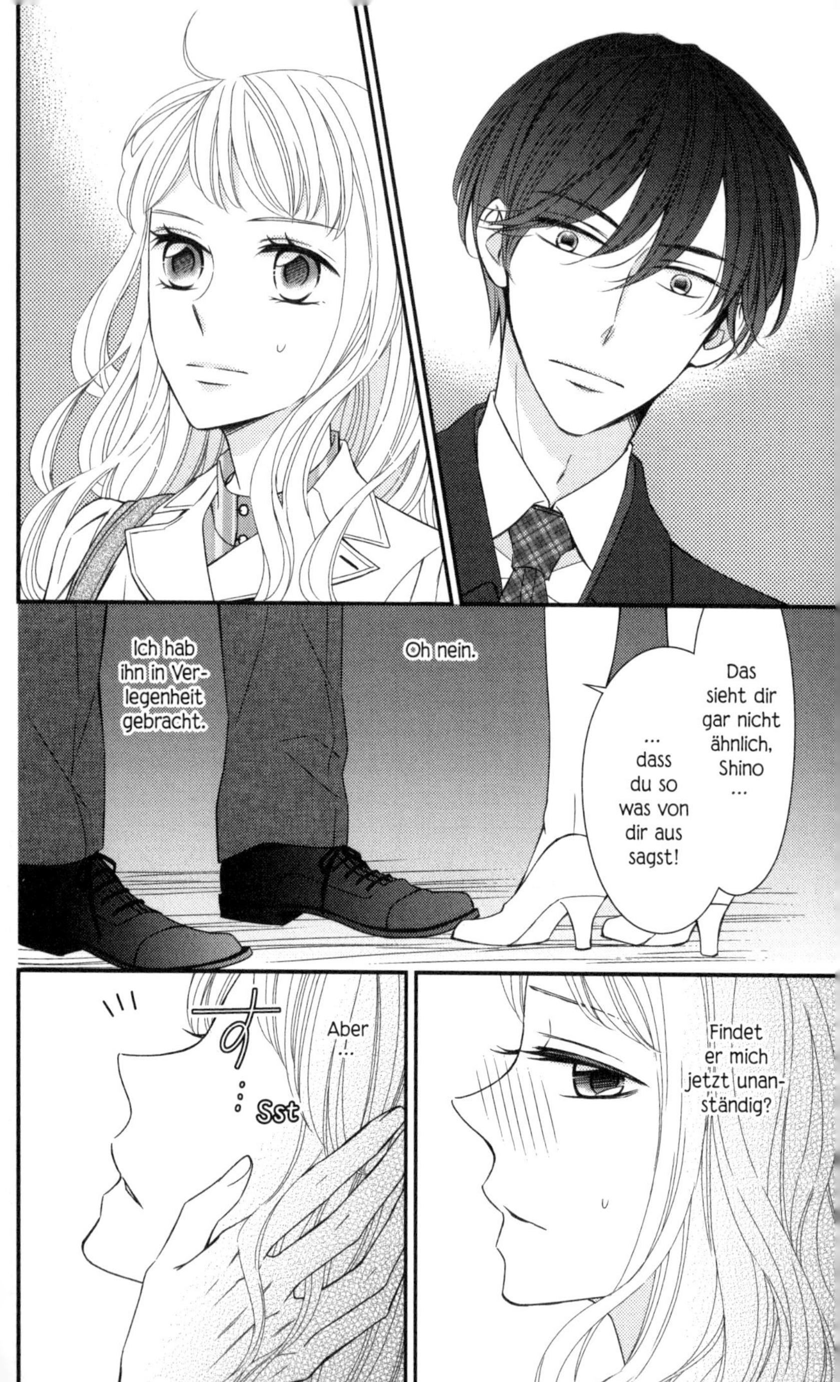
Das sieht dir gar nicht ähnlich, Shino ...
... dass du so was von dir aus sagst!
Oh nein.
Ich hab ihn in Verlegenheit gebracht.
Findet er mich jetzt unanständig?
Aber ...
Sst

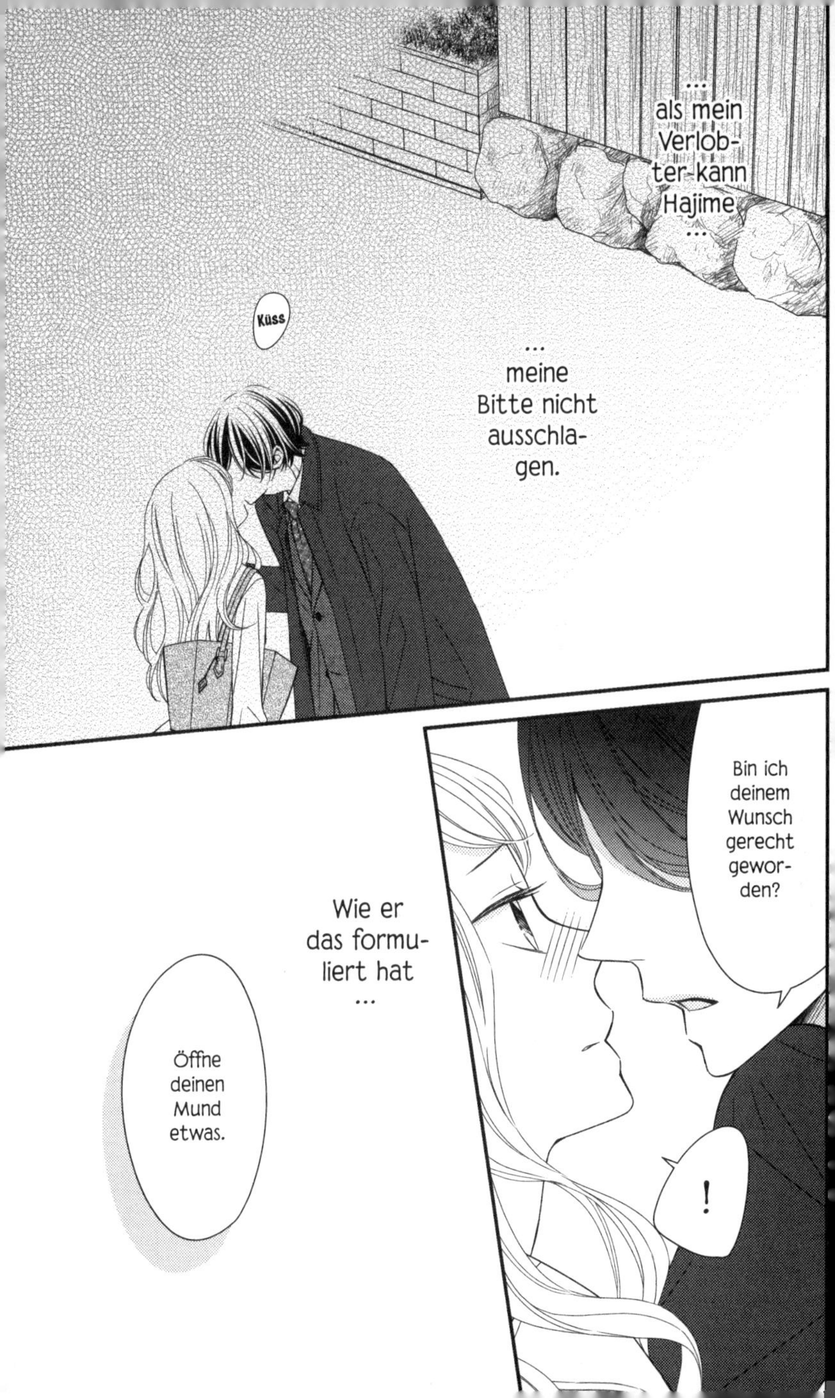

... als mein Verlobter kann Hajime ...
... meine Bitte nicht ausschlagen.
Küss
Bin ich deinem Wunsch gerecht geworden?
Wie er das formuliert hat ...
!
Öffne deinen Mund etwas.

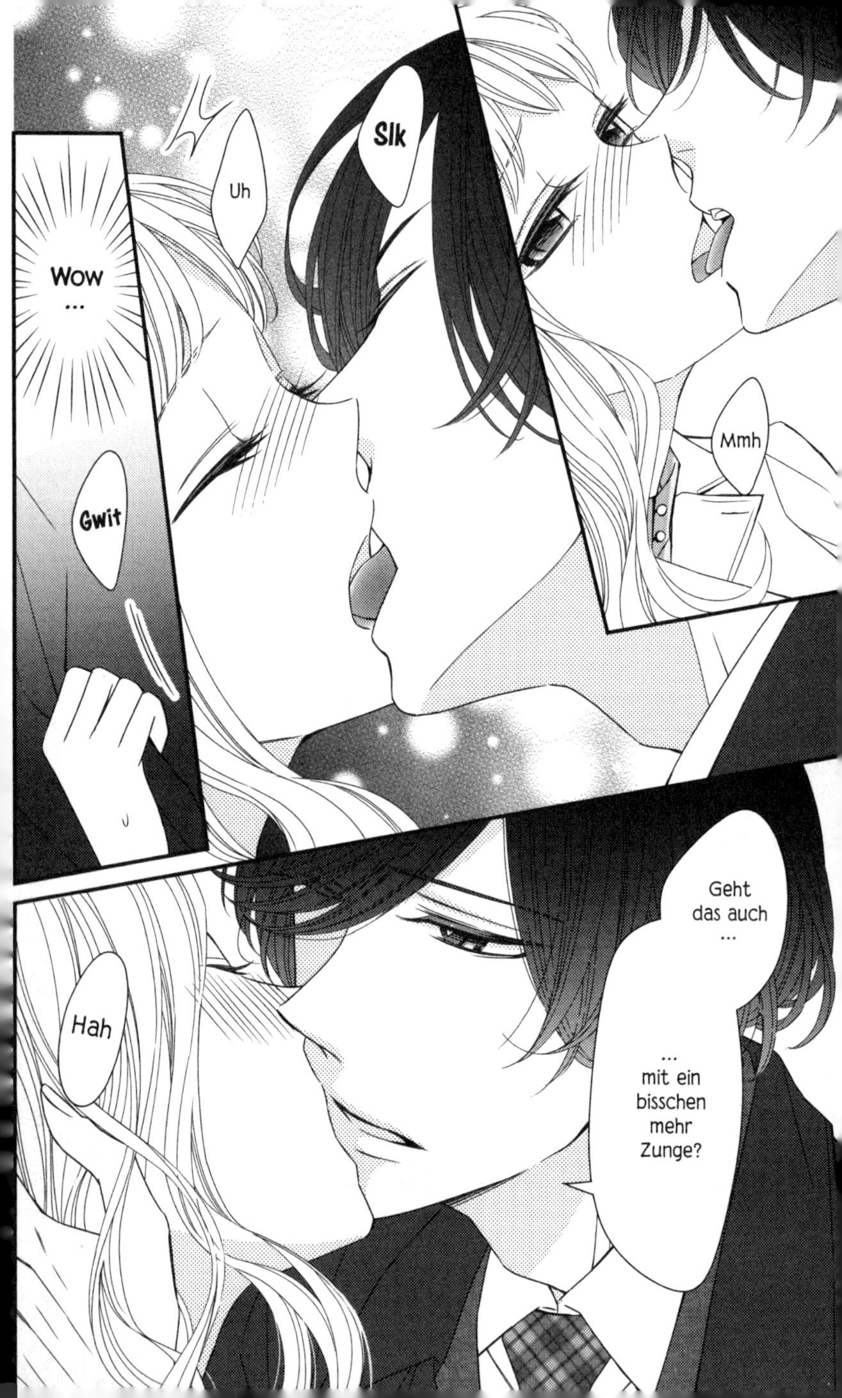

Mmh
Slk
Uh
Wow ...
Gwit
Geht das auch ...
... mit ein bisschen mehr Zunge?
Hah

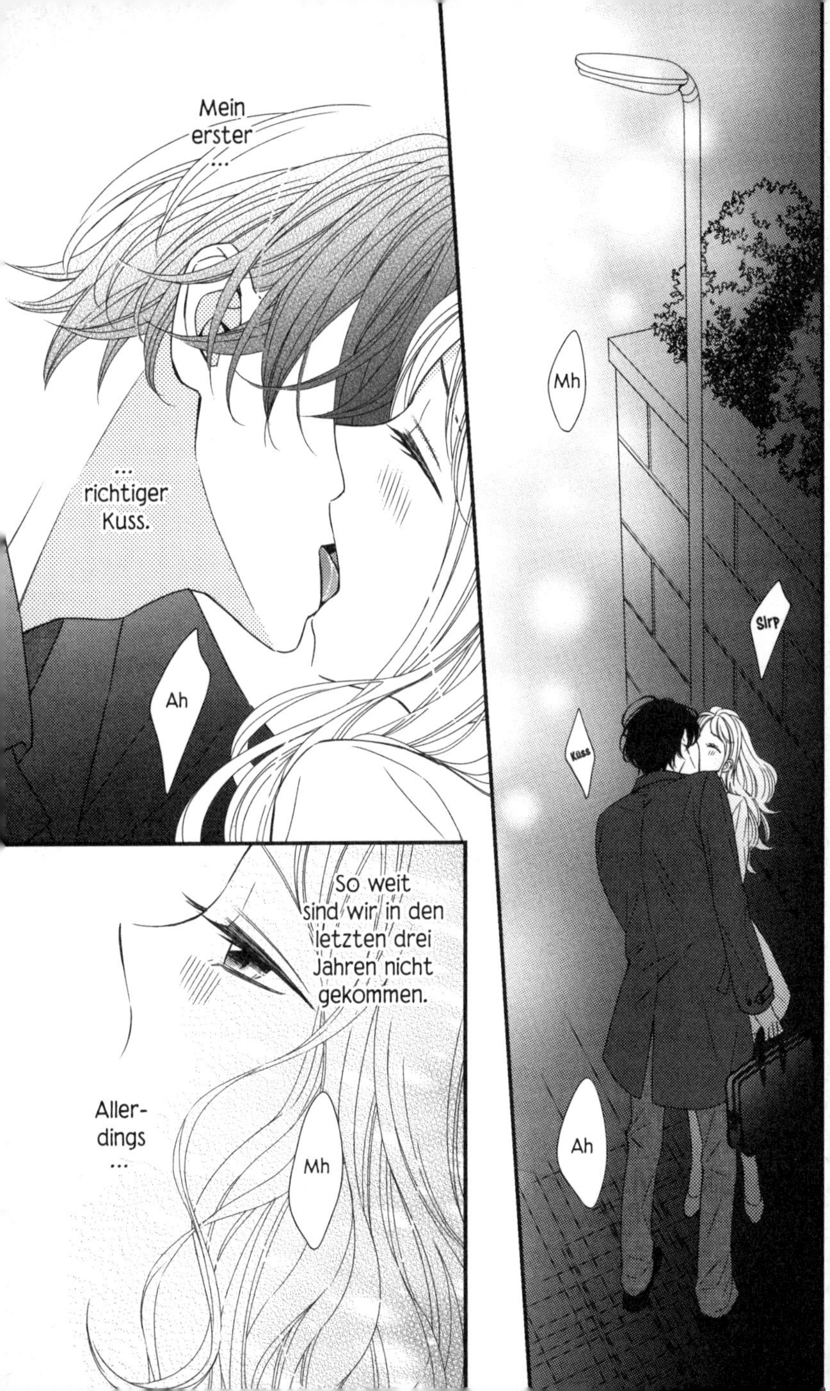
Mh
Slrp
Kuss
Ah
Mein erster ...
... richtiger Kuss.
Ah
So weit sind wir in den letzten drei Jahren nicht gekommen.
Mh
Aller-dings ...

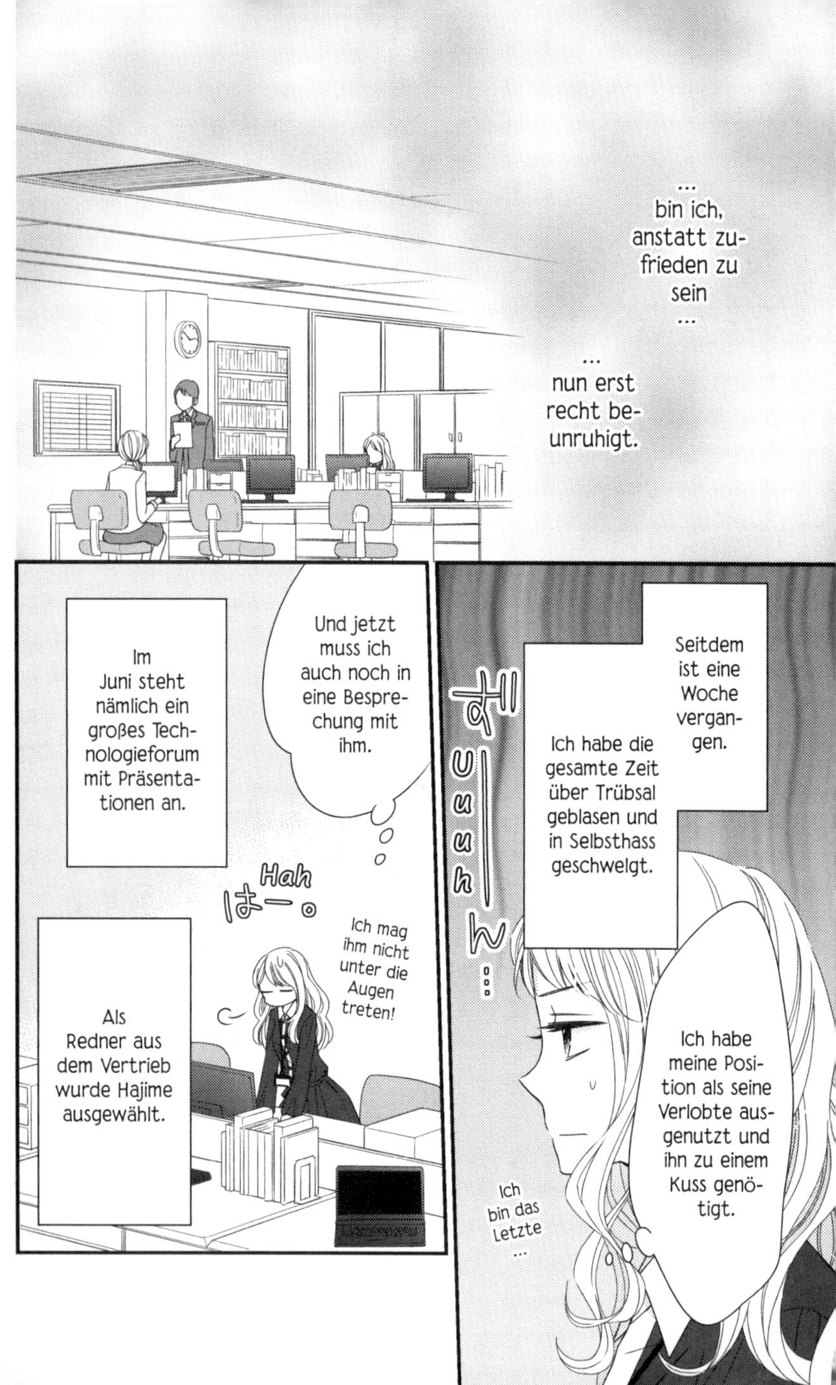
...
bin ich, anstatt zufrieden zu sein
...
...
nun erst recht beunruhigt.
Seitdem ist eine Woche vergangen.
Ich habe die gesamte Zeit über Trübsal geblasen und in Selbsthass geschwelgt.
Uuuuh...
Ich habe meine Position als seine Verlobte ausgenutzt und ihn zu einem Kuss genötigt.
Ich bin das Letzte ...
Im Juni steht nämlich ein großes Technologieforum mit Präsentationen an.
Und jetzt muss ich auch noch in eine Besprechung mit ihm.
Hah
はー。
Ich mag ihm nicht unter die Augen treten!
Als Redner aus dem Vertrieb wurde Hajime ausgewählt.

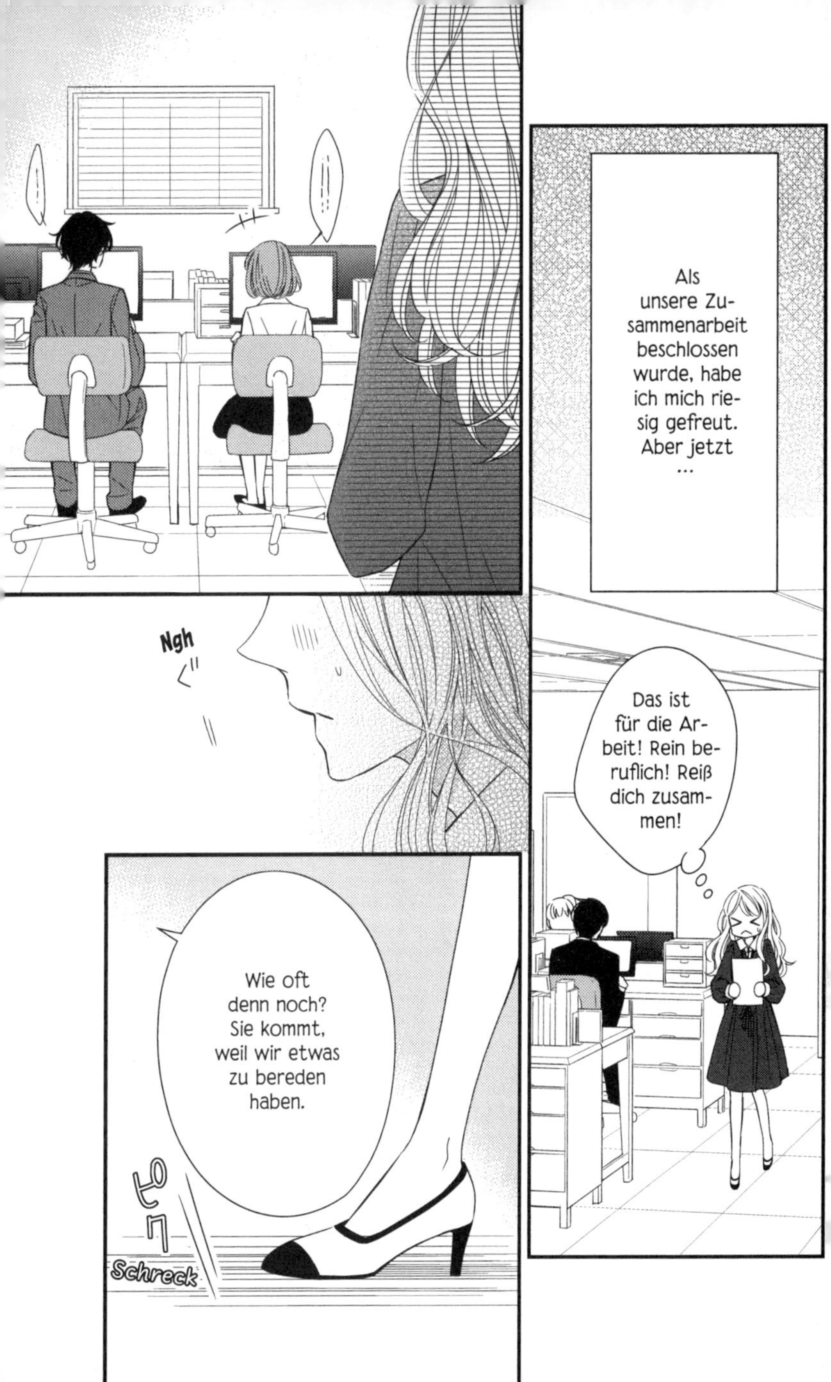

Als unsere Zusammenarbeit beschlossen wurde, habe ich mich riesig gefreut. Aber jetzt …
Das ist für die Arbeit! Rein beruflich! Reiß dich zusammen!
Ngh
Wie oft denn noch? Sie kommt, weil wir etwas zu bereden haben.
Schreck

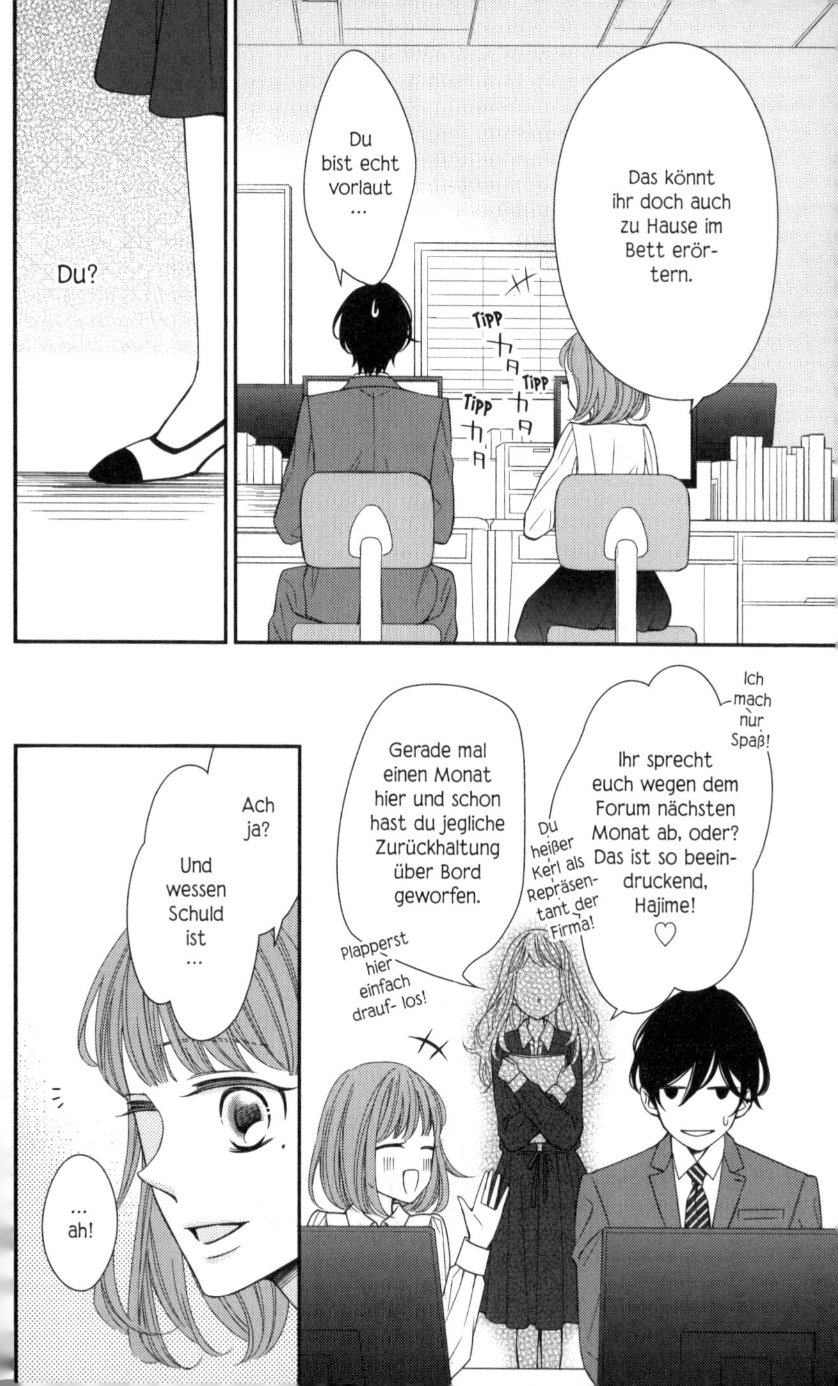
Das könnt ihr doch auch zu Hause im Bett erörtern.
Du bist echt vorlaut ...
TIPP
TIPP
TIPP
Du?
Ich mach nur Spaß!
Ihr sprecht euch wegen dem Forum nächsten Monat ab, oder? Das ist so beeindruckend, Hajime! ♡
Du heißer Kerl als Repräsentant der Firma!
Gerade mal einen Monat hier und schon hast du jegliche Zurückhaltung über Bord geworfen.
Plapperst hier einfach drauf- los!
Ach ja?
Und wessen Schuld ist ...
... ah!

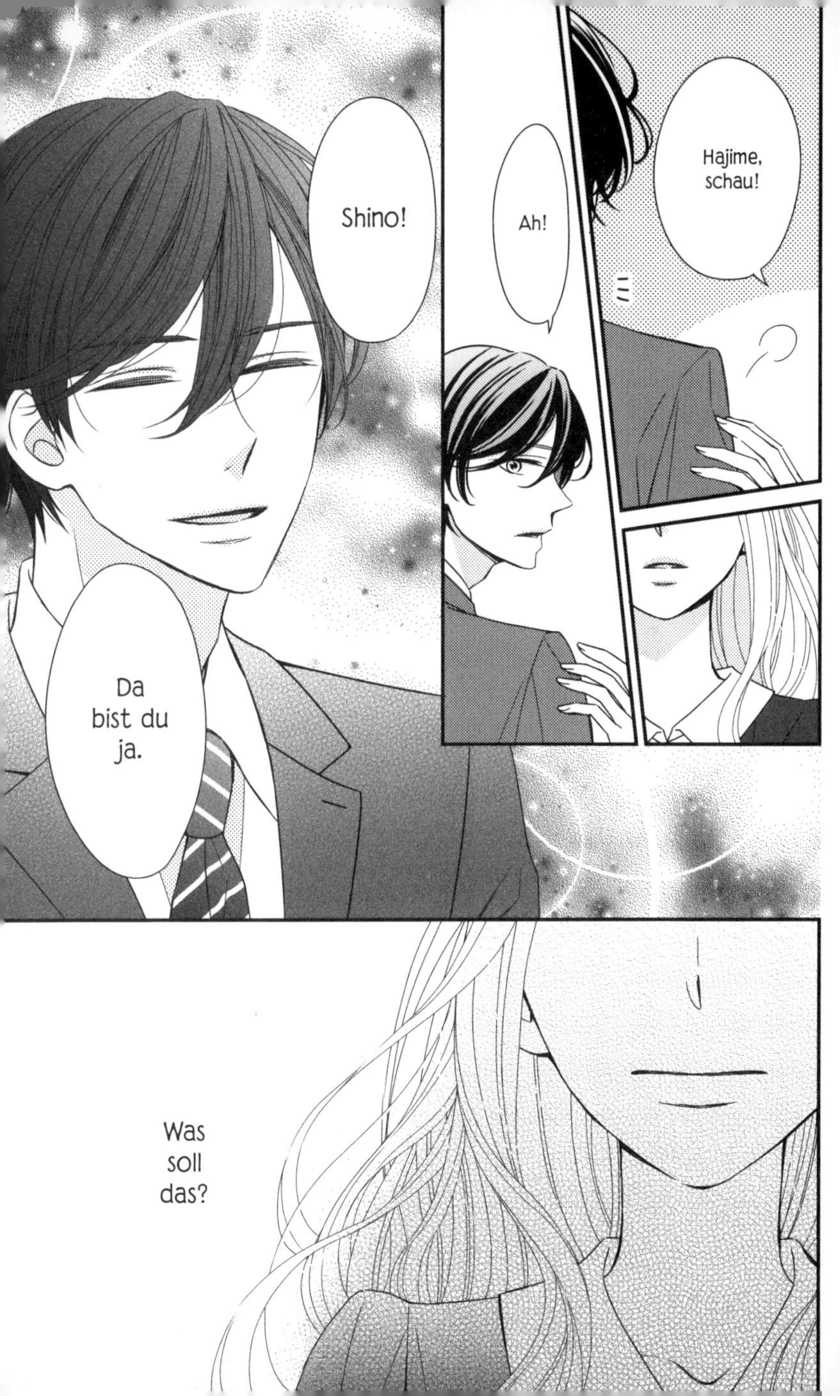

Hajime, schau!
Ah!
Shino!
Da bist du ja.
Was soll das?

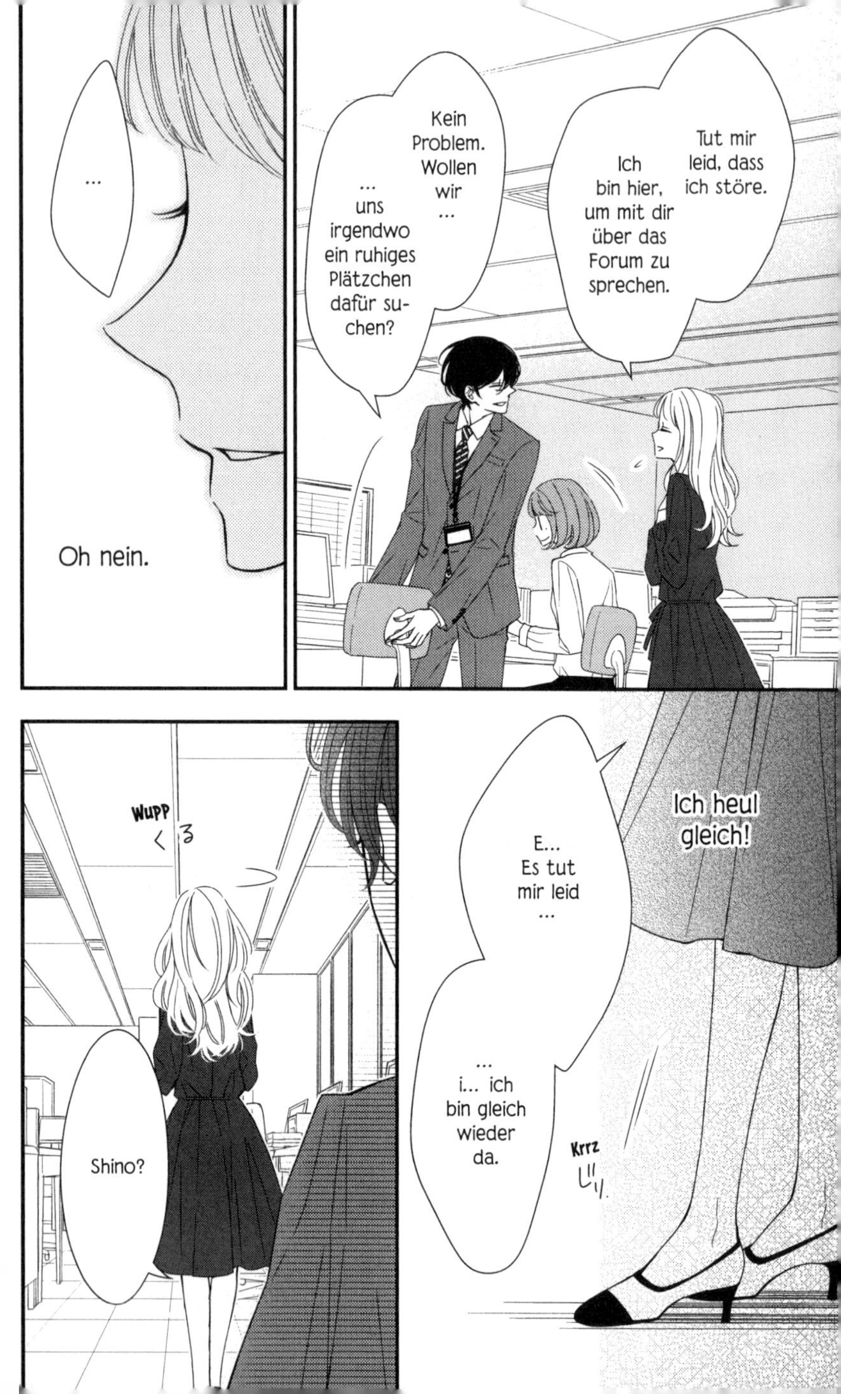
Tut mir leid, dass ich störe.
Ich bin hier, um mit dir über das Forum zu sprechen.
Kein Problem. Wollen wir …
… uns irgendwo ein ruhiges Plätzchen dafür suchen?
…
Oh nein.
Ich heul gleich!
E… Es tut mir leid …
… i… ich bin gleich wieder da.
Krrz
Wupp
Shino?

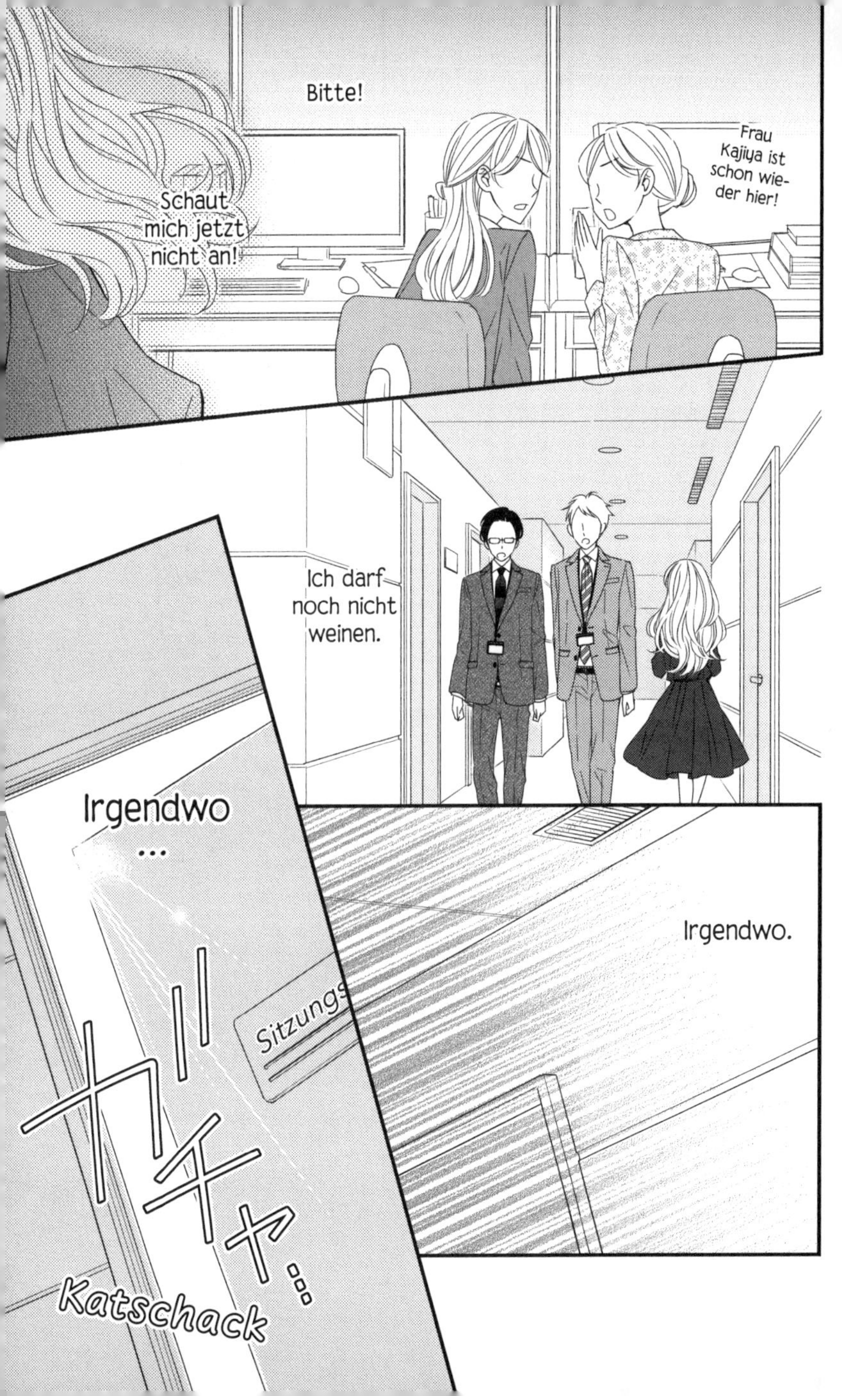
Frau Kajiya ist schon wieder hier!
Bitte!
Schaut mich jetzt nicht an!
Ich darf noch nicht weinen.
Irgendwo.
Irgendwo …
Sitzungs
カチャ…
Katschack

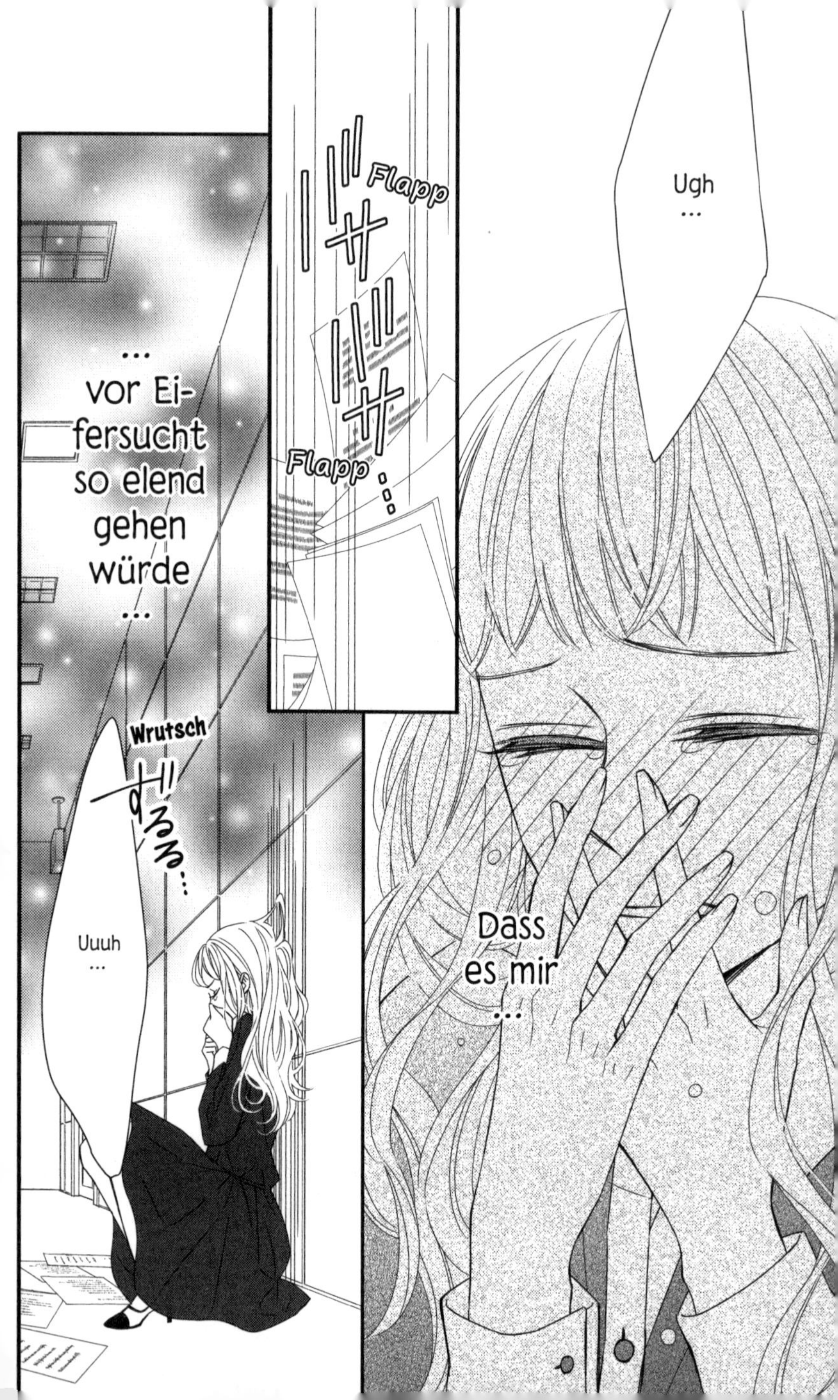
Ugh
...
Dass
es mir
...
Flapp
Flapp
...
... vor Ei-
fersucht
so elend
gehen
würde
...
Wrutsch
ずるる...
Uuuh
...

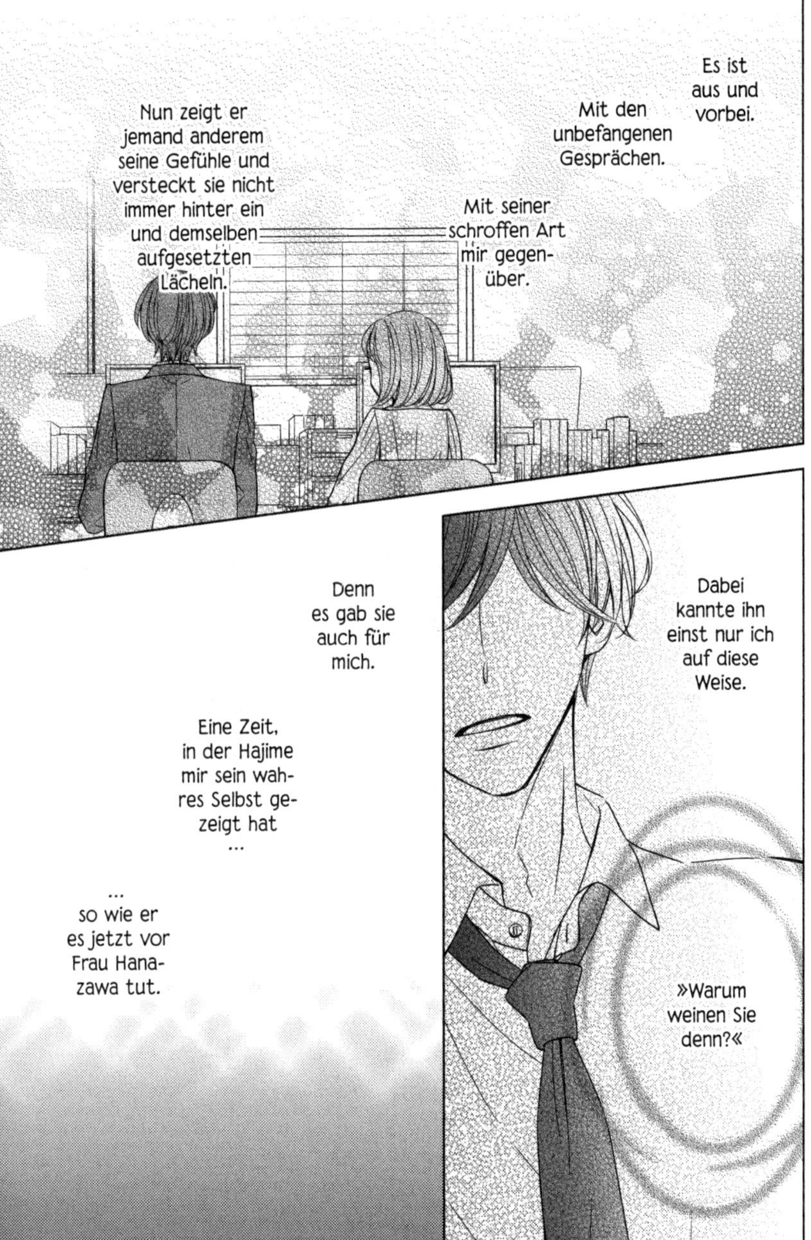
Es ist aus und vorbei.
Mit den unbefangenen Gesprächen.
Mit seiner schroffen Art mir gegenüber.
Nun zeigt er jemand anderem seine Gefühle und versteckt sie nicht immer hinter ein und demselben aufgesetzten Lächeln.
Dabei kannte ihn einst nur ich auf diese Weise.
»Warum weinen Sie denn?«
Denn es gab sie auch für mich.
Eine Zeit, in der Hajime mir sein wahres Selbst gezeigt hat ...
... so wie er es jetzt vor Frau Hanazawa tut.

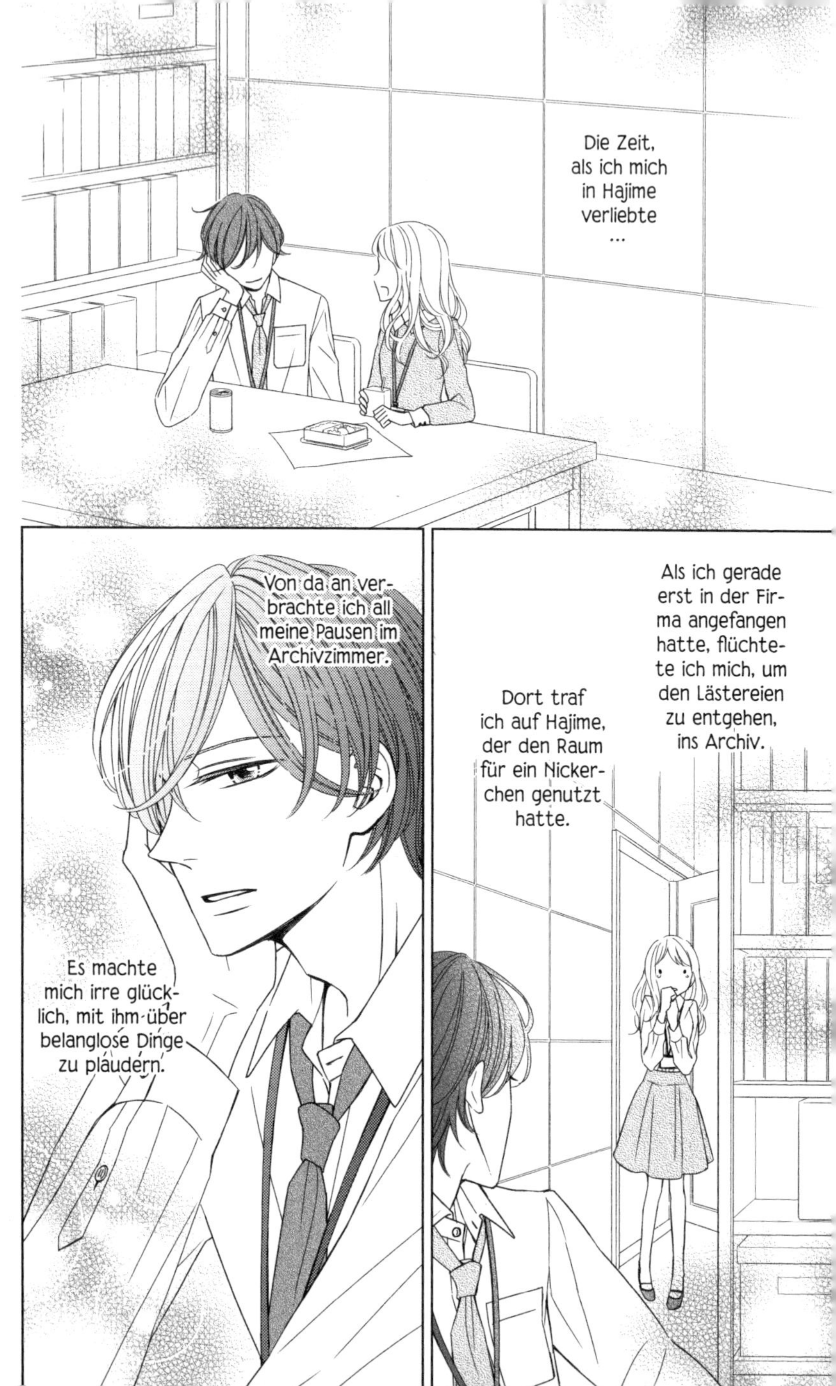

Die Zeit, als ich mich in Hajime verliebte ...
Als ich gerade erst in der Firma angefangen hatte, flüchtete ich mich, um den Lästereien zu entgehen, ins Archiv.
Dort traf ich auf Hajime, der den Raum für ein Nickerchen genutzt hatte.
Von da an verbrachte ich all meine Pausen im Archivzimmer.
Es machte mich irre glücklich, mit ihm über belanglose Dinge zu plaudern.

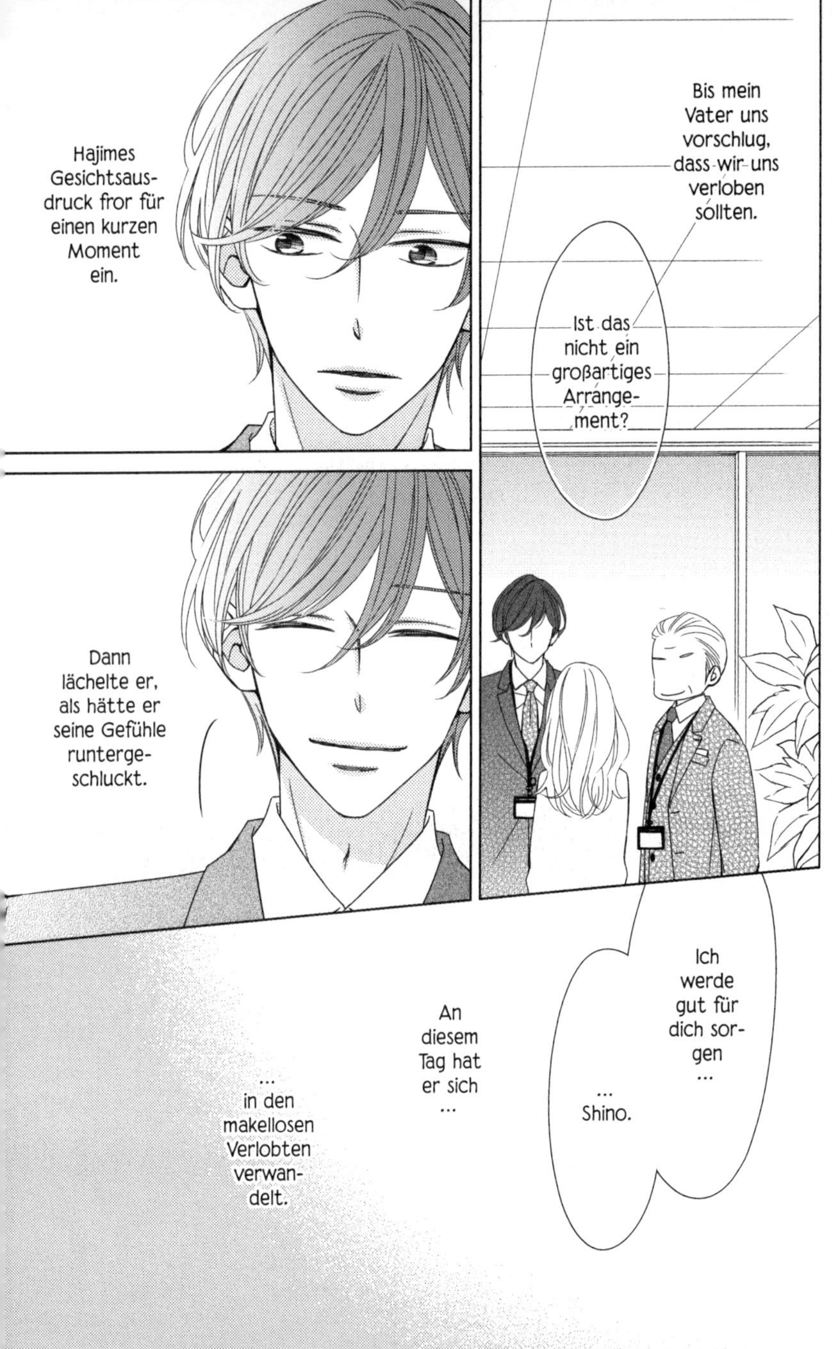
Bis mein Vater uns vorschlug, dass wir uns verloben sollten.
Ist das nicht ein großartiges Arrangement?
Hajimes Gesichtsausdruck fror für einen kurzen Moment ein.
Dann lächelte er, als hätte er seine Gefühle runtergeschluckt.
Ich werde gut für dich sorgen … … Shino.
An diesem Tag hat er sich …
… in den makellosen Verlobten verwandelt.

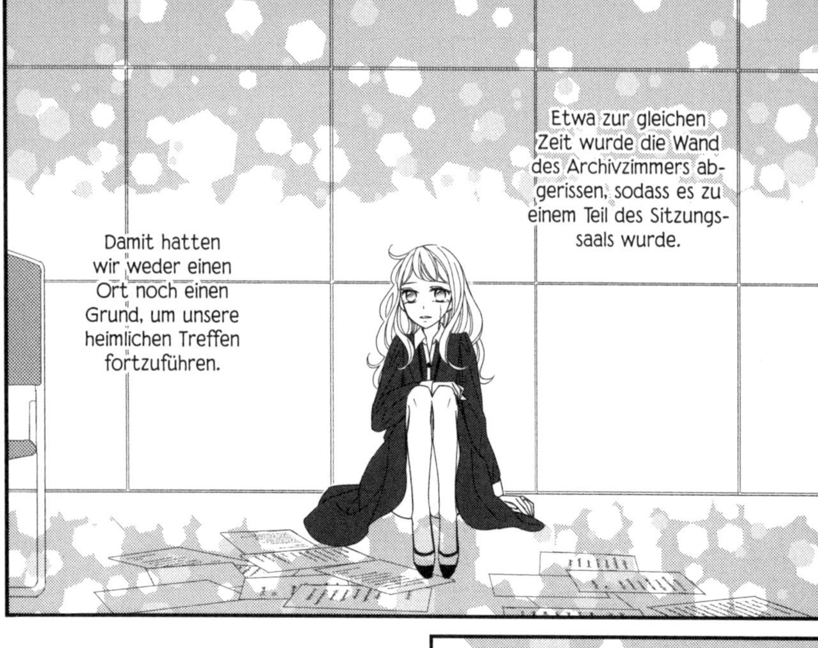

Wenn wir uns damals nicht verlobt und weiterhin unbefangen unsere Zweisamkeit hätten genießen können ...

... hätten die Dinge vielleicht einen anderen Verlauf genommen.

Vielleicht hätte das Ganze so für mich ausgehen können wie für die Heldin aus dem Manga.

Das hier ist also immer noch dein Zufluchtsort.

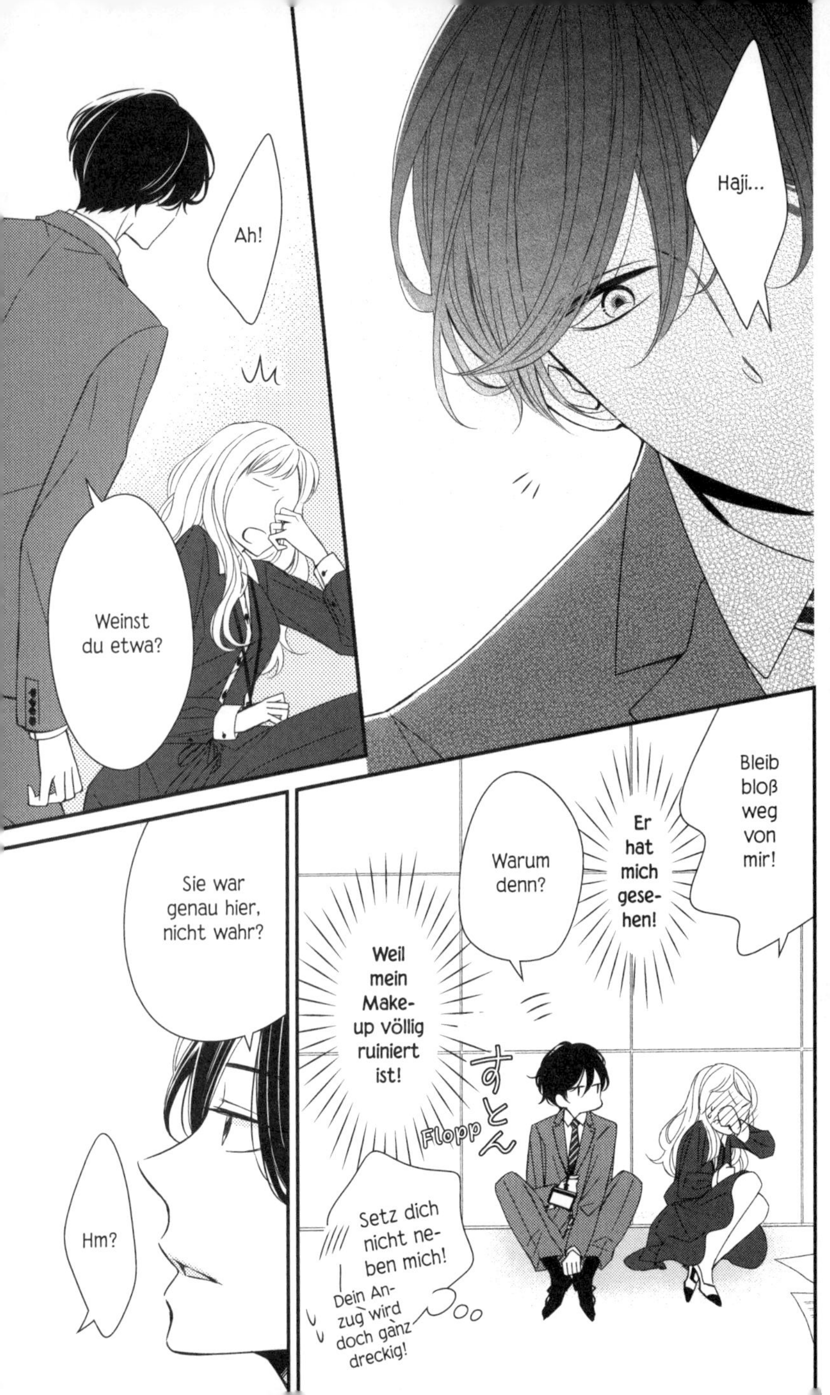
Haji...
Ah!
Weinst du etwa?
Bleib bloß weg von mir!
Er hat mich gesehen!
Warum denn?
Weil mein Make-up völlig ruiniert ist!
すとん
Flopp
Setz dich nicht neben mich!
Dein Anzug wird doch ganz dreckig!
Sie war genau hier, nicht wahr?
Hm?

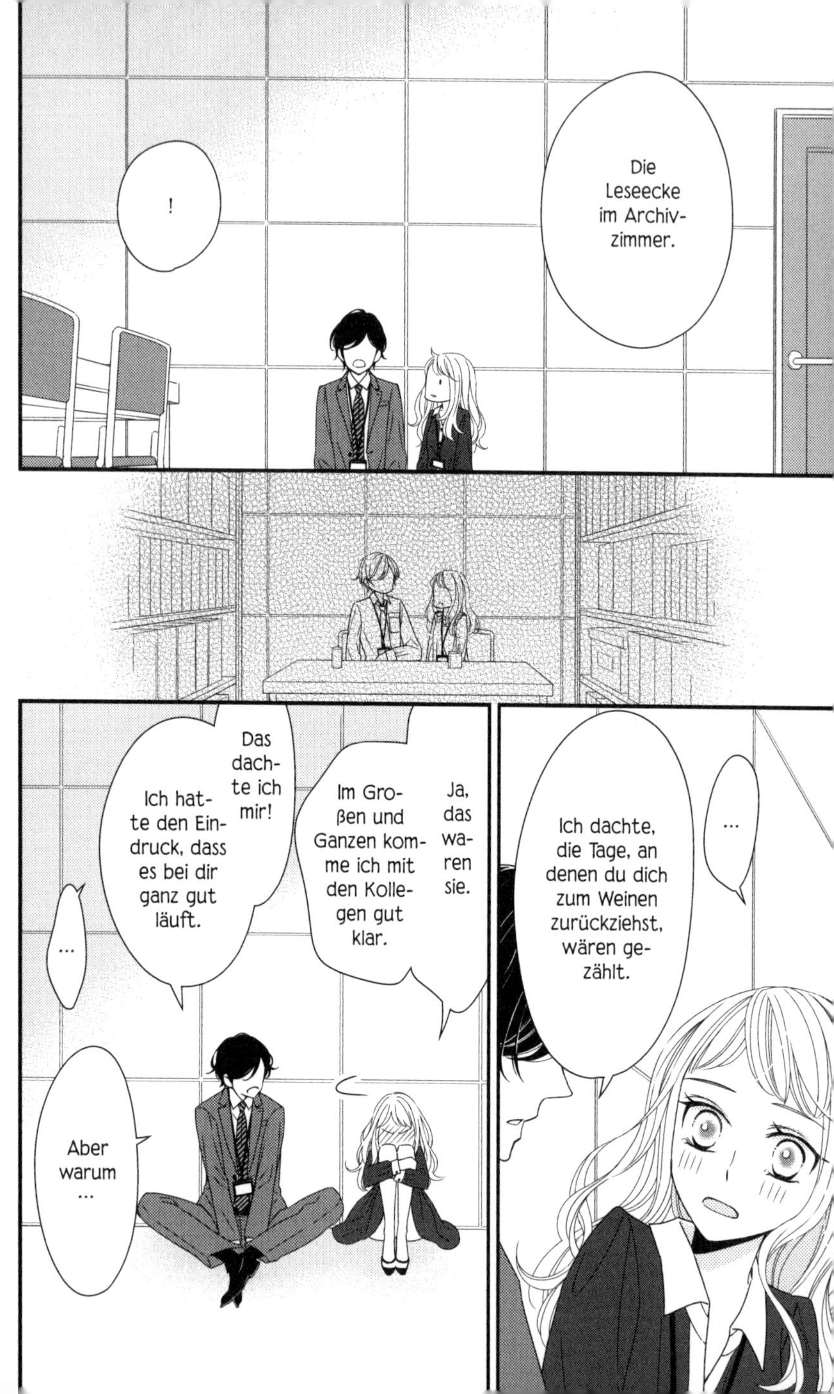

Die Leseecke im Archivzimmer.
!
…
Ich dachte, die Tage, an denen du dich zum Weinen zurückziehst, wären gezählt.
Ja, das waren sie.
Im Großen und Ganzen komme ich mit den Kollegen gut klar.
Das dachte ich mir!
Ich hatte den Eindruck, dass es bei dir ganz gut läuft.
…
Aber warum …

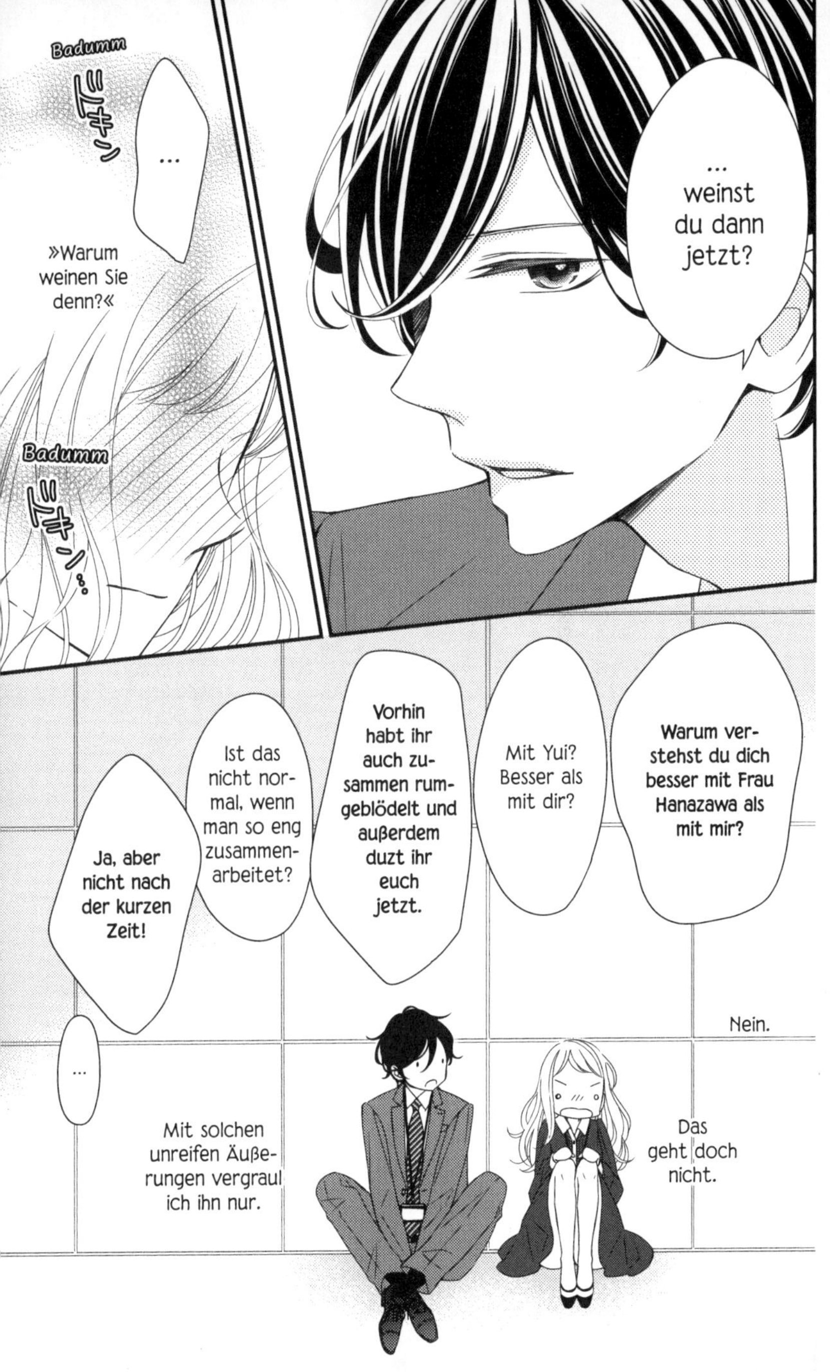

... weinst du dann jetzt?
Badumm
...
»Warum weinen Sie denn?«
Badumm
Warum versteht du dich besser mit Frau Hanazawa als mit mir?
Mit Yui? Besser als mit dir?
Vorhin habt ihr auch zusammen rumgeblödelt und außerdem duzt ihr euch jetzt.
Ist das nicht normal, wenn man so eng zusammenarbeitet?
Ja, aber nicht nach der kurzen Zeit!
Nein.
Das geht doch nicht.
Mit solchen unreifen Äußerungen vergraul ich ihn nur.
...

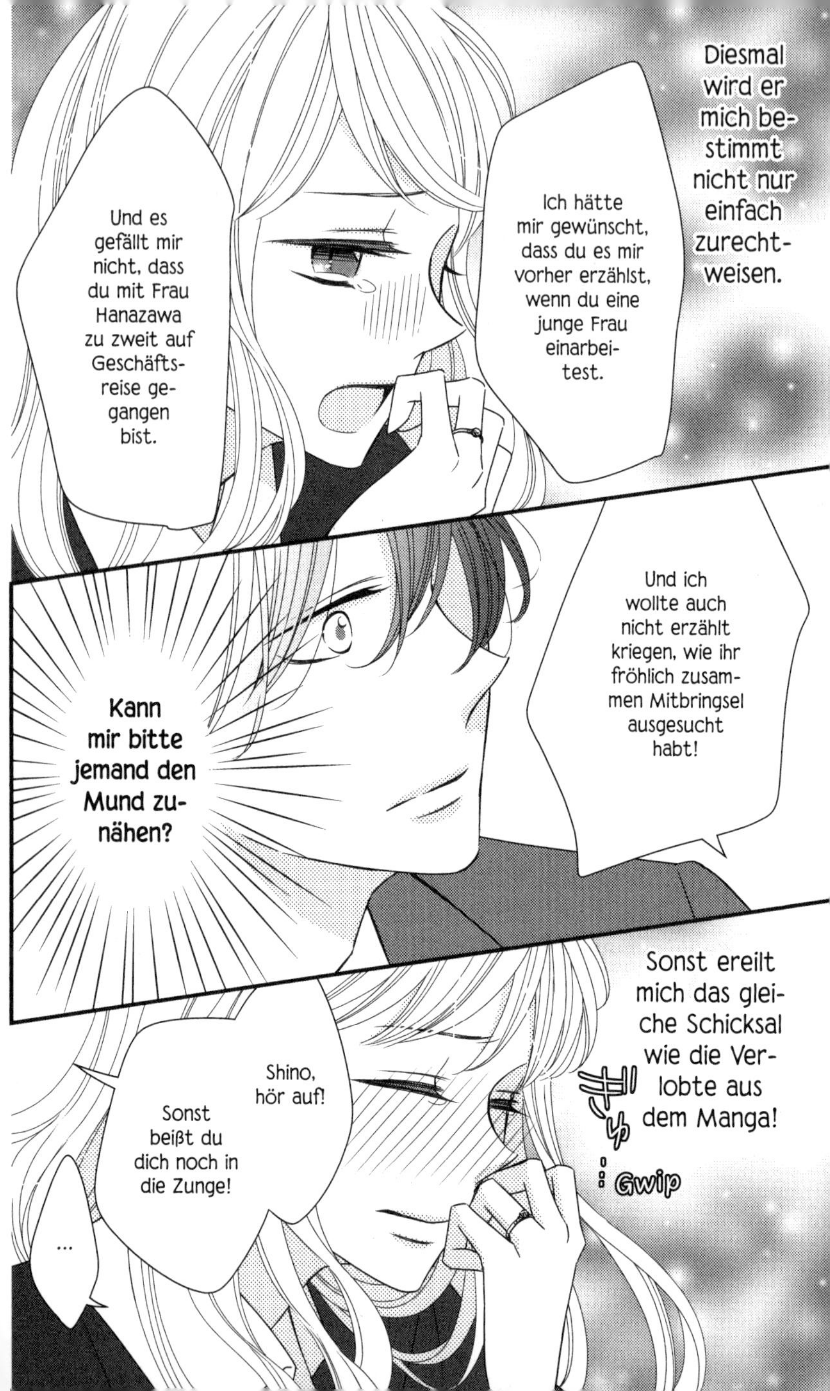

Diesmal wird er mich bestimmt nicht nur einfach zurechtweisen.
Ich hätte mir gewünscht, dass du es mir vorher erzählst, wenn du eine junge Frau einarbeitest.
Und es gefällt mir nicht, dass du mit Frau Hanazawa zu zweit auf Geschäftsreise gegangen bist.
Und ich wollte auch nicht erzählt kriegen, wie ihr fröhlich zusammen Mitbringsel ausgesucht habt!
Kann mir bitte jemand den Mund zunähen?
Sonst ereilt mich das gleiche Schicksal wie die Verlobte aus dem Manga!
Gwip
Shino, hör auf!
Sonst beißt du dich noch in die Zunge!
...

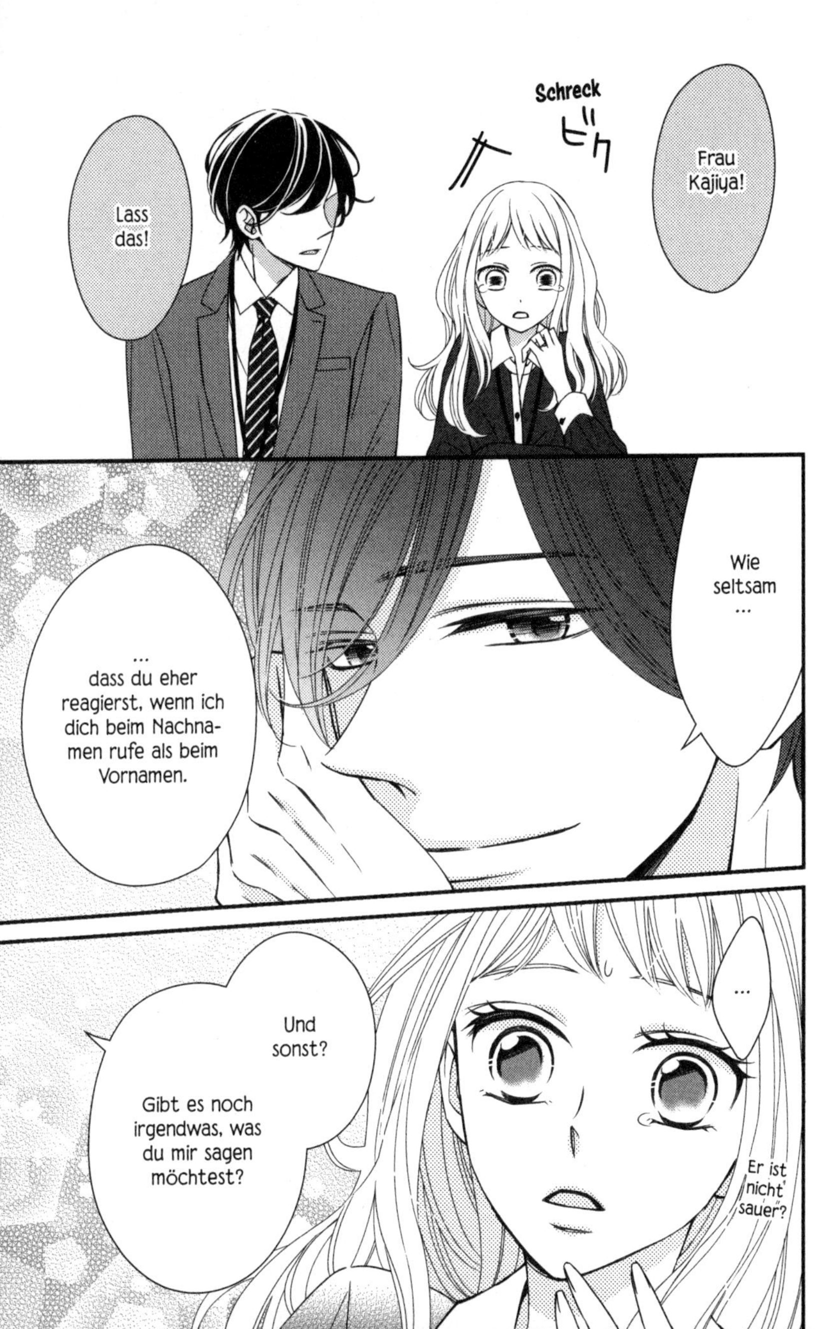
Frau Kajiya!
Schreck
ビク
Lass das!
Wie seltsam …
… dass du eher reagierst, wenn ich dich beim Nachnamen rufe als beim Vornamen.
…
Und sonst?
Gibt es noch irgendwas, was du mir sagen möchtest?
Er ist nicht sauer?

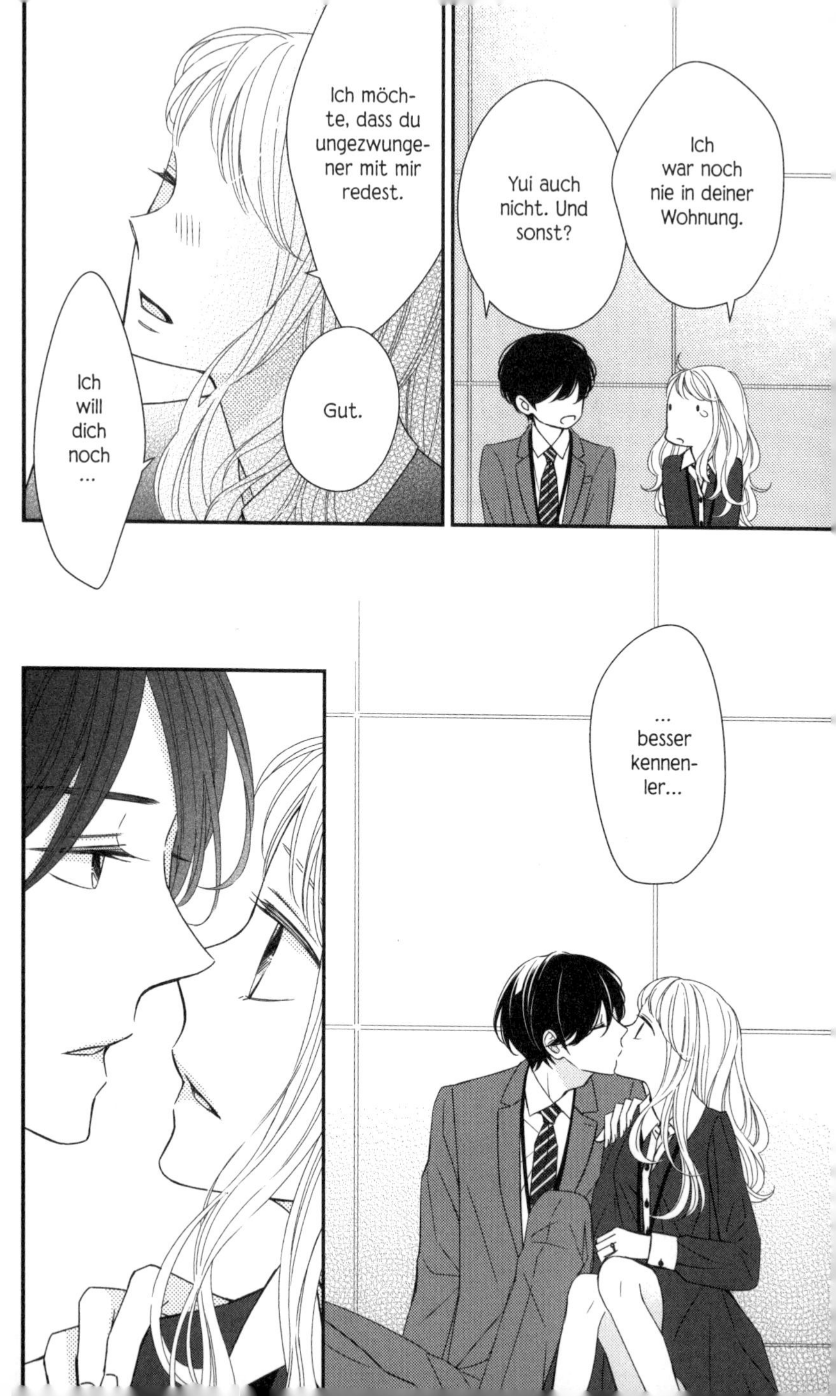
Ich war noch nie in deiner Wohnung.
Yui auch nicht. Und sonst?
Ich möchte, dass du ungezwungener mit mir redest.
Gut.
Ich will dich noch ...
... besser kennenler...

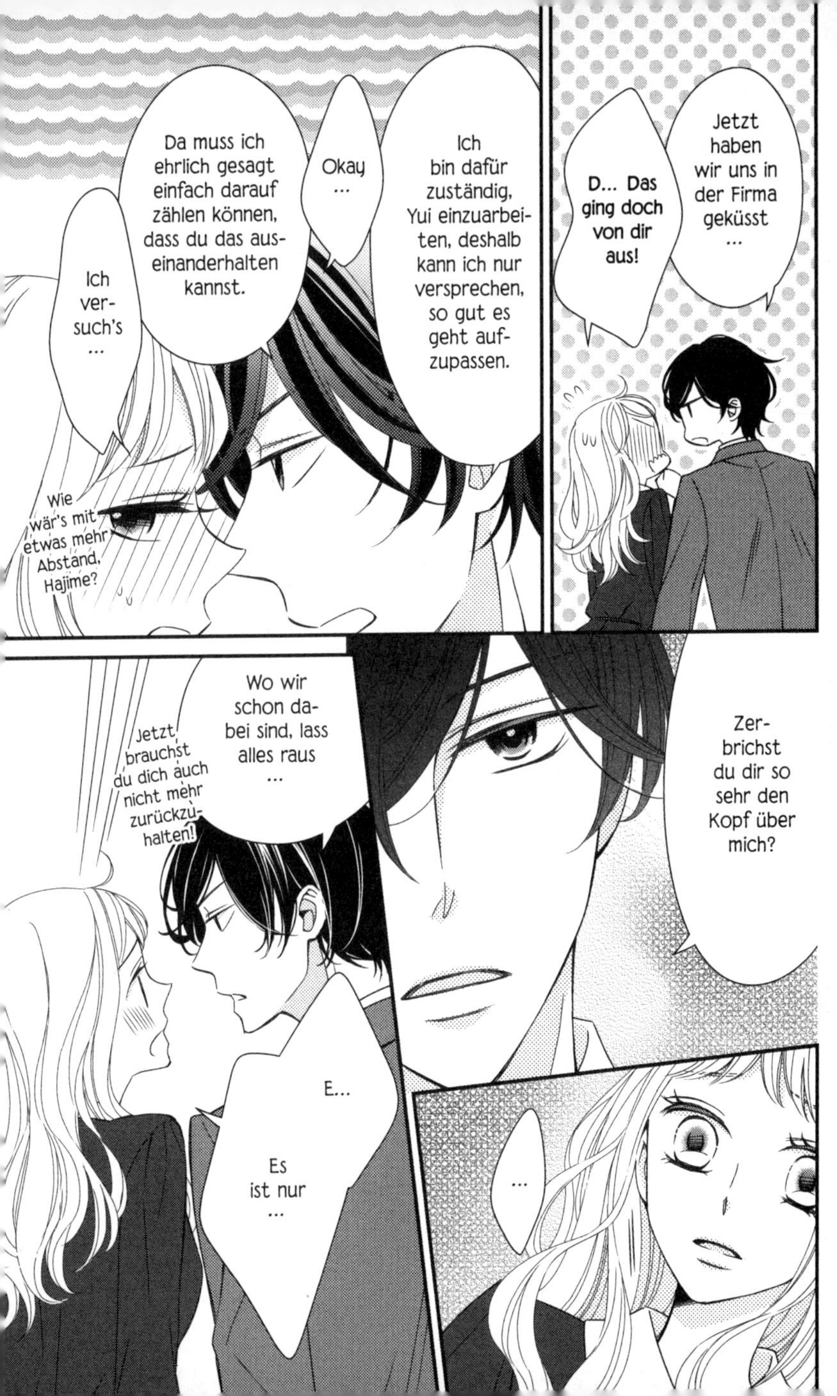
Jetzt haben wir uns in der Firma geküsst ...
D... Das ging doch von dir aus!
Ich bin dafür zuständig, Yui einzuarbeiten, deshalb kann ich nur versprechen, so gut es geht aufzupassen.
Okay ...
Da muss ich ehrlich gesagt einfach darauf zählen können, dass du das auseinanderhalten kannst.
Ich versuch's ...
Wie wär's mit etwas mehr Abstand, Hajime?
Zerbrichst du dir so sehr den Kopf über mich?
Wo wir schon dabei sind, lass alles raus ...
Jetzt brauchst du dich auch nicht mehr zurückzuhalten!
...
E...
Es ist nur ...

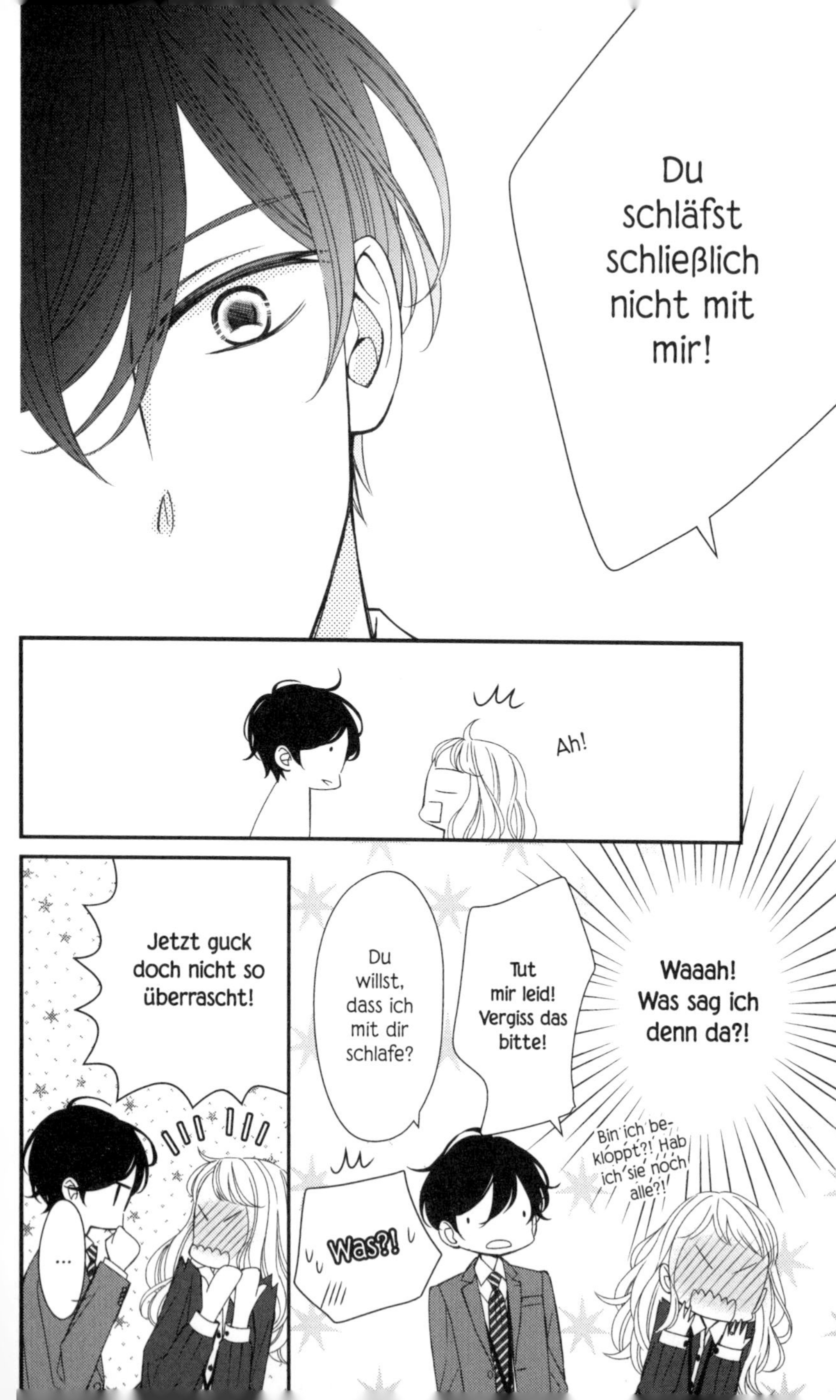

Du schläfst schließlich nicht mit mir!
Ah!
Waaah! Was sag ich denn da?!
Bin ich be-kloppt?! Hab ich sie noch alle?!
Tut mir leid! Vergiss das bitte!
Du willst, dass ich mit dir schlafe?
Was?!
Jetzt guck doch nicht so überrascht!
...

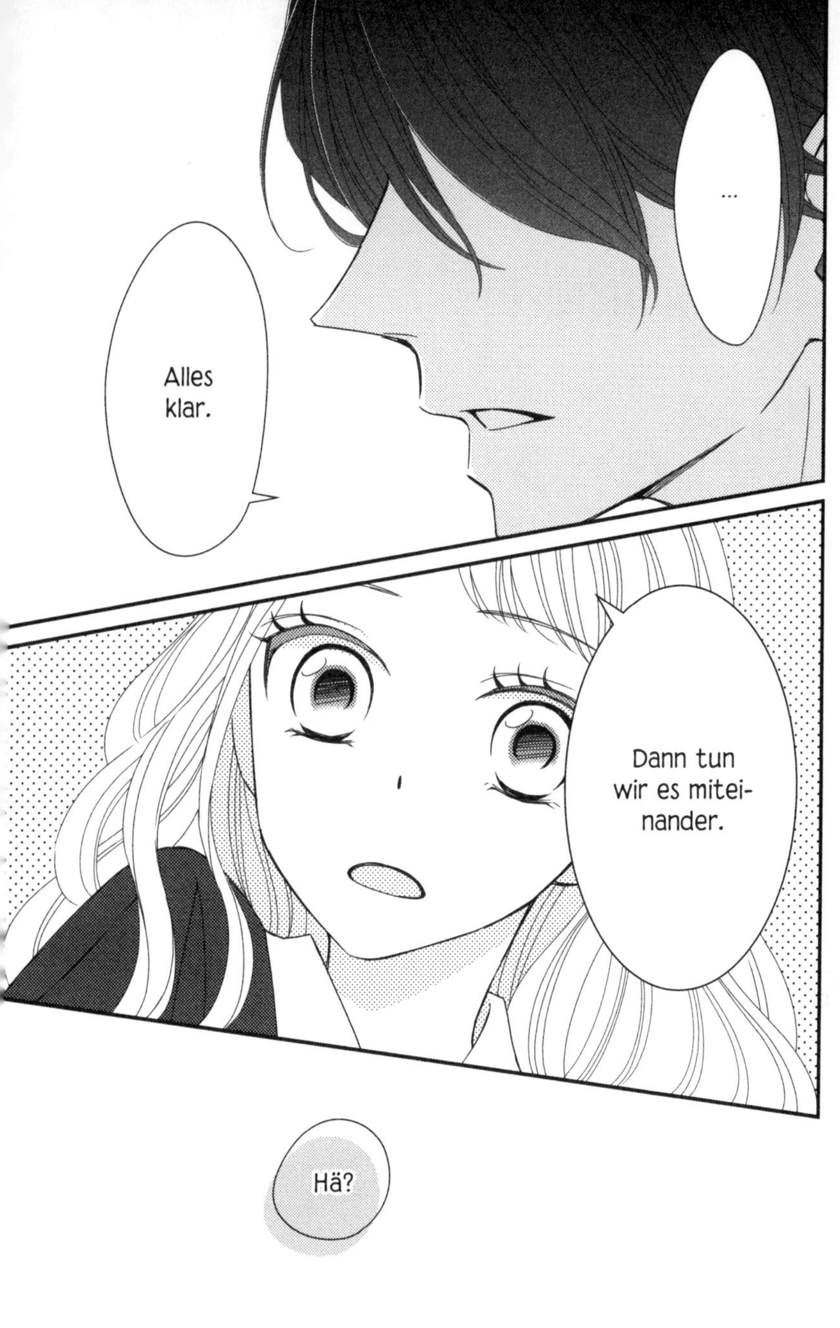
…
Alles klar.
Dann tun wir es mitei-nander.
Hä?

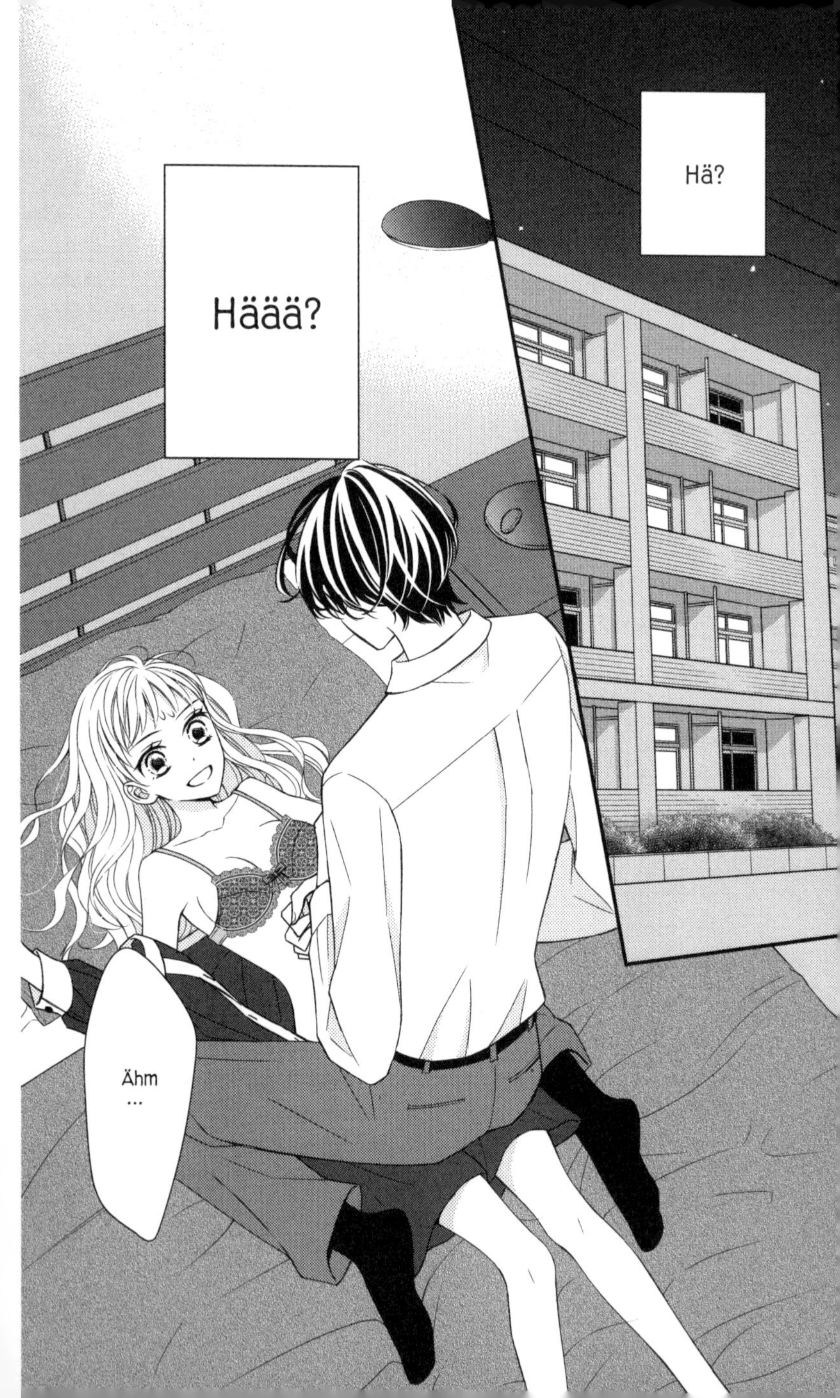
Hä?
Häää?
Ähm
...

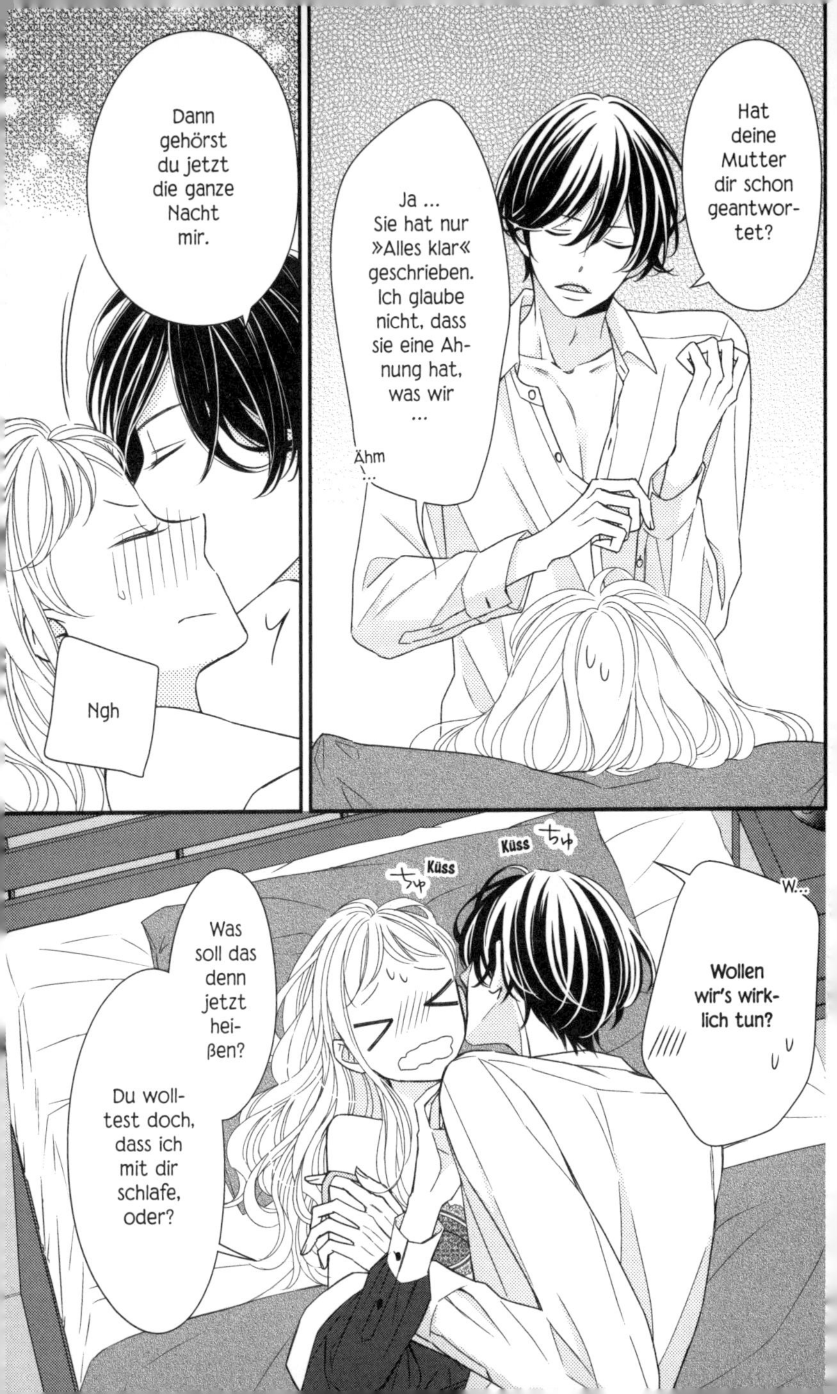

Hat deine Mutter dir schon geantwortet?
Ja ... Sie hat nur »Alles klar« geschrieben. Ich glaube nicht, dass sie eine Ahnung hat, was wir ...
Ähm ...
Dann gehörst du jetzt die ganze Nacht mir.
Ngh
W...
Wollen wir's wirklich tun?
Küss
ちゅ
Küss
ちゅ
Was soll das denn jetzt heißen?
Du wolltest doch, dass ich mit dir schlafe, oder?

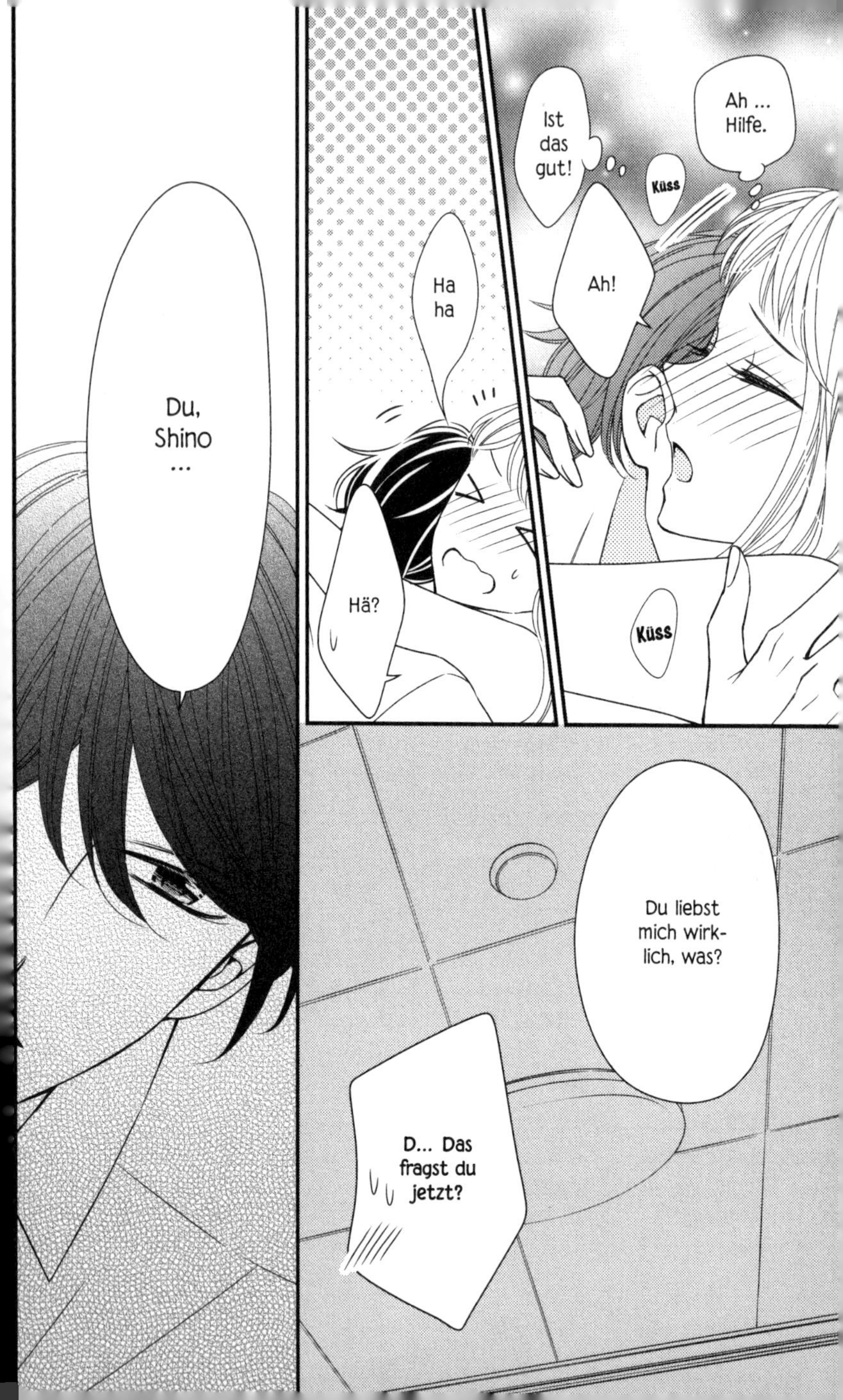

Ah ... Hilfe.
Küss
Ist das gut!
Ah!
Küss
Ha ha
Hä?
Du liebst mich wirklich, was?
D... Das fragst du jetzt?
Du, Shino ...

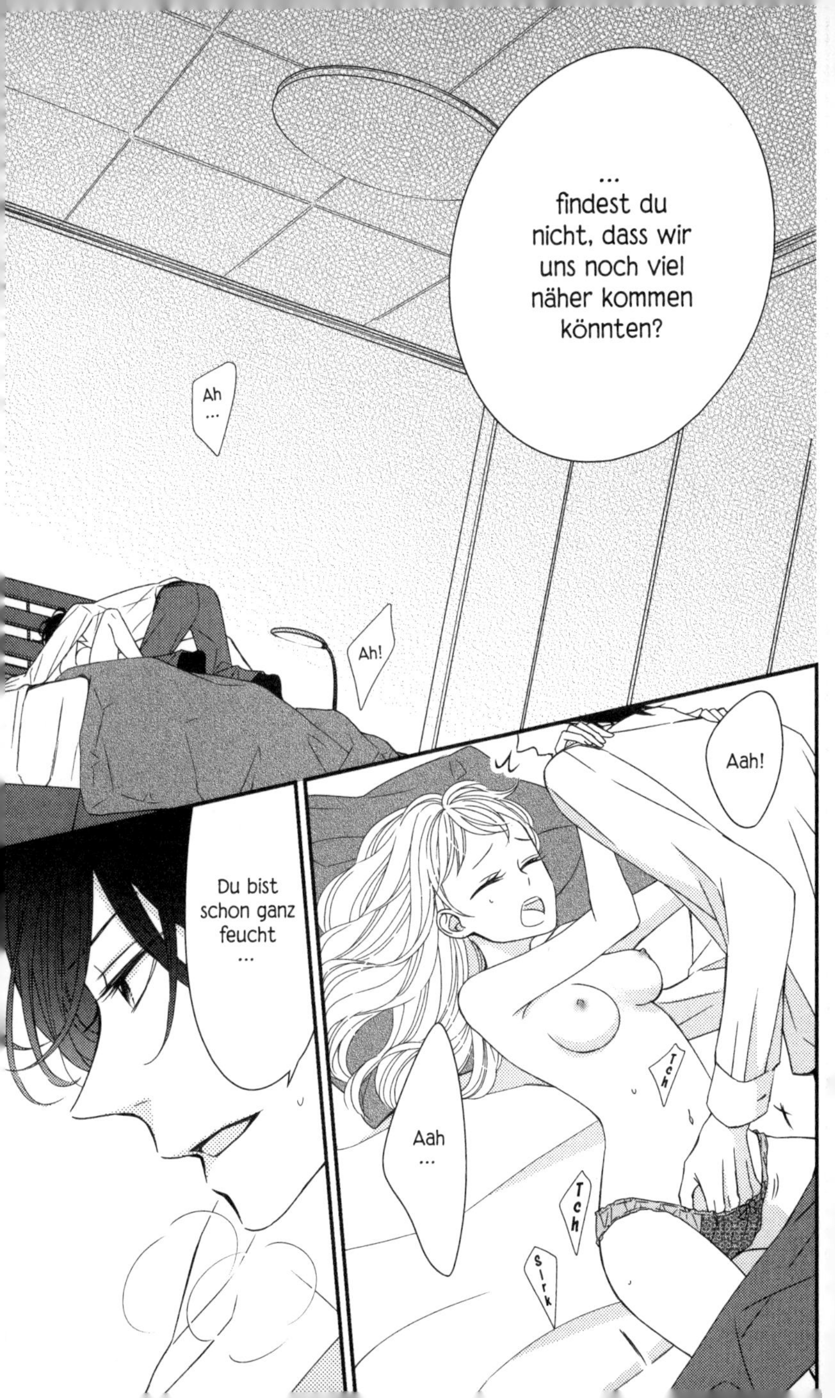

... findest du nicht, dass wir uns noch viel näher kommen könnten?
Ah ...
Ah!
Aah!
Tch
Aah ...
Tch
Slrk
Du bist schon ganz feucht ...

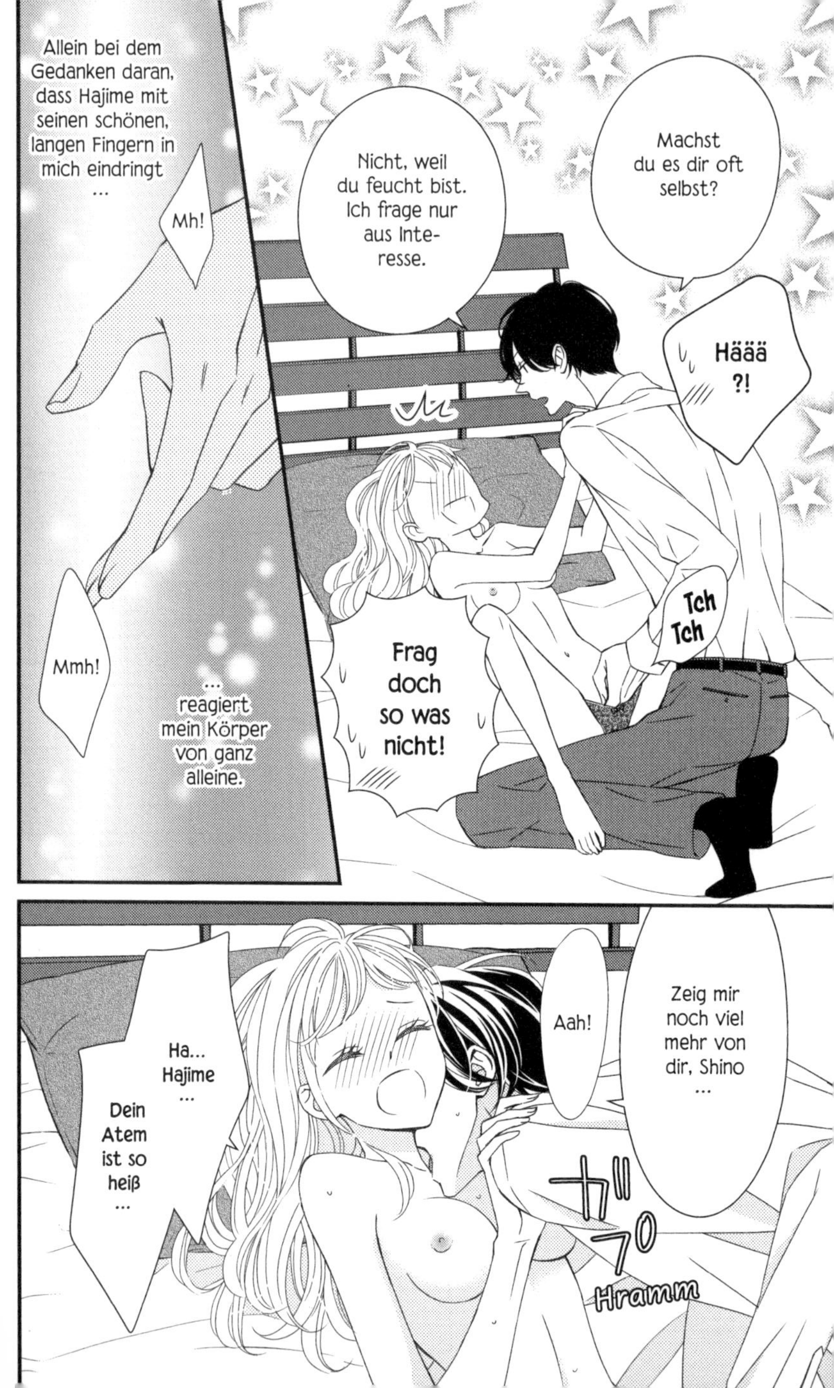

Machst du es dir oft selbst?
Häää ?!
Nicht, weil du feucht bist. Ich frage nur aus Interesse.
Tch Tch
Frag doch so was nicht!
Allein bei dem Gedanken daran, dass Hajime mit seinen schönen, langen Fingern in mich eindringt ...
Mh!
Mmh!
... reagiert mein Körper von ganz alleine.
Zeig mir noch viel mehr von dir, Shino ...
Aah!
Hramm
Ha... Hajime ...
Dein Atem ist so heiß ...

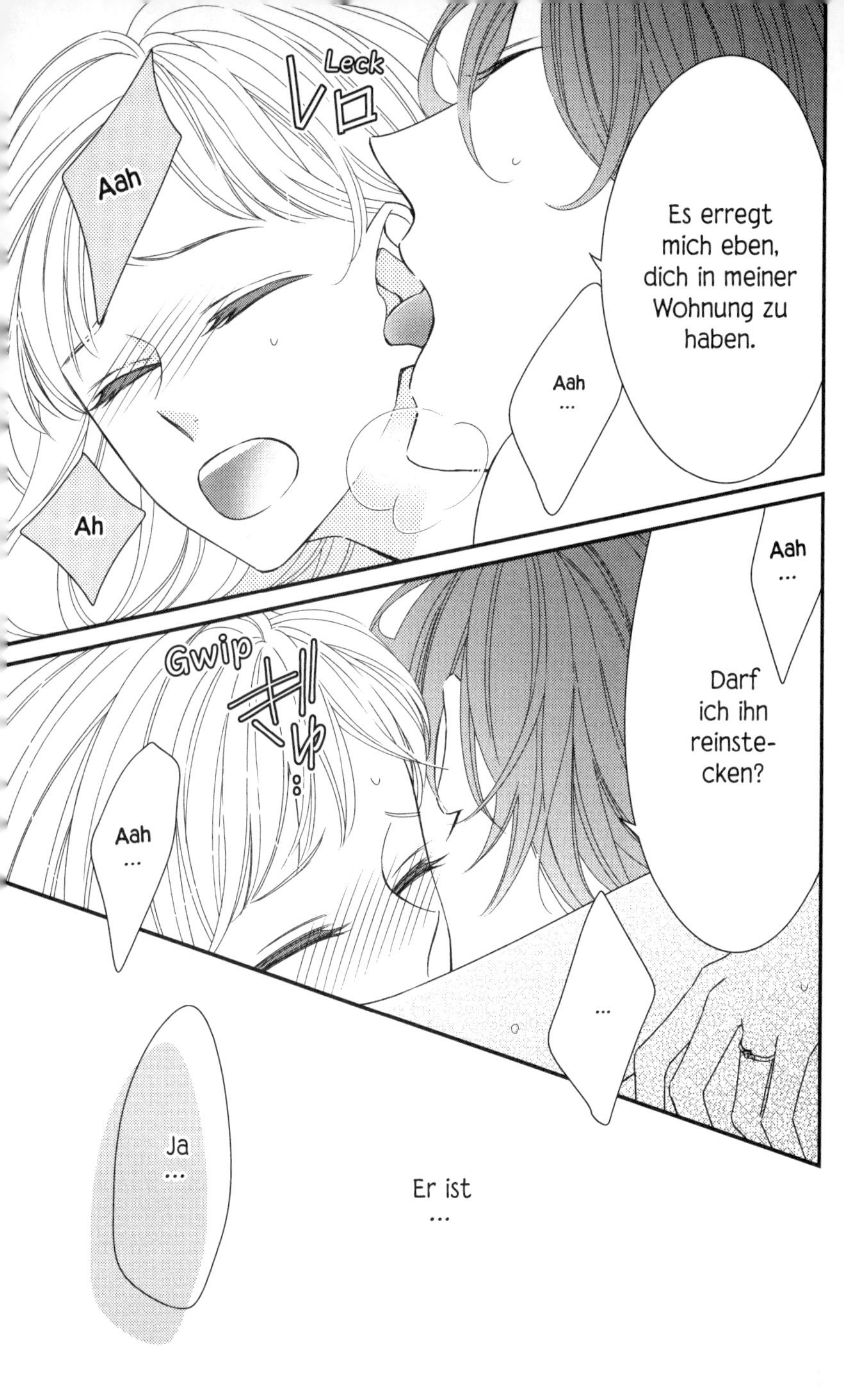
Leck
Aah
Es erregt mich eben, dich in meiner Wohnung zu haben.
Aah ...
Ah
Aah ...
Gwip
Darf ich ihn reinstecken?
Aah ...
...
Ja ...
Er ist ...

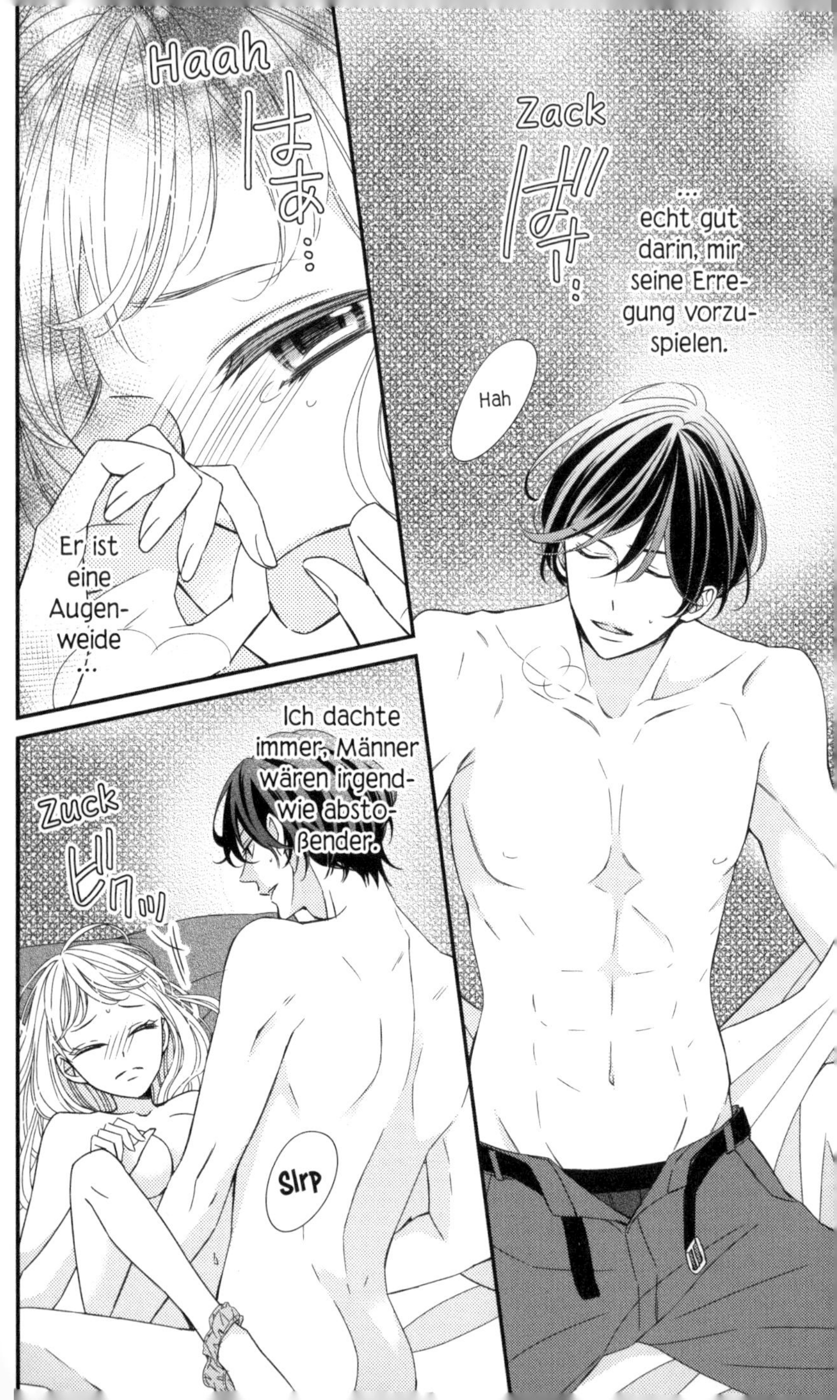

Zack
ばっ
... echt gut darin, mir seine Erre-gung vorzu-spielen.
Hah
Haah
はぁ…
Er ist eine Augen-weide ...
Ich dachte immer, Männer wären irgend-wie absto-ßender.
Zuck
ビクッ
Slrp

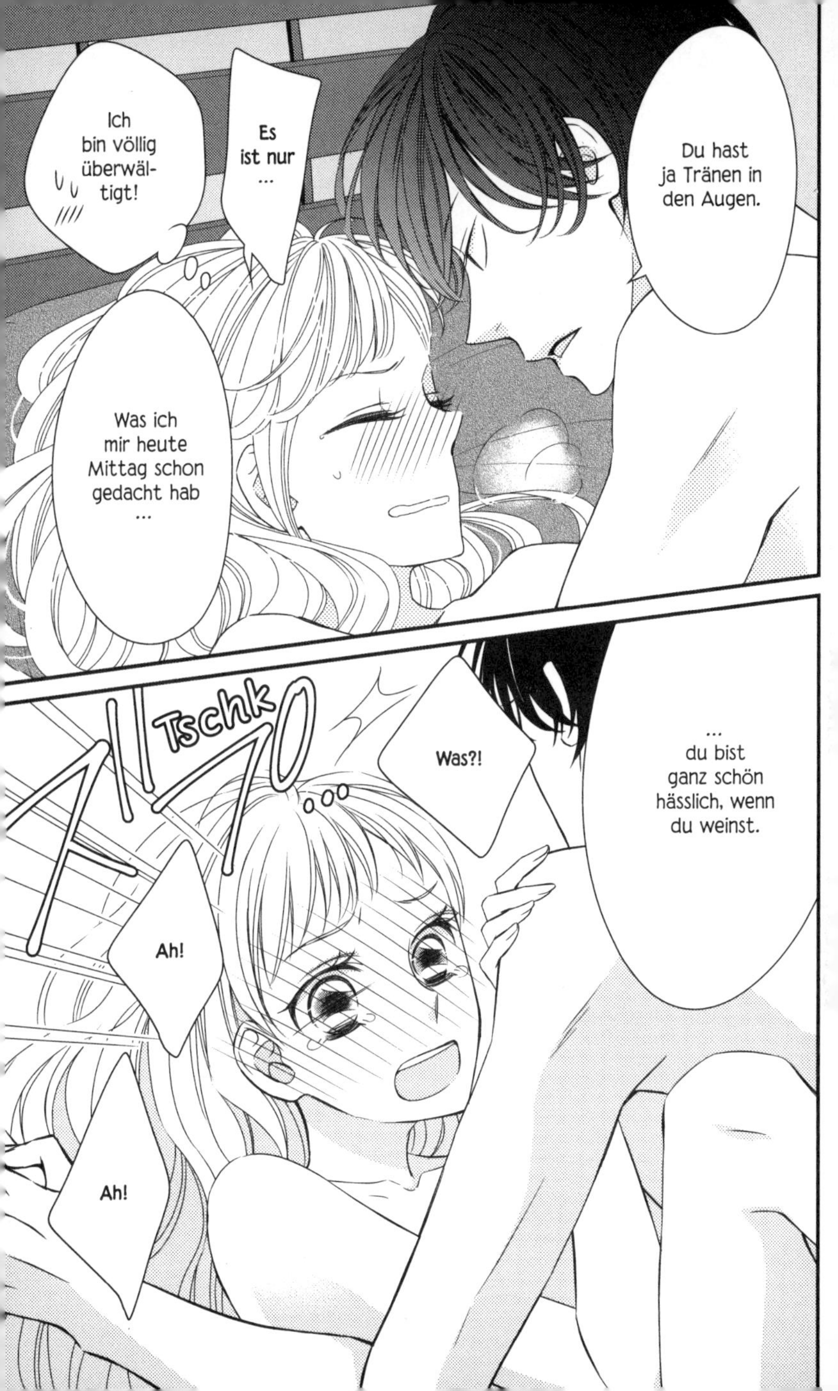
Du hast ja Tränen in den Augen.
Es ist nur …
Ich bin völlig überwäl-tigt!
Was ich mir heute Mittag schon gedacht hab …
… du bist ganz schön hässlich, wenn du weinst.
Was?!
Tschk
Ah!
Ah!

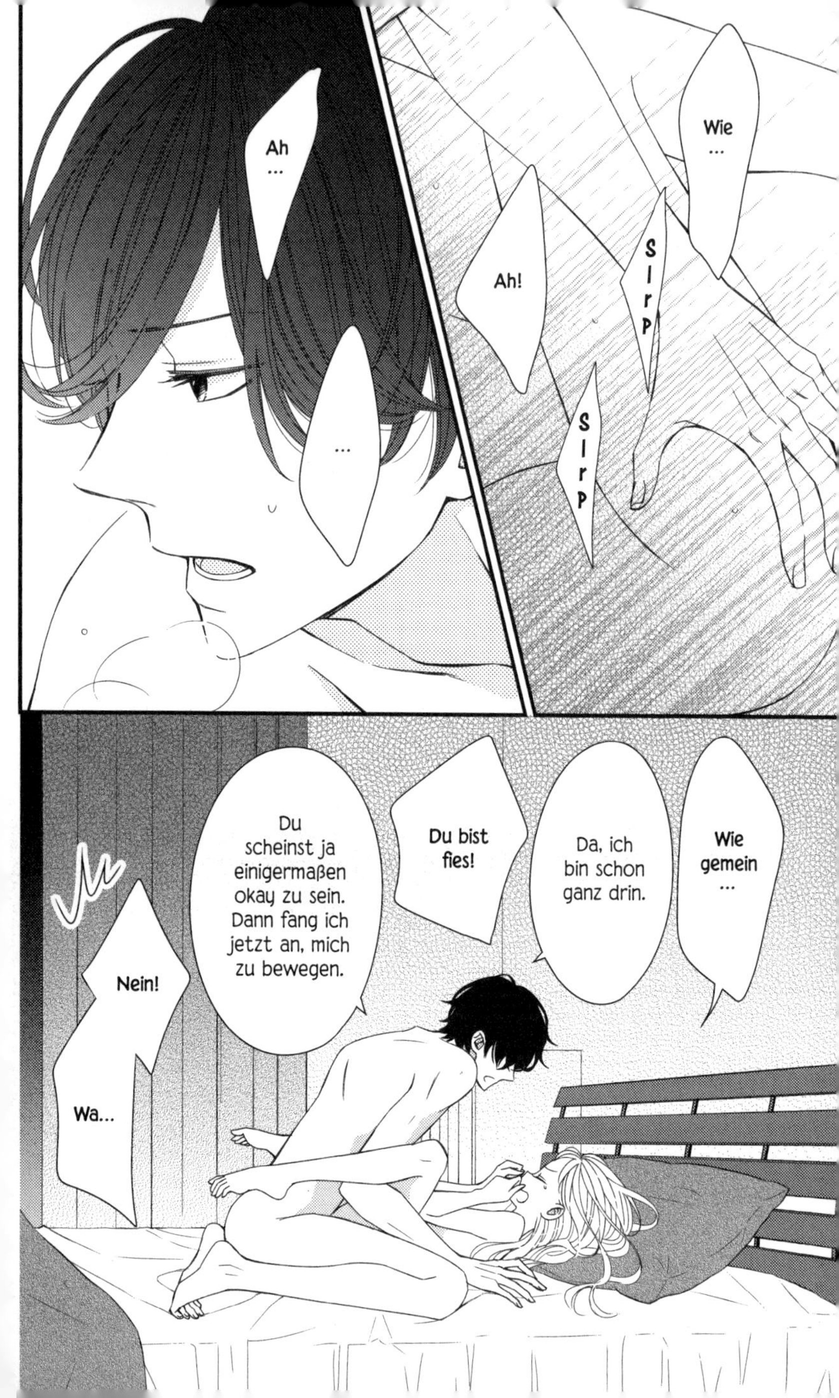
Wie …
Slrp
Ah!
Slrp
Ah …
…
Wie gemein …
Da, ich bin schon ganz drin.
Du bist fies!
Du scheinst ja einigermaßen okay zu sein. Dann fang ich jetzt an, mich zu bewegen.
Nein!
Wa…

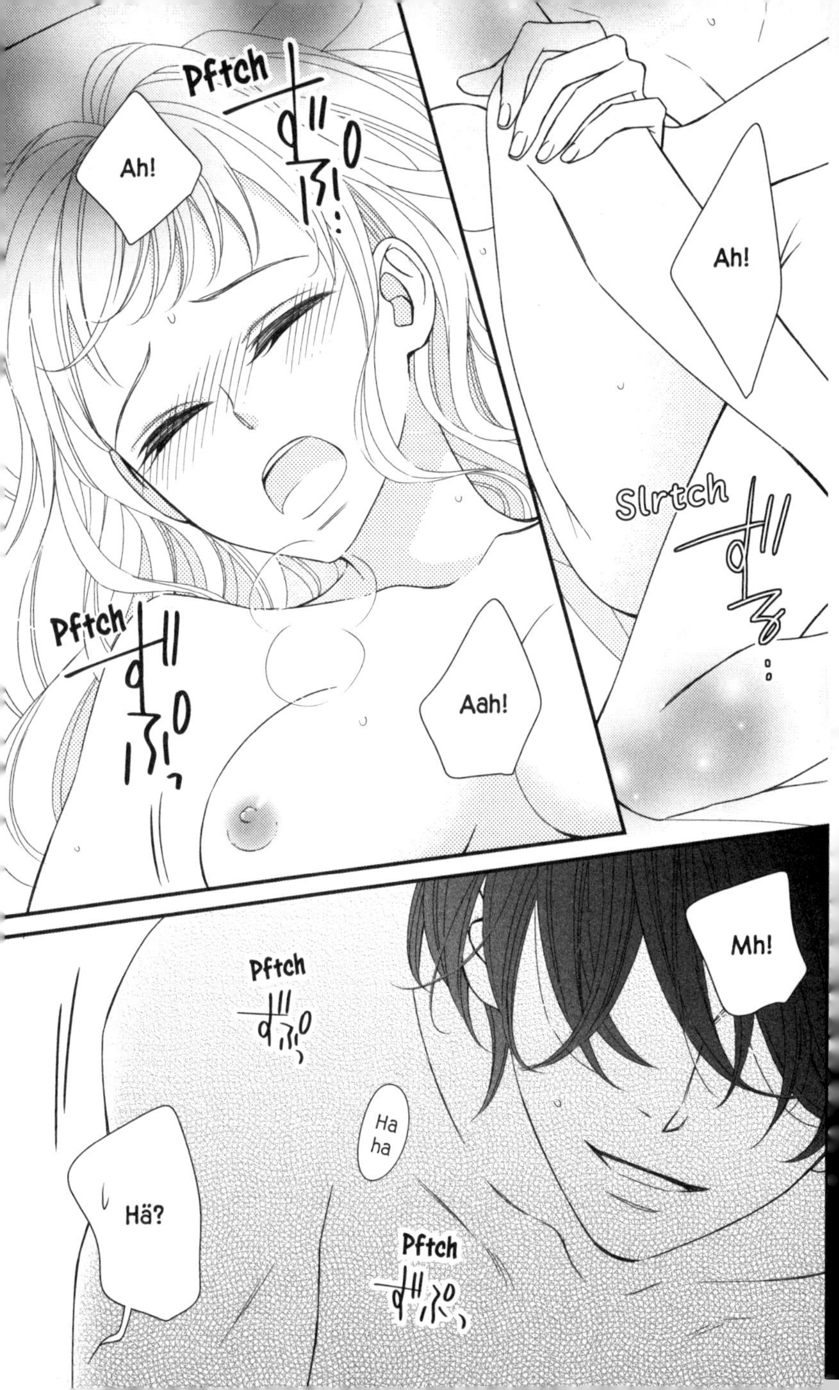
Ah!
Slrtch
Pftch
Ah!
Pftch
Aah!
Mh!
Pftch
Ha ha
Hä?
Pftch

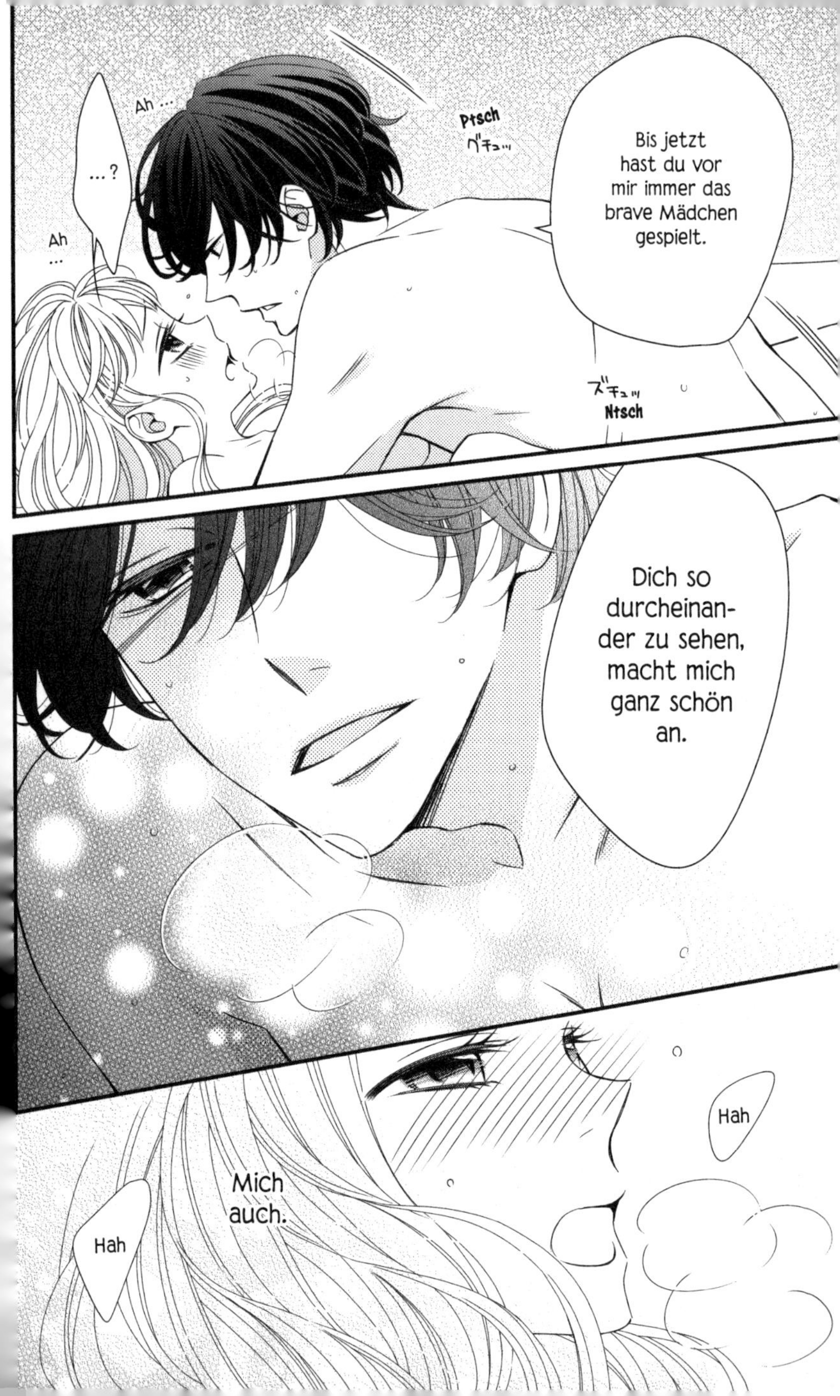
Bis jetzt hast du vor mir immer das brave Mädchen gespielt.
Ptsch
Ntsch
Ah …
… ?
Ah …
Dich so durcheinander zu sehen, macht mich ganz schön an.
Hah
Mich auch.
Hah

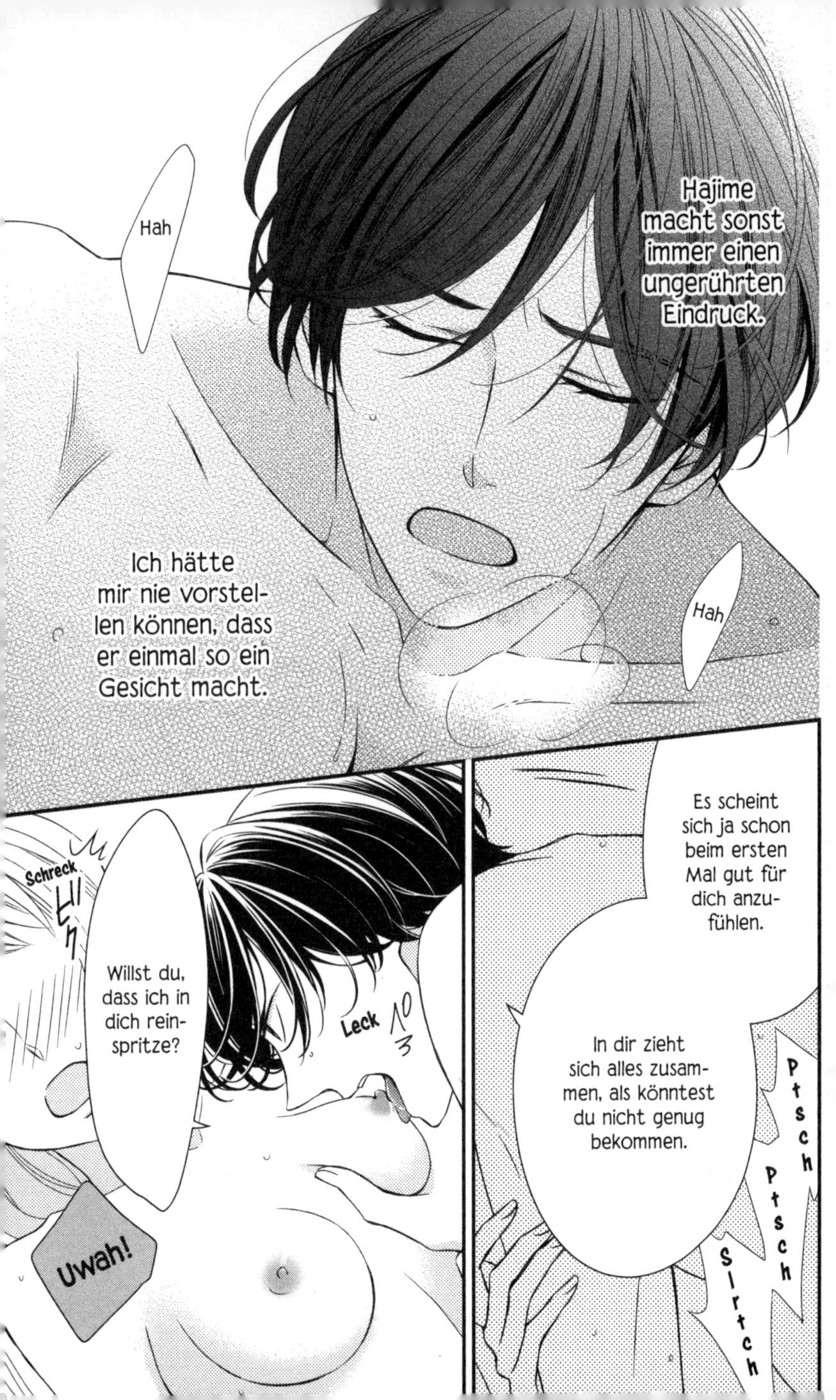
Hajime macht sonst immer einen ungerührten Eindruck.
Hah
Ich hätte mir nie vorstellen können, dass er einmal so ein Gesicht macht.
Hah
Es scheint sich ja schon beim ersten Mal gut für dich anzufühlen.
In dir zieht sich alles zusammen, als könntest du nicht genug bekommen.
Ptsch
Ptsch
Slrtch
Leck
Willst du, dass ich in dich reinspritze?
Schreck
Uwah!

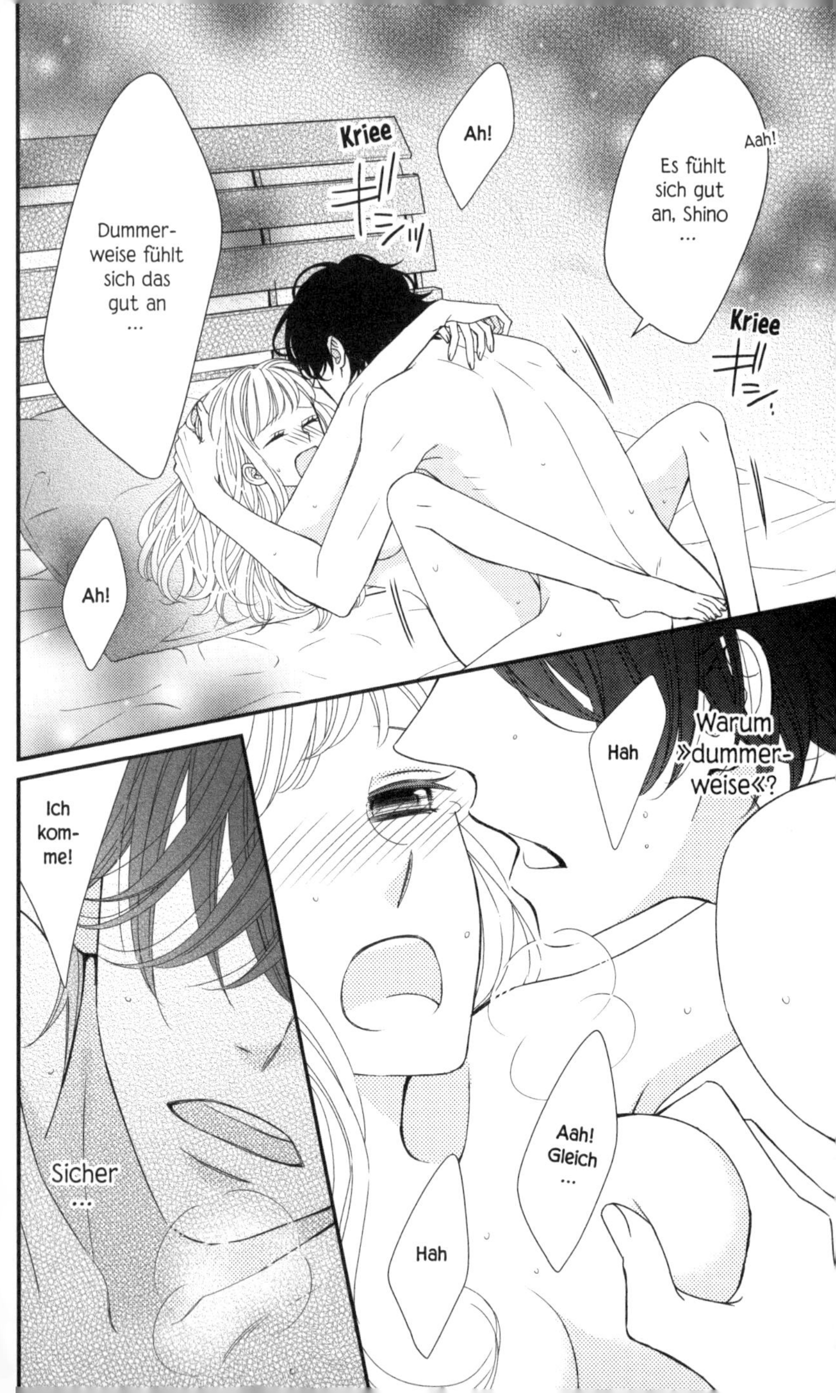
Es fühlt sich gut an, Shino …
Aah!
Kriee
Ah!
Kriee
Dummerweise fühlt sich das gut an …
Ah!
Warum »dummerweise«?
Hah
Ich komme!
Aah! Gleich …
Hah
Sicher …

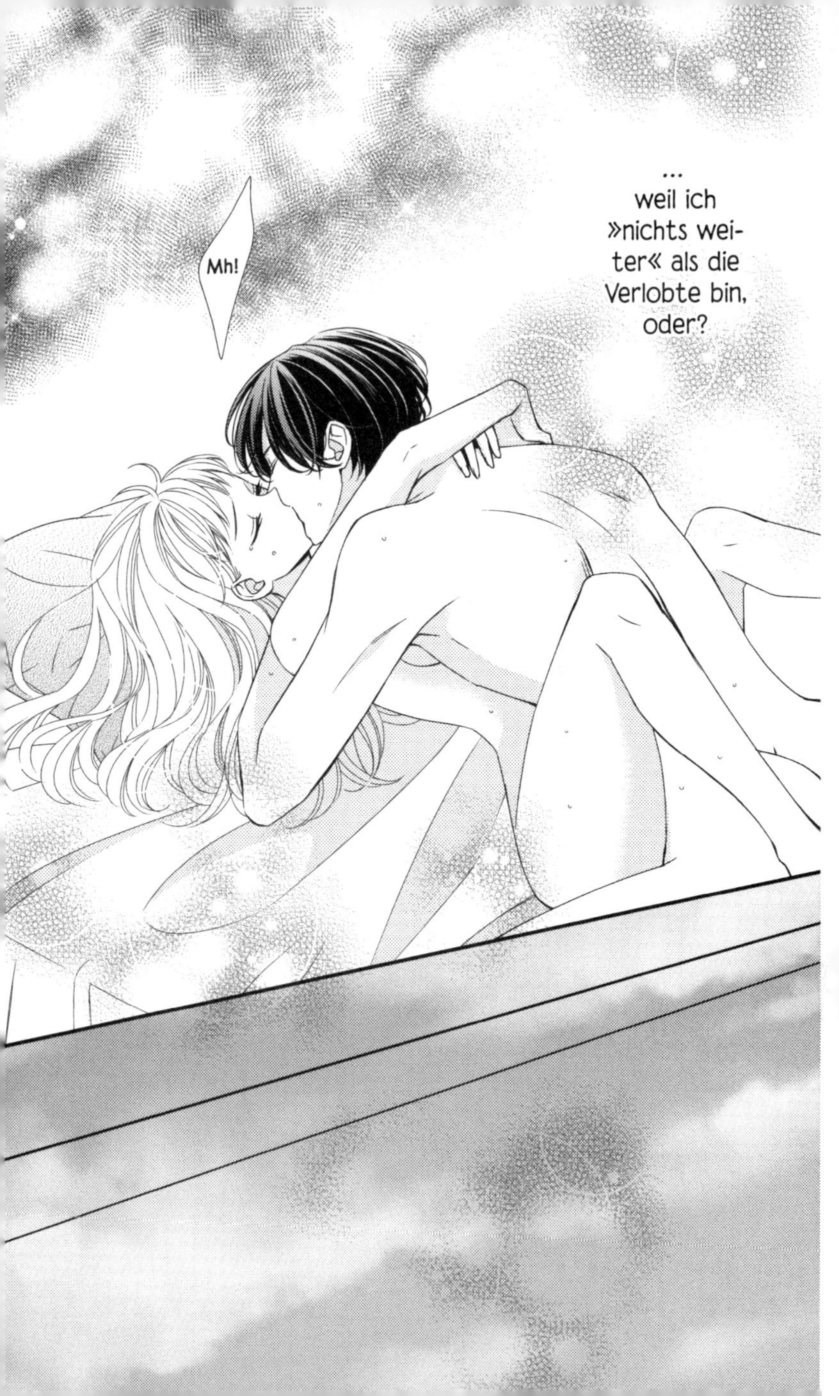
...
weil ich
»nichts wei-
ter« als die
Verlobte bin,
oder?
Mh!

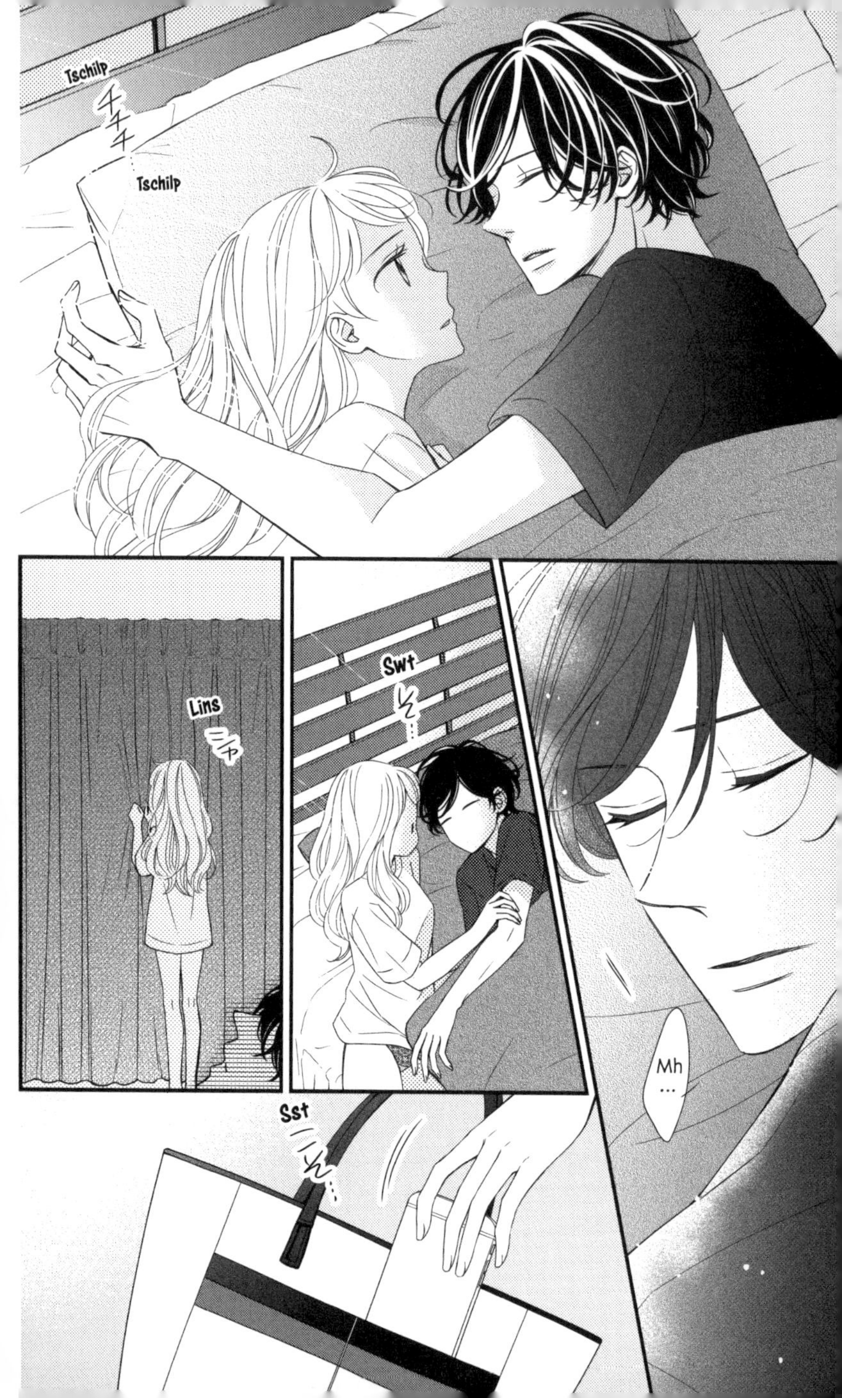
Tschilp
Tschilp
Mh ...
Swt
Lins
Sst

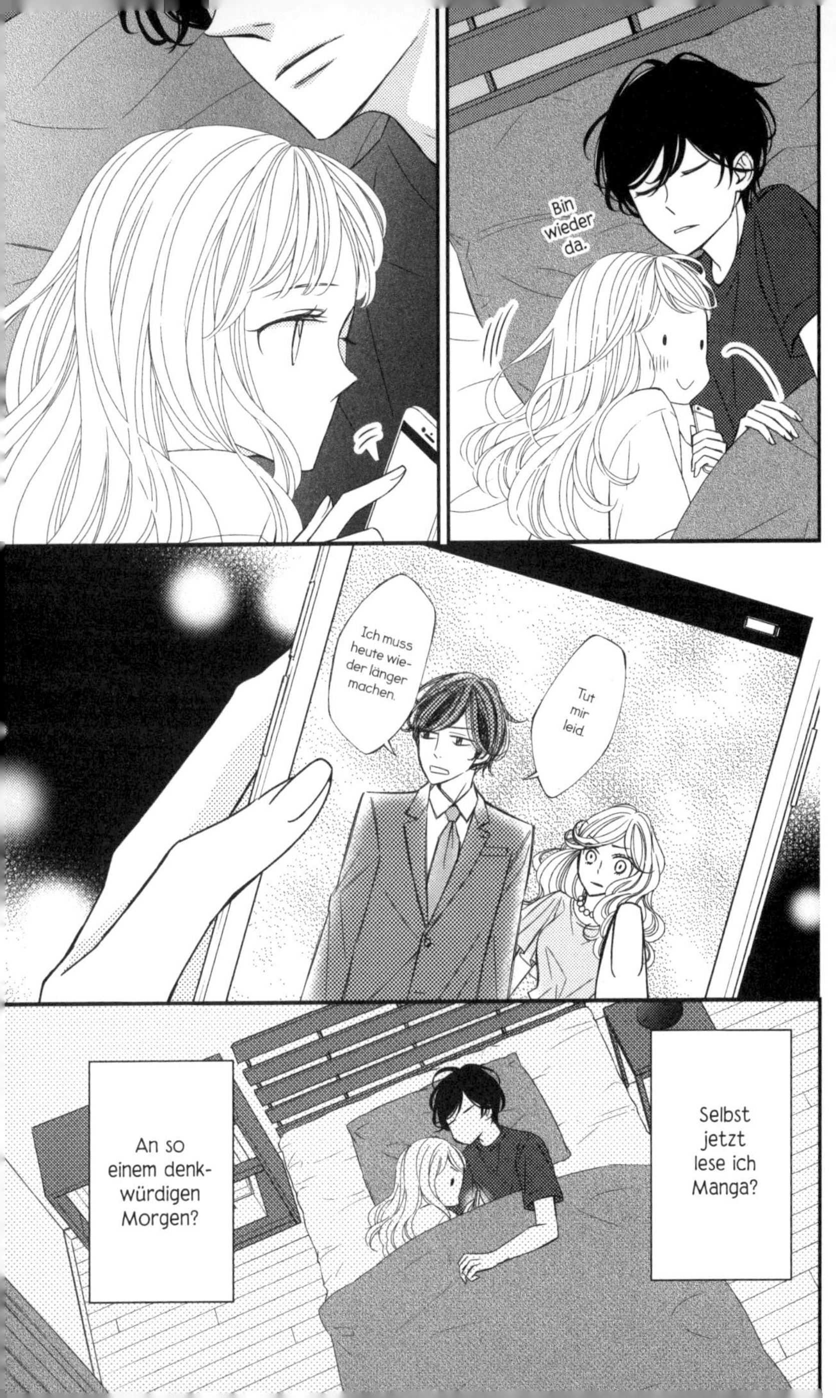
Bin wieder da.
Tut mir leid.
Ich muss heute wieder länger machen.
Selbst jetzt lese ich Manga?
An so einem denkwürdigen Morgen?

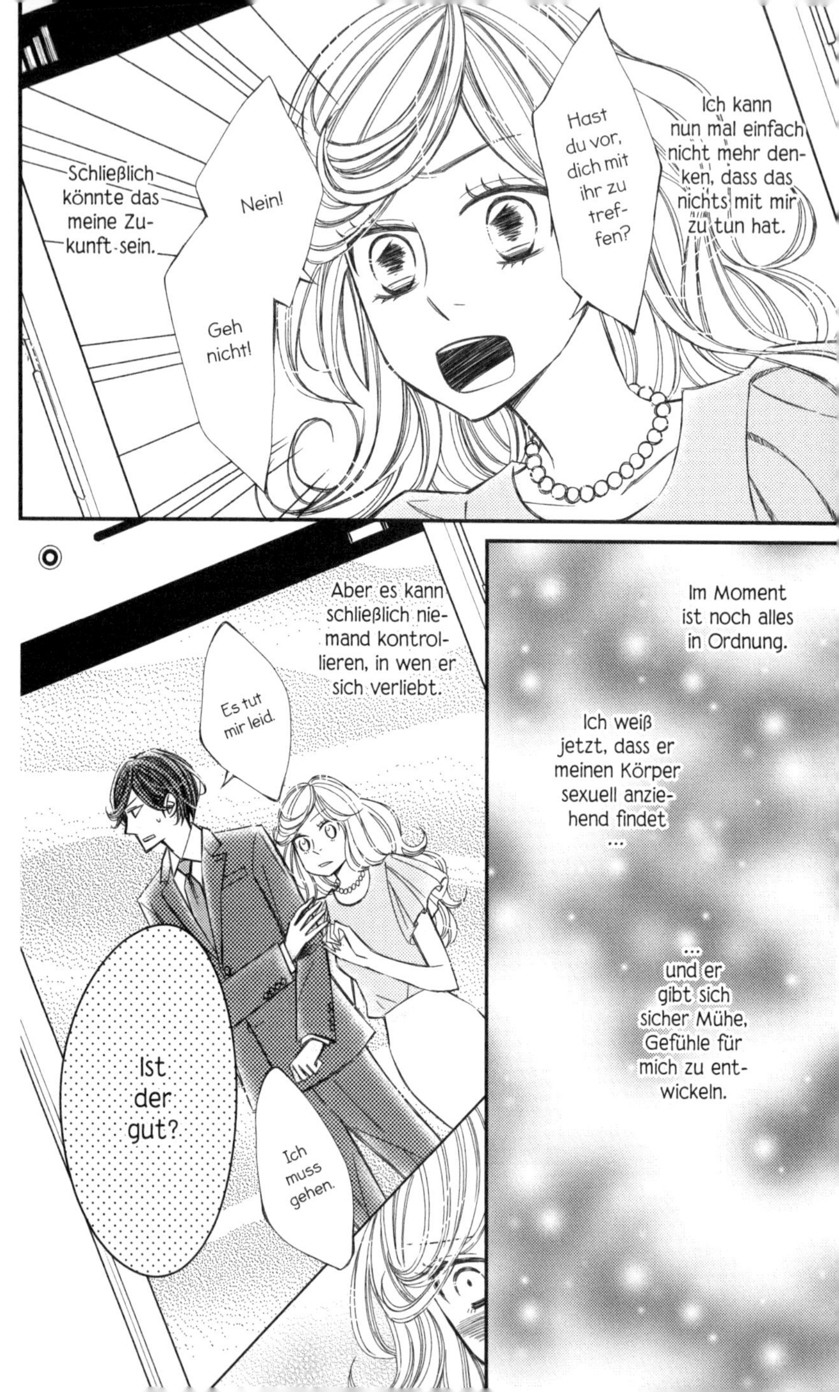
Ich kann nun mal einfach nicht mehr denken, dass das nichts mit mir zu tun hat.
Hast du vor, dich mit ihr zu treffen?
Nein!
Schließlich könnte das meine Zukunft sein.
Geh nicht!
Im Moment ist noch alles in Ordnung.
Ich weiß jetzt, dass er meinen Körper sexuell anziehend findet ...
... und er gibt sich sicher Mühe, Gefühle für mich zu entwickeln.
Aber es kann schließlich niemand kontrollieren, in wen er sich verliebt.
Es tut mir leid.
Ist der gut?
Ich muss gehen.

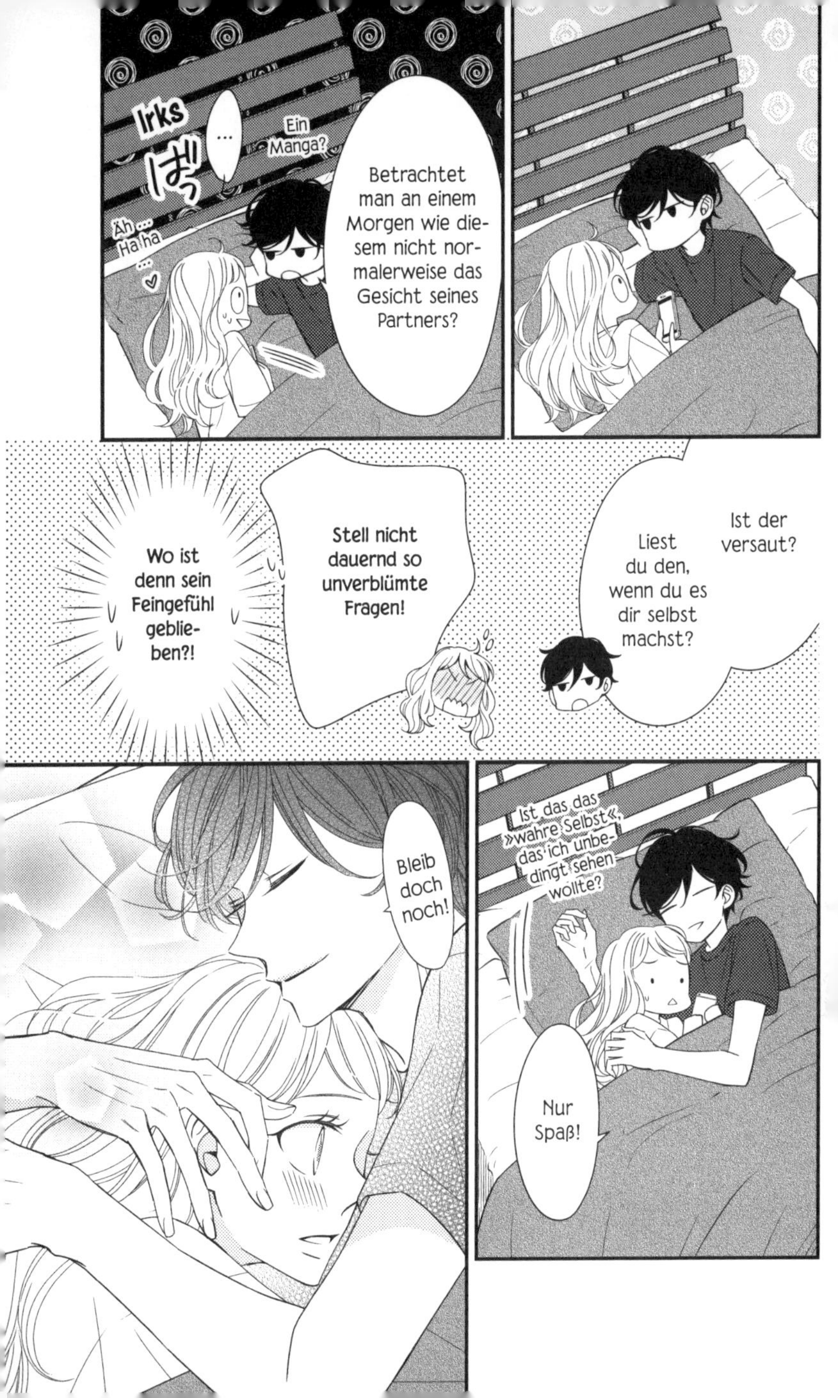

Betrachtet man an einem Morgen wie diesem nicht normalerweise das Gesicht seines Partners?

Ein Manga?

…

Irks

Äh … Ha ha …

Ist der versaut?

Liest du den, wenn du es dir selbst machst?

Stell nicht dauernd so unverblümte Fragen!

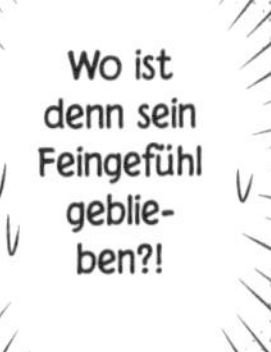

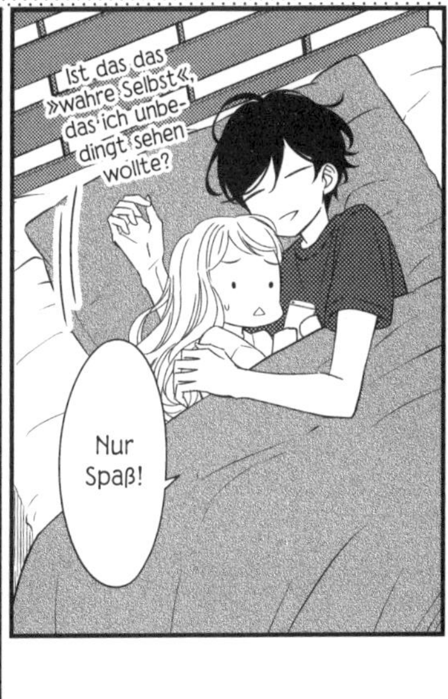

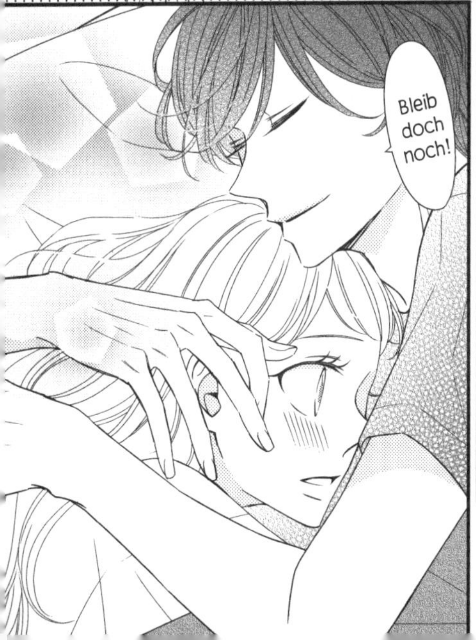

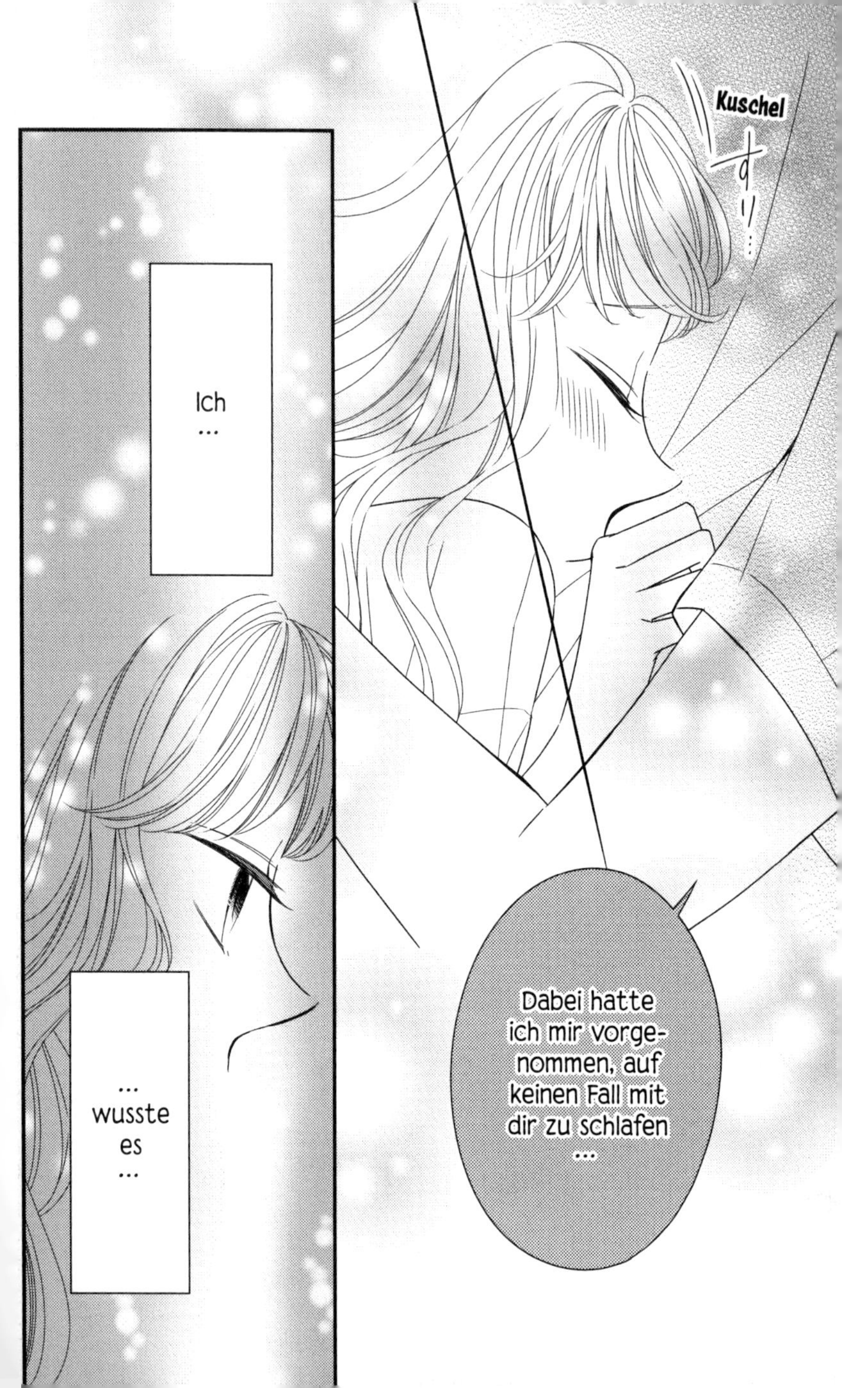
Kuschel
Dabei hatte ich mir vorge-nommen, auf keinen Fall mit dir zu schlafen …
Ich …
… wusste es …

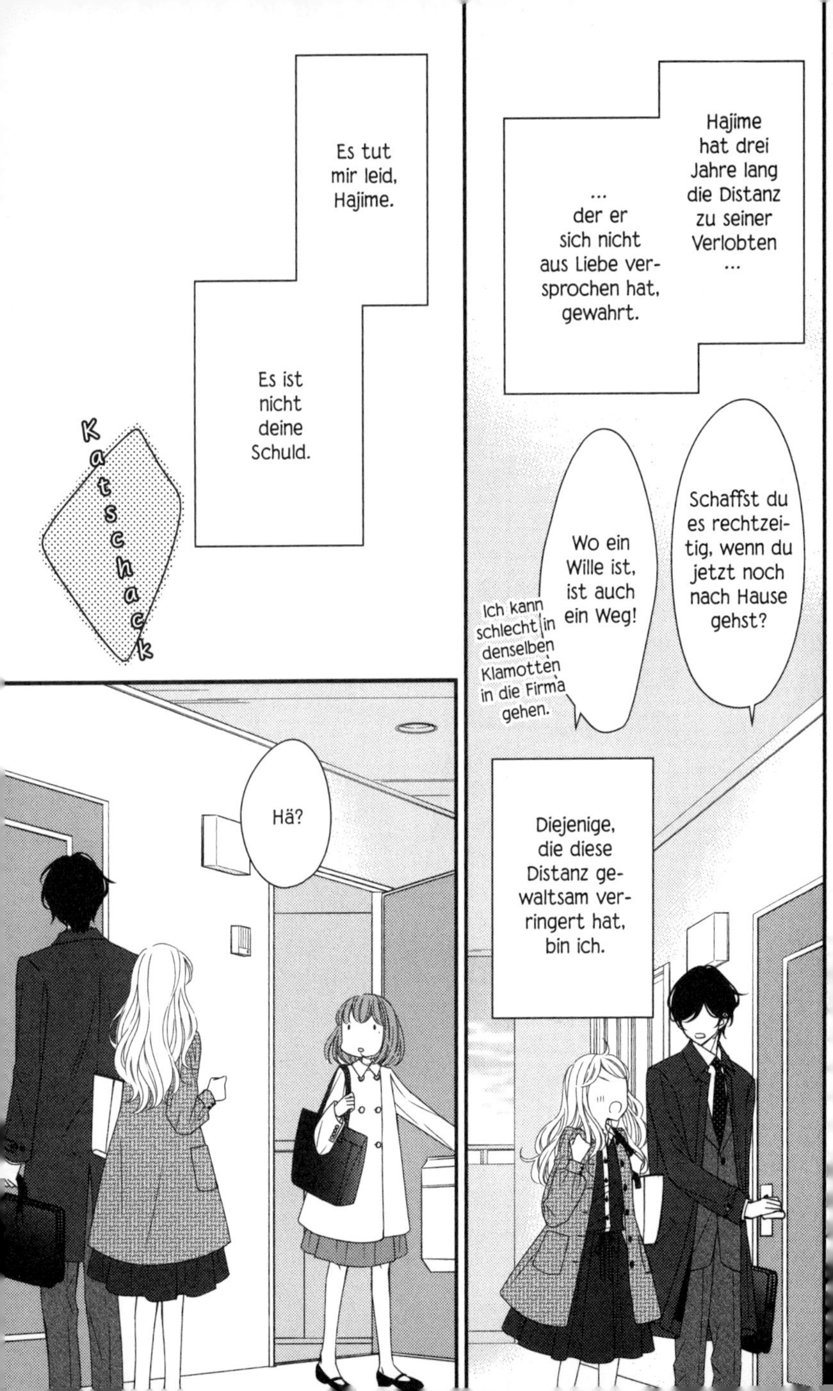

Hajime hat drei Jahre lang die Distanz zu seiner Verlobten ...
... der er sich nicht aus Liebe versprochen hat, gewahrt.
Es tut mir leid, Hajime.
Es ist nicht deine Schuld.
Katschack
Schaffst du es rechtzeitig, wenn du jetzt noch nach Hause gehst?
Wo ein Wille ist, ist auch ein Weg!
Ich kann schlecht in denselben Klamotten in die Firma gehen.
Diejenige, die diese Distanz gewaltsam verringert hat, bin ich.
Hä?

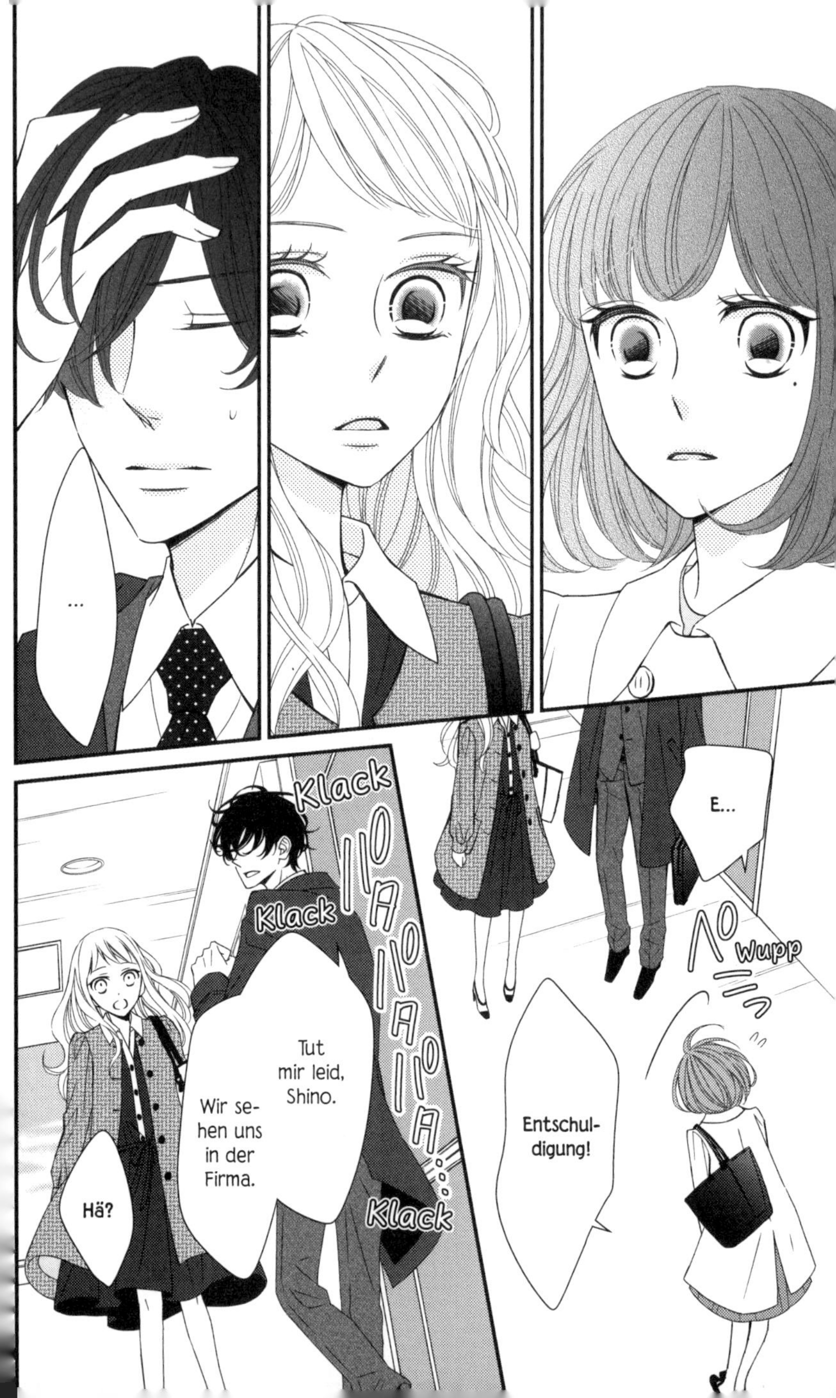
...
E...
Wupp
Entschul-
digung!
Klack
Klack
Tut mir leid, Shino.
Wir se-
hen uns
in der
Firma.
Klack
Hä?

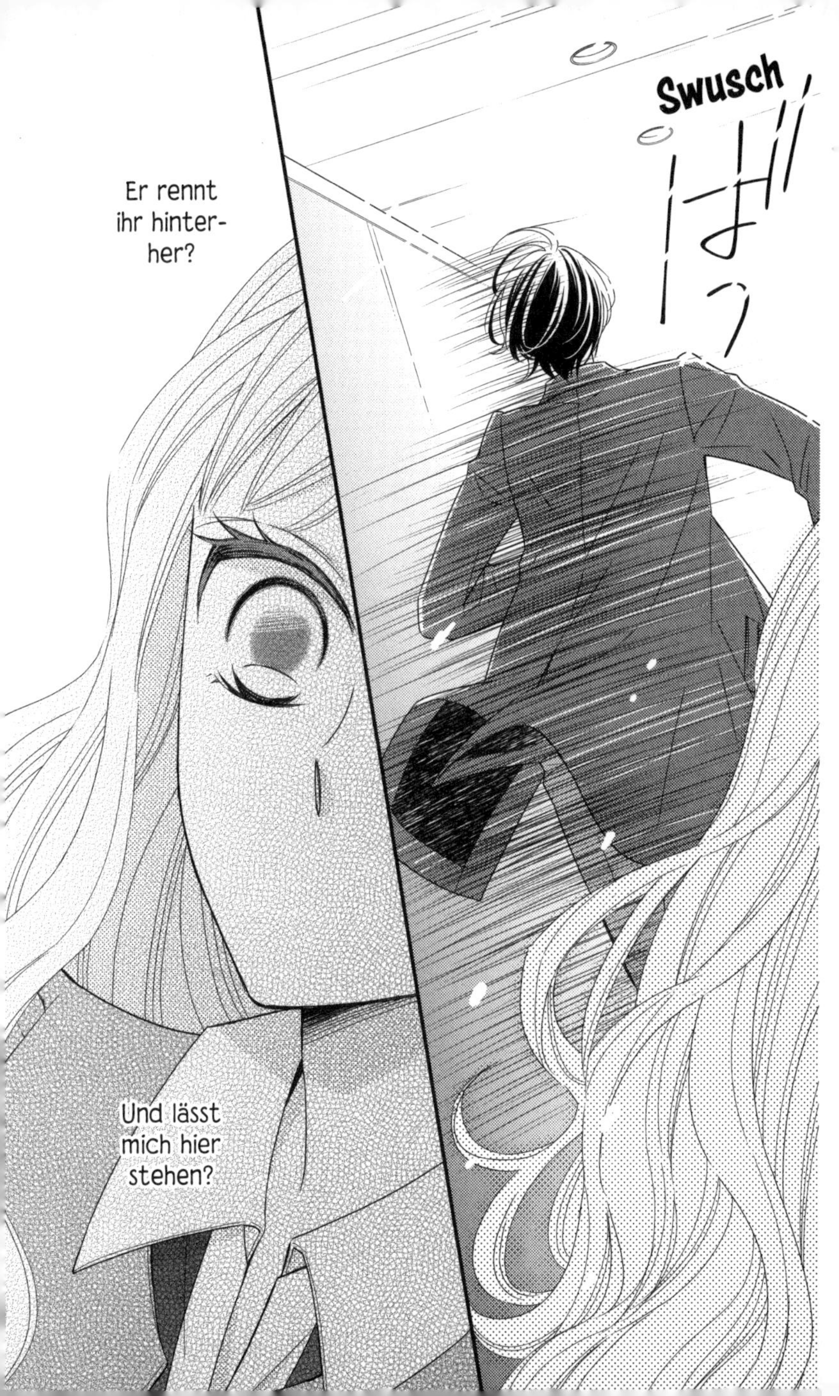
Swusch
ばっ
Er rennt ihr hinterher?
Und lässt mich hier stehen?

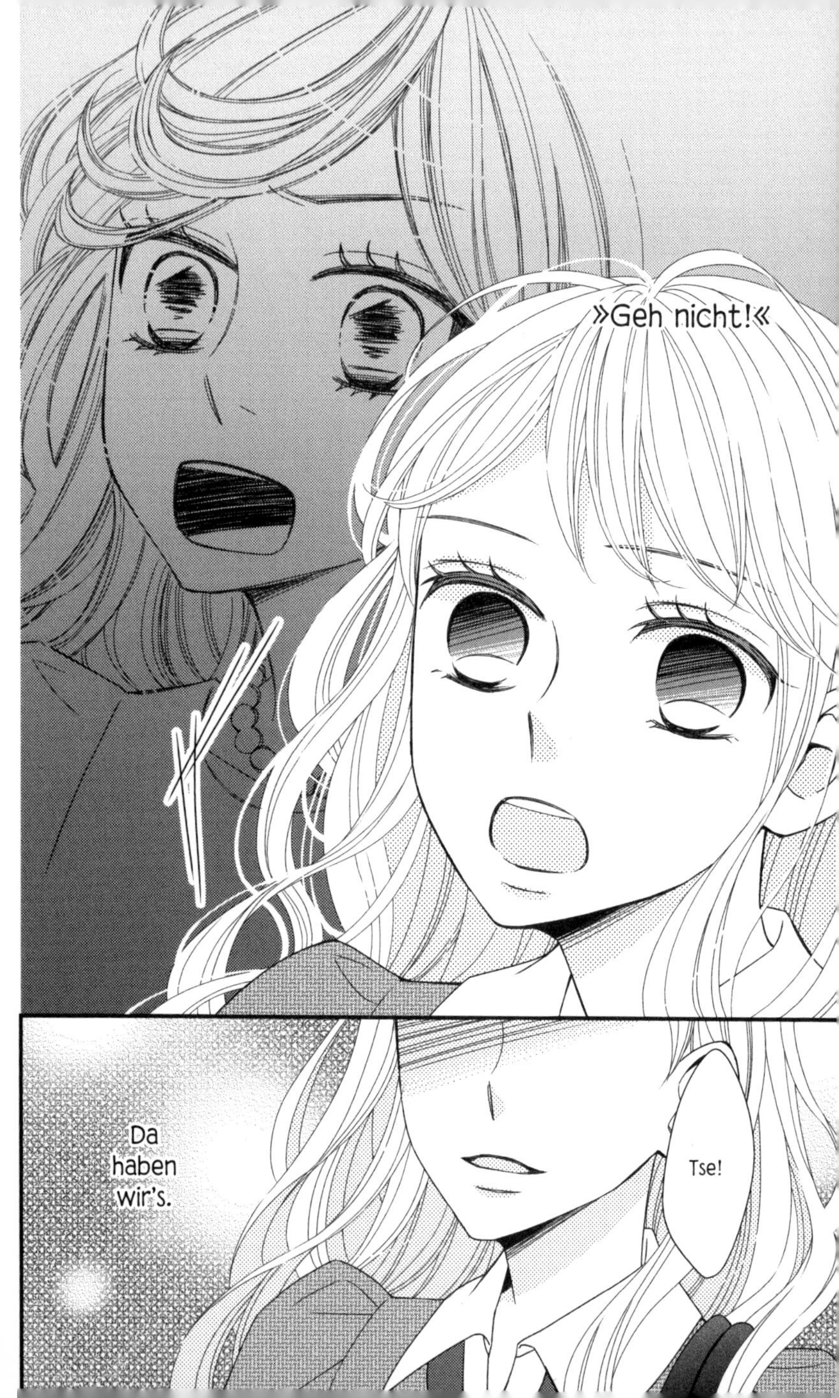
»Geh nicht!«
Tse!
Da haben wir's.

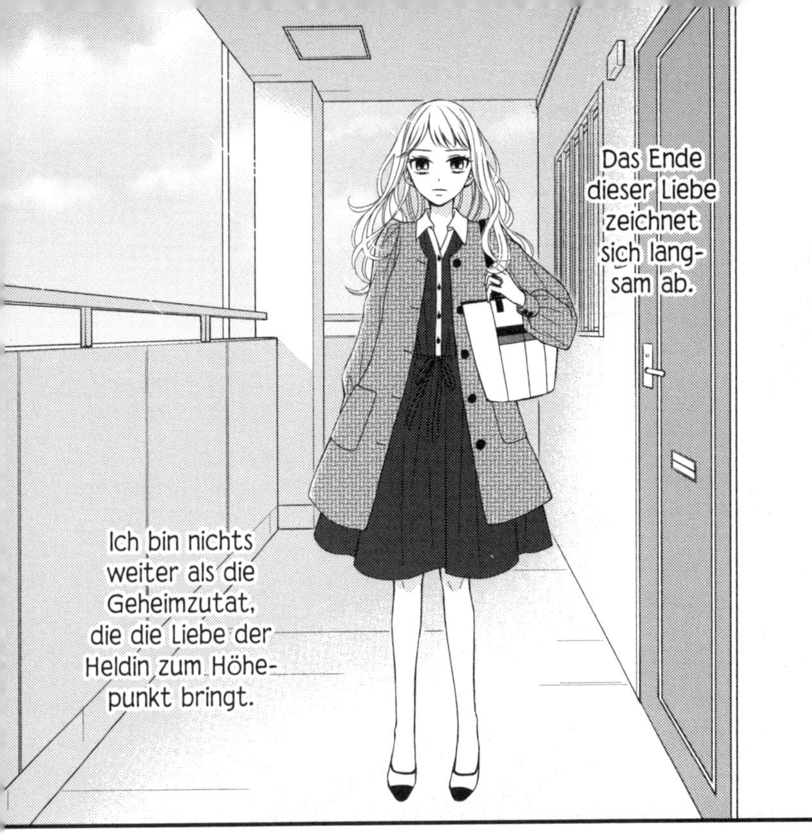

Alias »Die manchmal etwas anstrengende Verlobte«.

Story 2 Ende

⋈・。 ・。⋈ Wie *Meine manchmal etwas anstrengende Verlobte* entstanden ist ⋈・。 ・。⋈

Zum ersten Mal erhielt ich die Anfrage zum Verfassen des Originalwerks im Juni 2016! Als man mich fragte, ob ich dazu bereit wäre, einen Roman zu schreiben, unter der Prämisse, dass dieser von Frau Shiino zu einem Manga verarbeitet werden würde, hatte ich gerade erst mein Verlagsdebüt gemacht und war natürlich unglaublich aufgeregt. Immerhin war es Midori Shiino, die für den Manga zuständig war! ✧
Ich war ein Fan der Serie *Erklär mir alles, Sensei* und erinnere mich, dass ich schon beim Plotten so nervös war, dass ich Bauchschmerzen bekam. (´∇`;)
Als es an das Entwerfen der Geschichte ging, bat ich Frau Shiino darum, mir einige Zeichnungen von Männern und Frauen zukommen zu lassen, und malte mir dann anhand der Kombinationen verschiedene Geschichten aus. Unter den Vorschlägen gab es beispielsweise den für das Paar der ehemaligen feinen Dame und des ehemaligen Dieners, deren gesellschaftlicher Status sich umgedreht hat. Dann gab es noch das Paar der ehemaligen Oberschul-Mannschaftskapitäne, die sich wiedertreffen, nachdem sie berufstätig geworden sind. Am Ende hat uns jedoch das aktuelle Verlobtenpaar am besten gefallen.
Von Frau Shiinos Charakterentwürfen angetrieben, kamen mir beim Verfassen des Romans immer mehr Ideen für unerwartete Wendungen, die ich in die Geschichte einbauen wollte. So kam es, dass das dritte Kapitel, das auf der nächsten Seite beginnt, doch tatsächlich aus der Sicht von Yui erzählt wird. (･∀･)

Ich wünsche euch viel Spaß beim Lesen!

Monaka Toyama (Autorin)

Meine manchmal etwas anstrengende Verlobte nahm seinen Anfang damit, dass mein damaliger Redakteur mir von dem Plan erzählte, einen Roman mit einem Manga zu verknüpfen. Als ich das hörte, war ich sofort Feuer und Flamme und sagte, es gäbe da eine Autorin, die ich gerne empfehlen würde. Ich war ein großer Fan von Frau Toyamas *Die Umstände der Liebe von Herrn und Frau Saikawa*, das damals online veröffentlicht wurde, und schlug sie auf gut Glück vor.
Ich war über alle Maßen beeindruckt, dass aus einem einzigen von mir gezeichneten Entwurf eine so wundervolle Geschichte voller Verwicklungen entstanden ist, und genoss das Privileg, die erste Leserin zu sein.
Als das erste Kapitel fertig war, war ich zunächst hin und weg von Shinos Niedlichkeit und Hajimes Sex-Appeal und kam gar nicht darüber hinweg, dass Shino behauptete, nicht die Protagonistin zu sein. Beim zweiten Kapitel (das dritte und vierte Kapitel im Manga) war ich so aus dem Häuschen, dass ich beim Lesen laut rief: »Wie gut ist das denn?!« Ha ha.
Als erster Fan der Geschichte hatte ich beim Zeichnen einen Riesenspaß und ich hoffe, dass ich diese Begeisterung durch den Manga mit euch teilen kann.

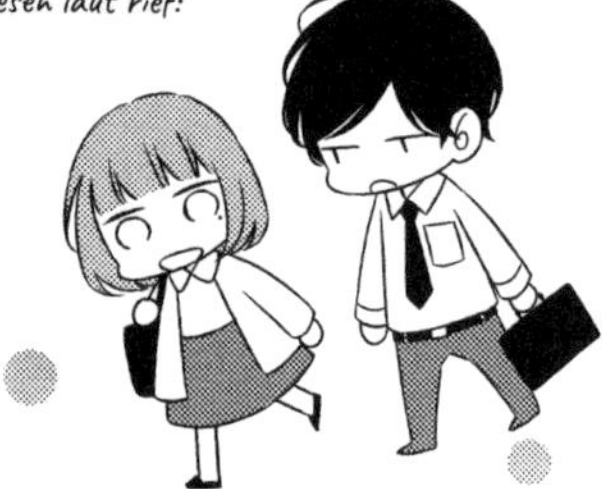

Midori Shiino

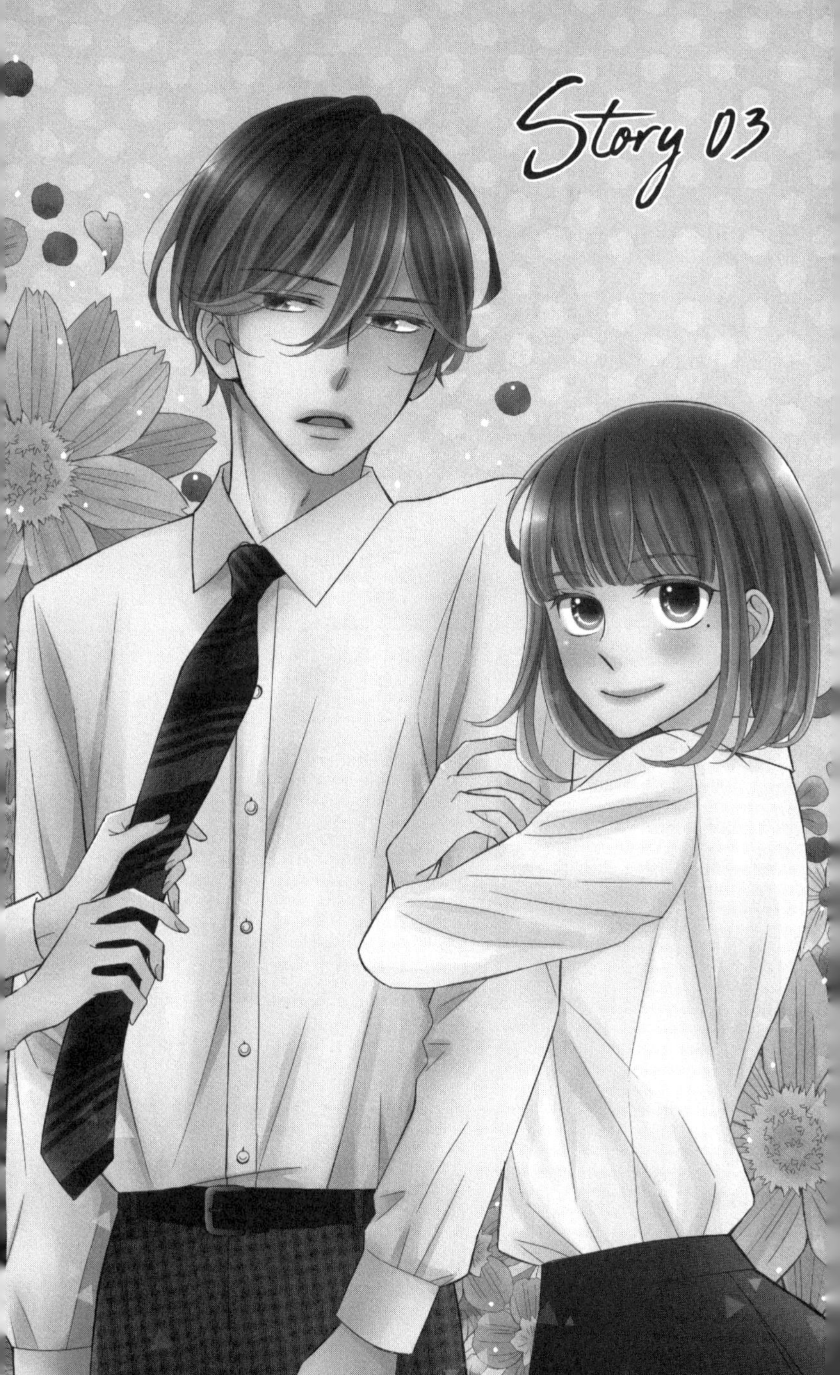
Story 03

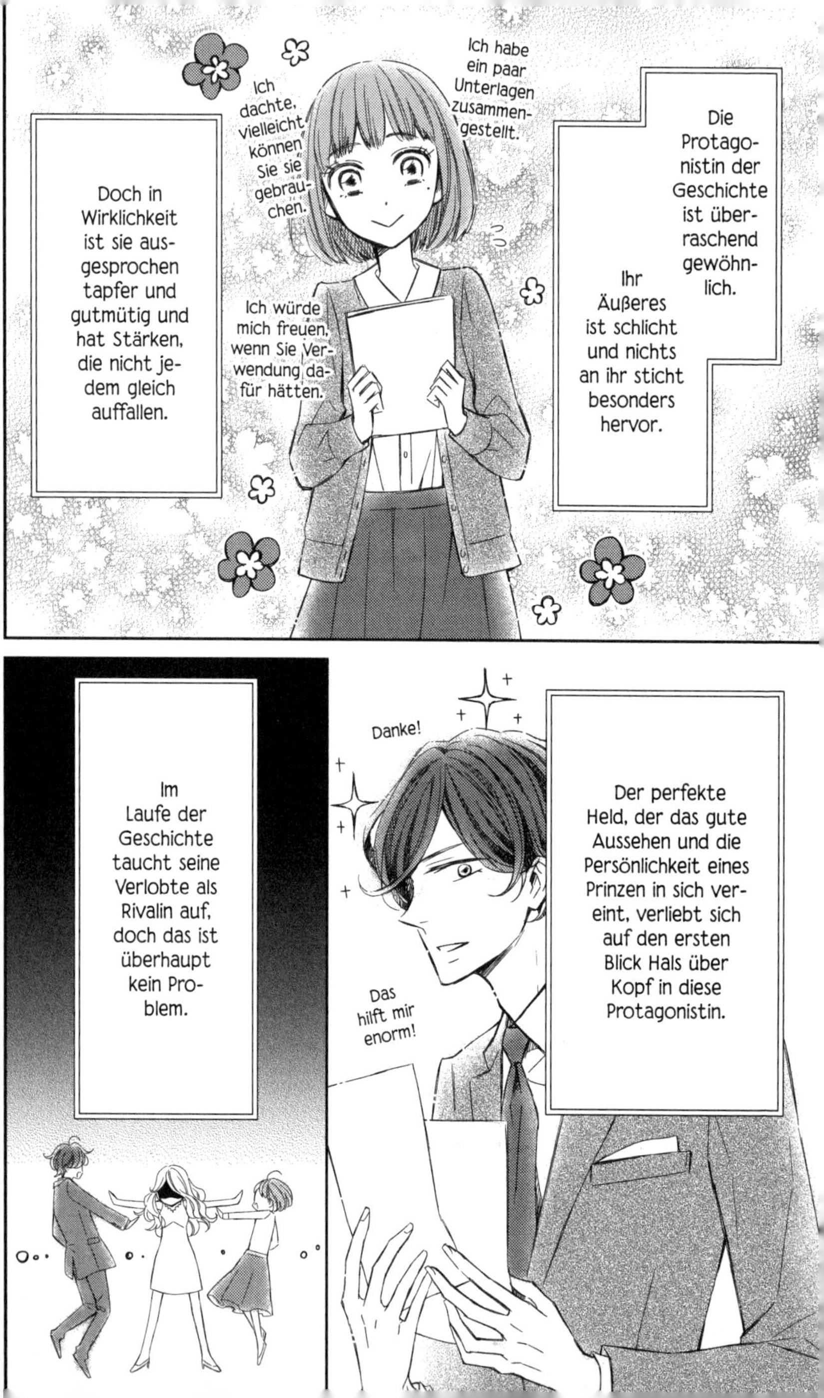

Die Protagonistin der Geschichte ist überraschend gewöhnlich.

Ihr Äußeres ist schlicht und nichts an ihr sticht besonders hervor.

Ich habe ein paar Unterlagen zusammengestellt.

Ich dachte, vielleicht können Sie sie gebrauchen.

Ich würde mich freuen, wenn Sie Verwendung dafür hätten.

Doch in Wirklichkeit ist sie ausgesprochen tapfer und gutmütig und hat Stärken, die nicht jedem gleich auffallen.

Der perfekte Held, der das gute Aussehen und die Persönlichkeit eines Prinzen in sich vereint, verliebt sich auf den ersten Blick Hals über Kopf in diese Protagonistin.

Danke!

Das hilft mir enorm!

Im Laufe der Geschichte taucht seine Verlobte als Rivalin auf, doch das ist überhaupt kein Problem.

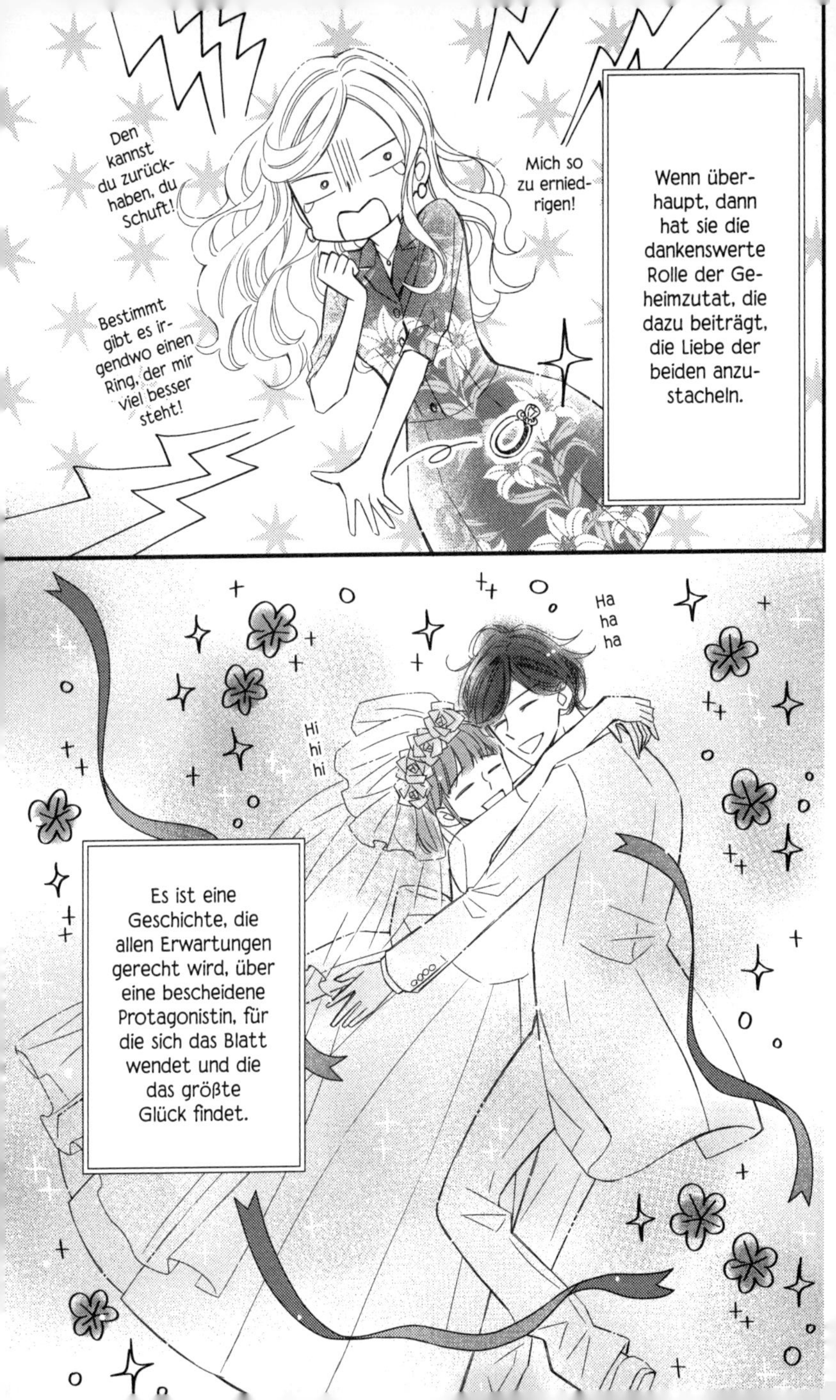
Wenn überhaupt, dann hat sie die dankenswerte Rolle der Geheimzutat, die dazu beiträgt, die Liebe der beiden anzustacheln.
Mich so zu erniedrigen!
Den kannst du zurückhaben, du Schuft!
Bestimmt gibt es irgendwo einen Ring, der mir viel besser steht!
Ha ha ha
Hi hi hi
Es ist eine Geschichte, die allen Erwartungen gerecht wird, über eine bescheidene Protagonistin, für die sich das Blatt wendet und die das größte Glück findet.

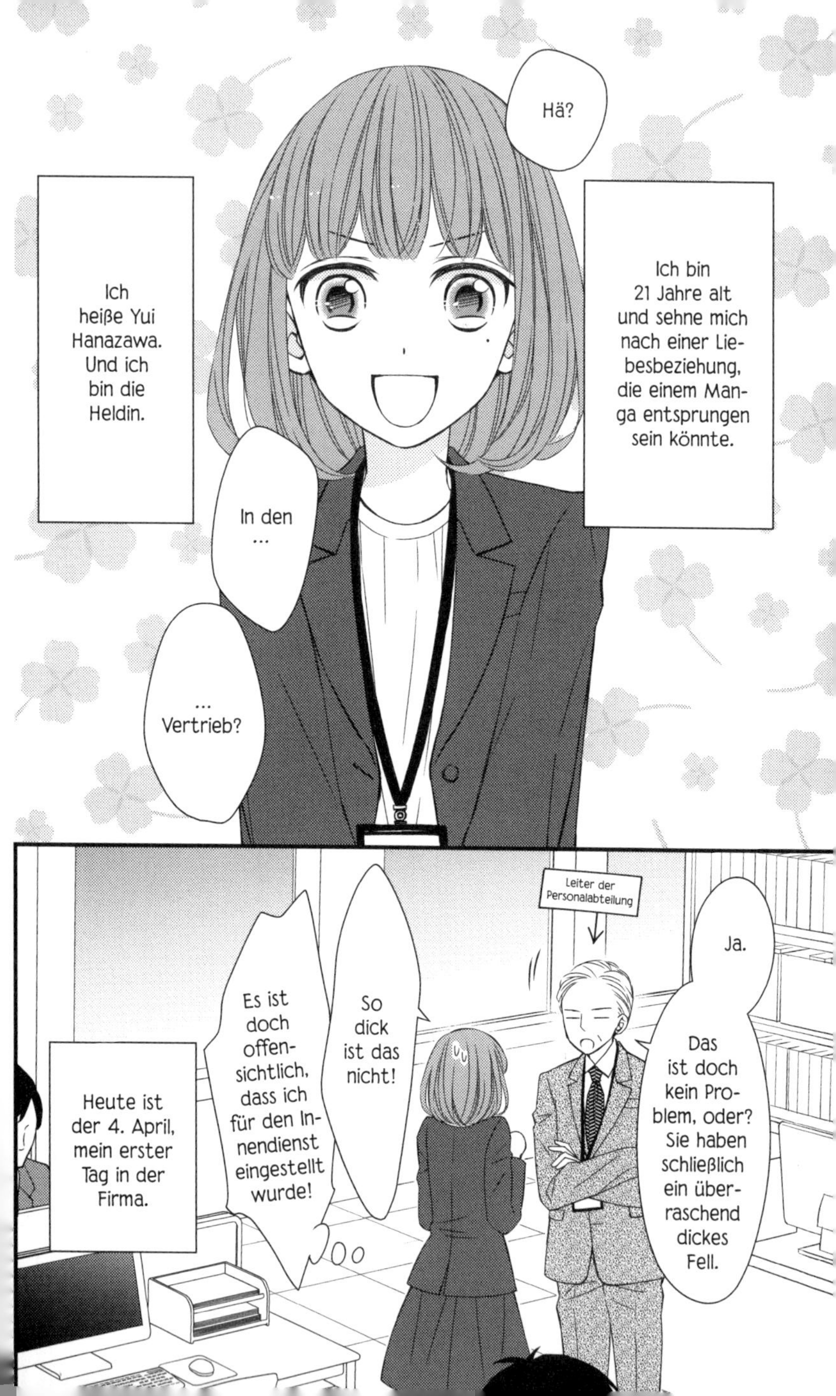
Ich bin 21 Jahre alt und sehne mich nach einer Liebesbeziehung, die einem Manga entsprungen sein könnte.
Ich heiße Yui Hanazawa. Und ich bin die Heldin.
Hä?
In den ...
... Vertrieb?
Leiter der Personalabteilung
Ja.
Das ist doch kein Problem, oder? Sie haben schließlich ein überraschend dickes Fell.
So dick ist das nicht!
Es ist doch offensichtlich, dass ich für den Innendienst eingestellt wurde!
Heute ist der 4. April, mein erster Tag in der Firma.

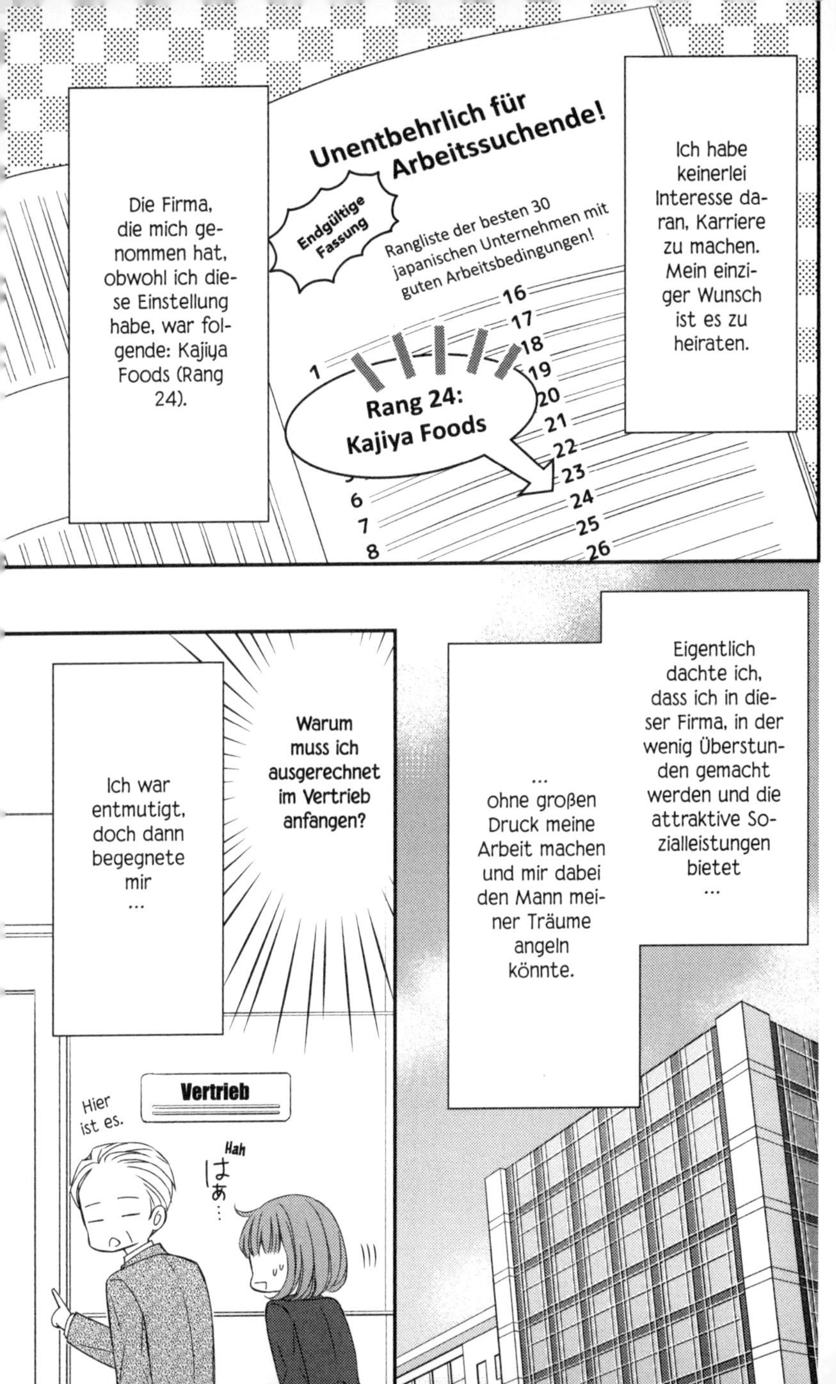

Ich habe keinerlei Interesse daran, Karriere zu machen. Mein einziger Wunsch ist es zu heiraten.
Unentbehrlich für Arbeitssuchende!
Endgültige Fassung
Rangliste der besten 30 japanischen Unternehmen mit guten Arbeitsbedingungen!
Rang 24: Kajiya Foods
1
6
7
8
16
17
18
19
20
21
22
23
24
25
26
Die Firma, die mich genommen hat, obwohl ich diese Einstellung habe, war folgende: Kajiya Foods (Rang 24).
Eigentlich dachte ich, dass ich in dieser Firma, in der wenig Überstunden gemacht werden und die attraktive Sozialleistungen bietet …
… ohne großen Druck meine Arbeit machen und mir dabei den Mann meiner Träume angeln könnte.
Warum muss ich ausgerechnet im Vertrieb anfangen?
Ich war entmutigt, doch dann begegnete mir …
Vertrieb
Hier ist es.
はあ…
Hah

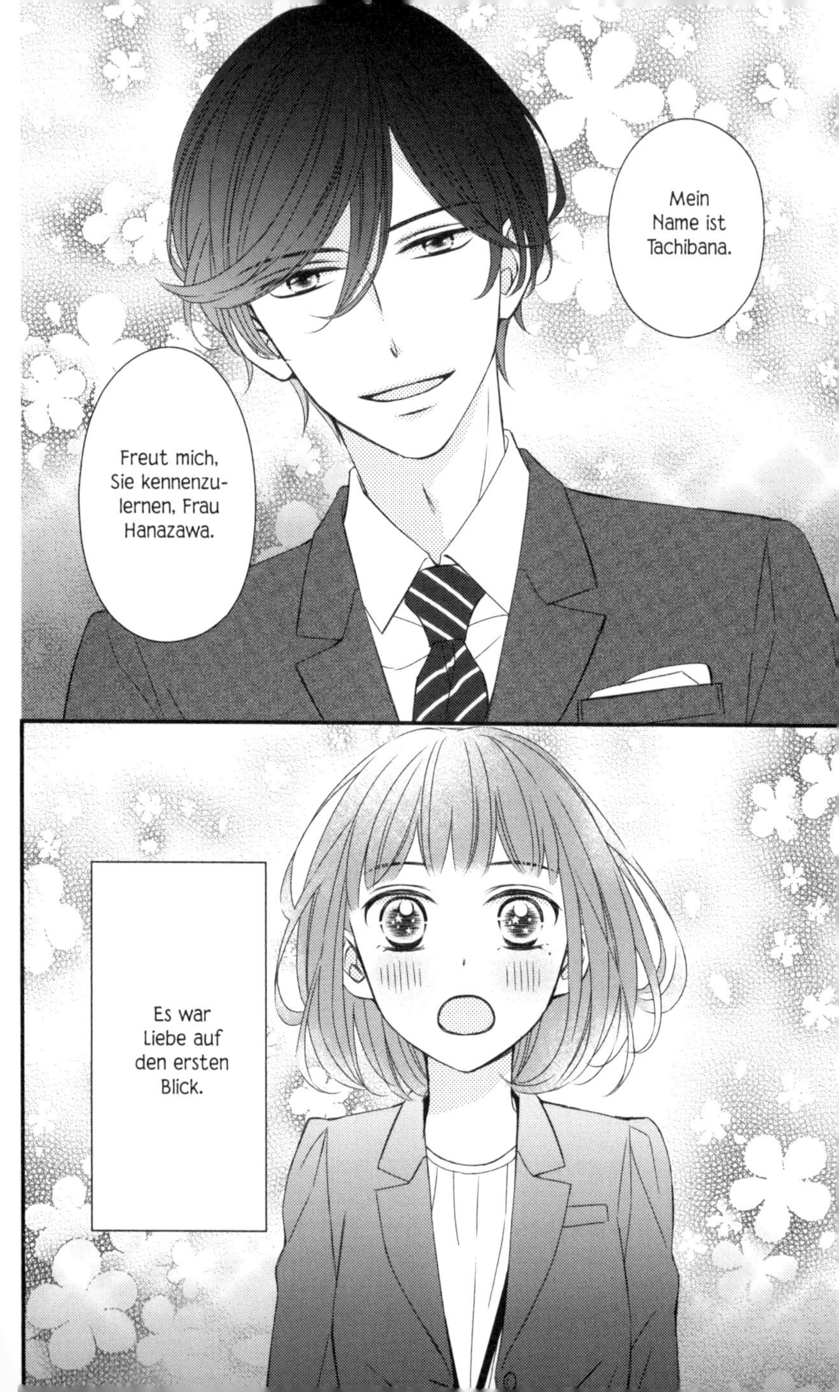
Mein Name ist Tachibana.
Freut mich, Sie kennenzu-lernen, Frau Hanazawa.
Es war Liebe auf den ersten Blick.

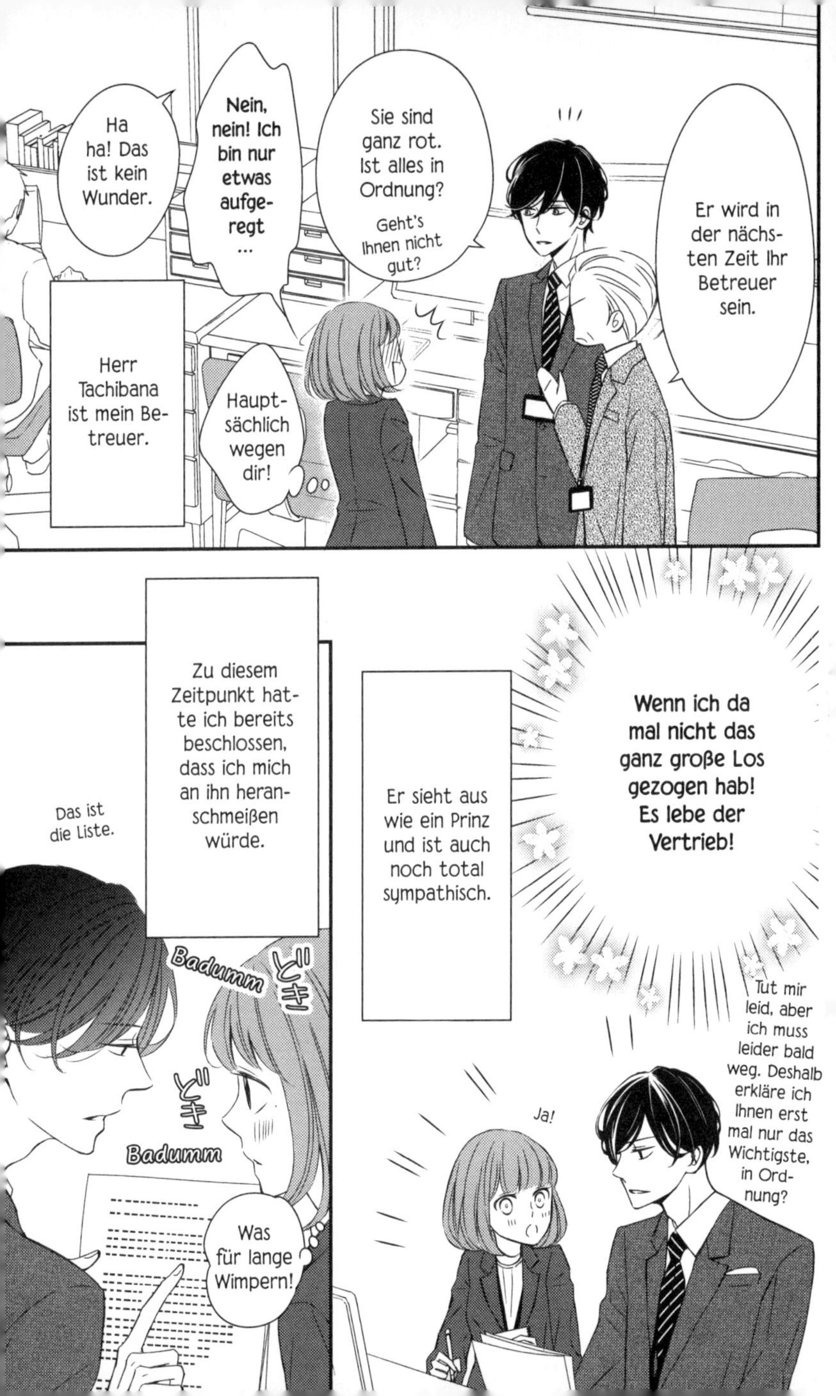
Er wird in der nächsten Zeit Ihr Betreuer sein.
Sie sind ganz rot. Ist alles in Ordnung?
Geht's Ihnen nicht gut?
Nein, nein! Ich bin nur etwas aufgeregt …
Ha ha! Das ist kein Wunder.
Hauptsächlich wegen dir!
Herr Tachibana ist mein Betreuer.
Wenn ich da mal nicht das ganz große Los gezogen hab! Es lebe der Vertrieb!
Er sieht aus wie ein Prinz und ist auch noch total sympathisch.
Zu diesem Zeitpunkt hatte ich bereits beschlossen, dass ich mich an ihn heranschmeißen würde.
Tut mir leid, aber ich muss leider bald weg. Deshalb erkläre ich Ihnen erst mal nur das Wichtigste, in Ordnung?
Ja!
Das ist die Liste.
Badumm
どき
どき
Badumm
Was für lange Wimpern!

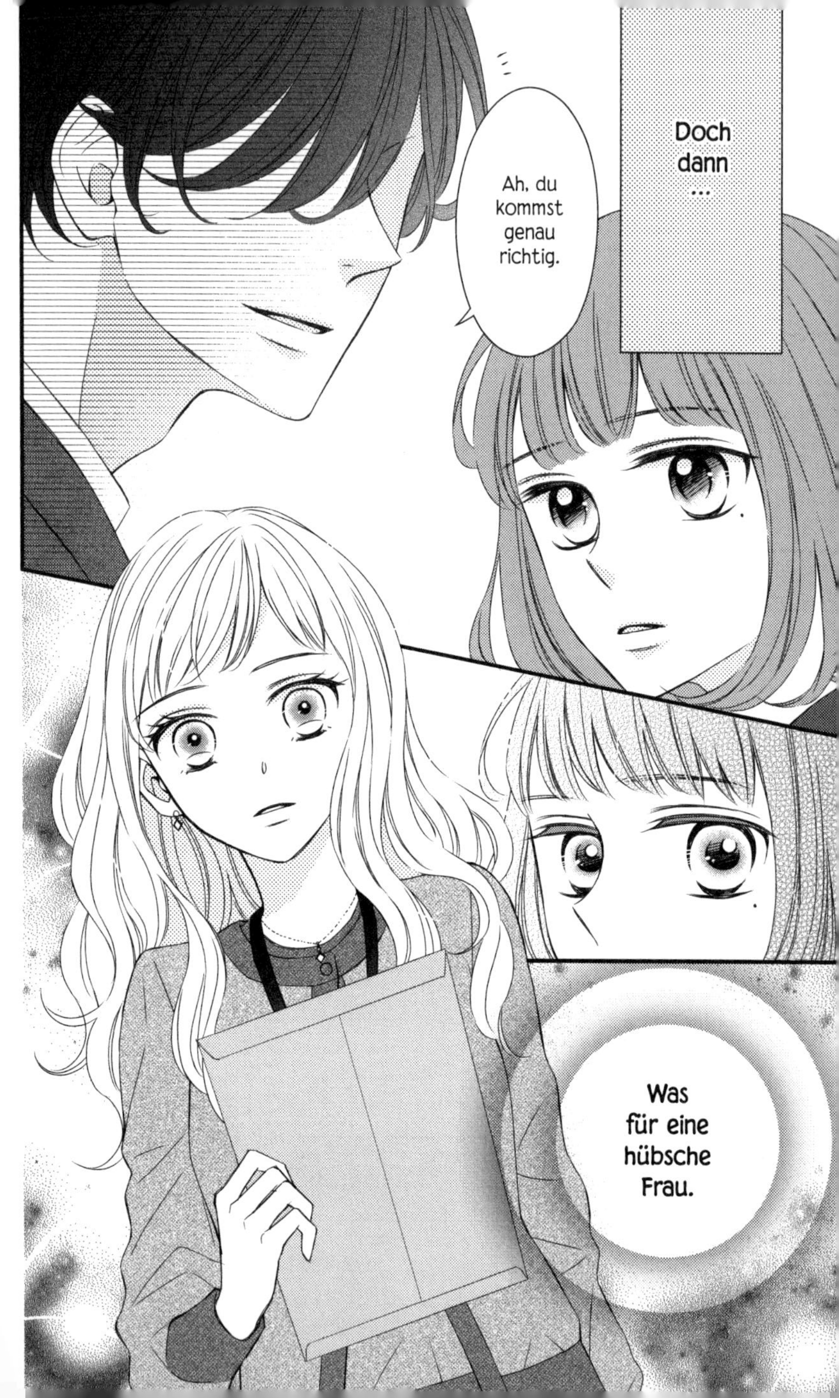
Doch dann ...
Ah, du kommst genau richtig.
Was für eine hübsche Frau.

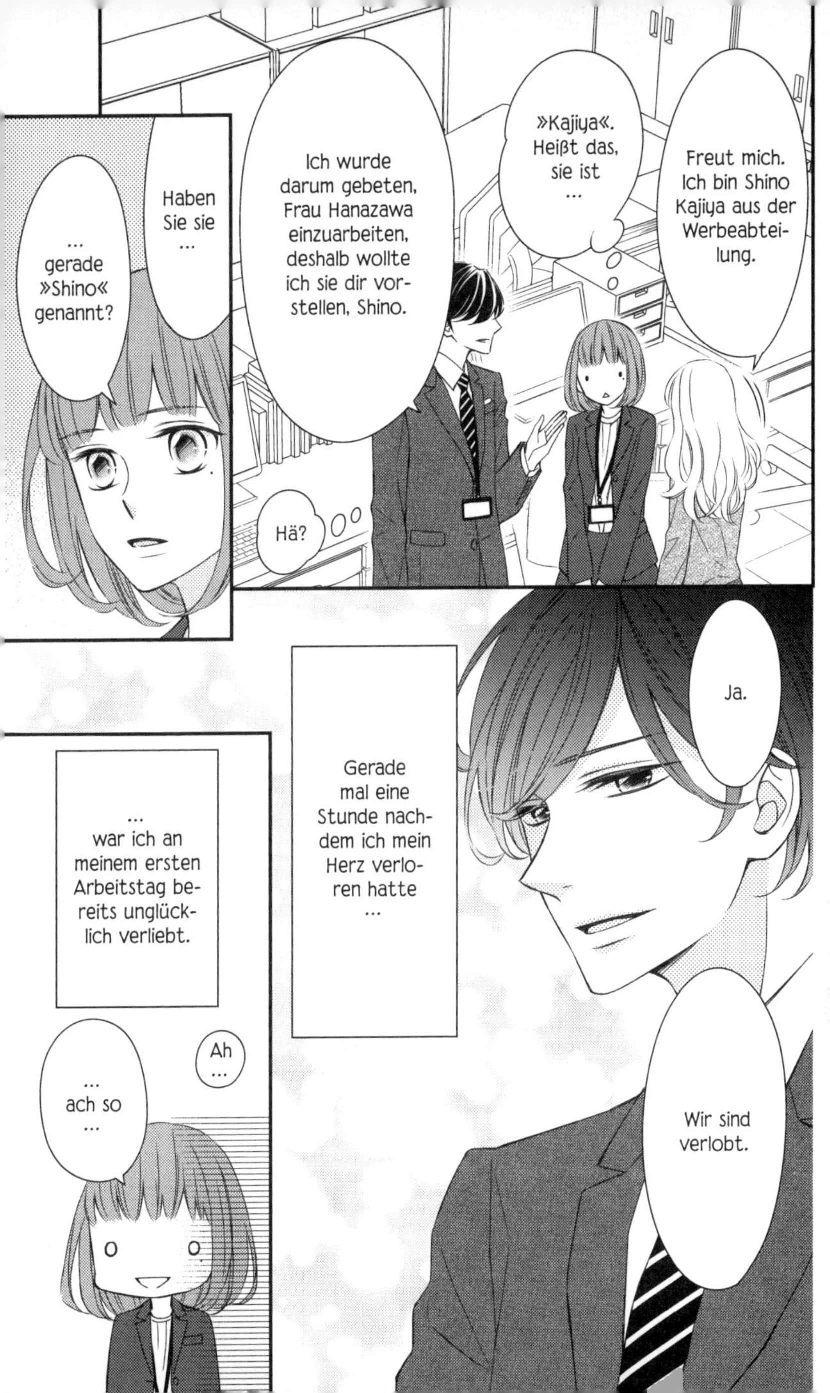
Freut mich. Ich bin Shino Kajiya aus der Werbeabteilung.
»Kajiya«. Heißt das, sie ist …
Ich wurde darum gebeten, Frau Hanazawa einzuarbeiten, deshalb wollte ich sie dir vorstellen, Shino.
Hä?
Haben Sie sie …
… gerade »Shino« genannt?
Ja.
Wir sind verlobt.
Gerade mal eine Stunde nachdem ich mein Herz verloren hatte …
… war ich an meinem ersten Arbeitstag bereits unglücklich verliebt.
Ah …
… ach so …

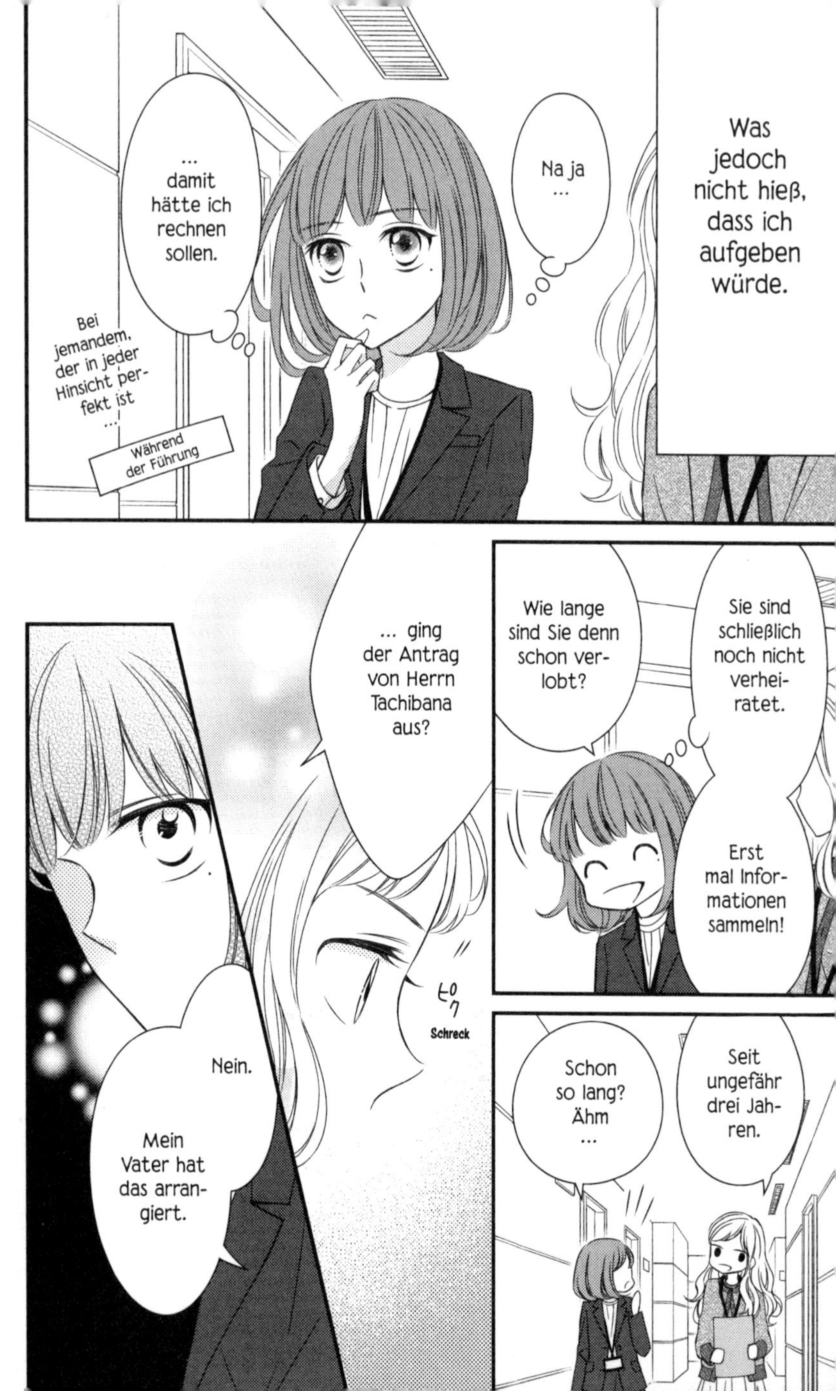
Was jedoch nicht hieß, dass ich aufgeben würde.
Na ja …
… damit hätte ich rechnen sollen.
Bei jemandem, der in jeder Hinsicht perfekt ist …
Während der Führung
Sie sind schließlich noch nicht verheiratet.
Wie lange sind Sie denn schon verlobt?
Erst mal Informationen sammeln!
… ging der Antrag von Herrn Tachibana aus?
Schreck
Nein.
Mein Vater hat das arrangiert.
Seit ungefähr drei Jahren.
Schon so lang? Ähm …

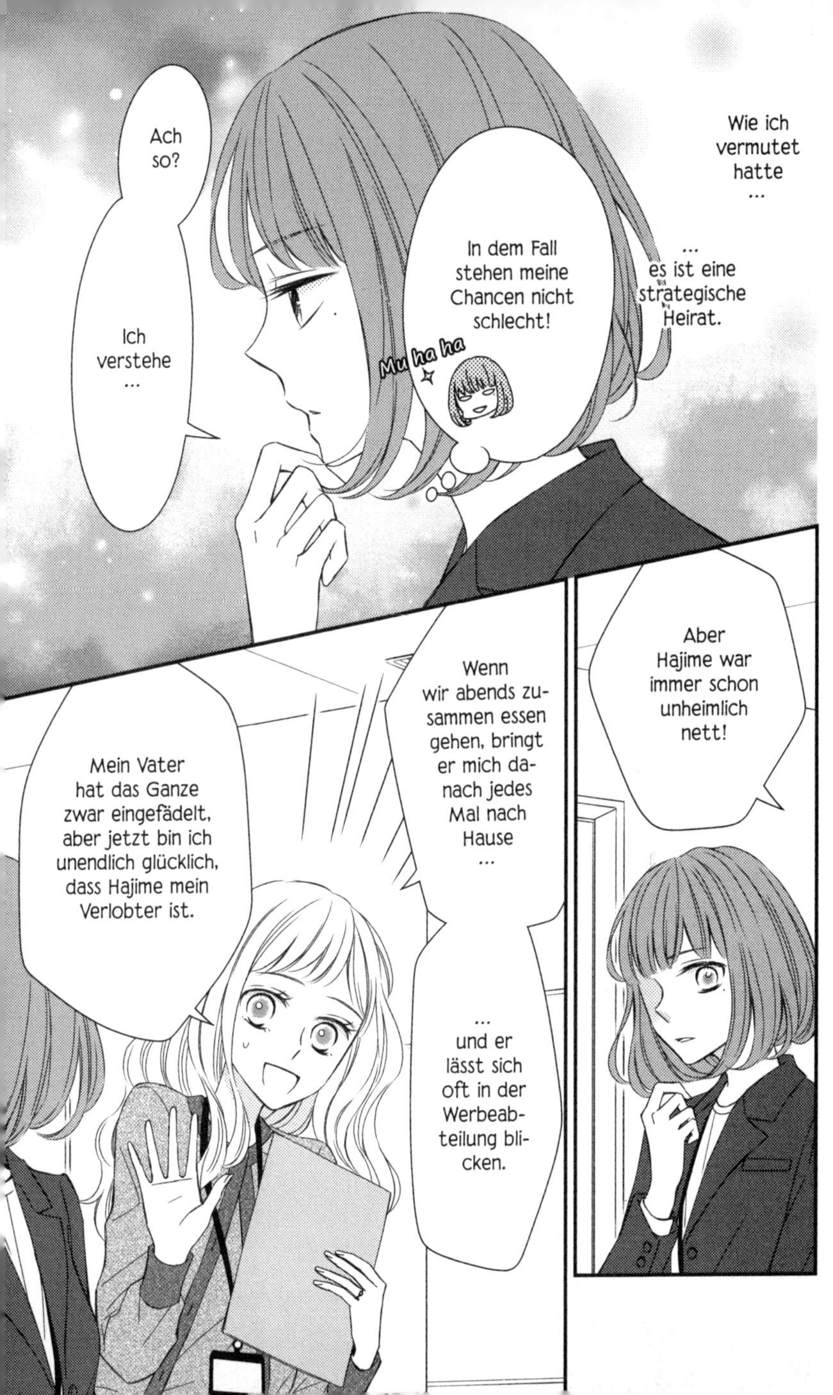
Wie ich vermutet hatte …
… es ist eine strategische Heirat.
In dem Fall stehen meine Chancen nicht schlecht!
Mu ha ha
Ach so?
Ich verstehe …
Aber Hajime war immer schon unheimlich nett!
Wenn wir abends zusammen essen gehen, bringt er mich danach jedes Mal nach Hause …
… und er lässt sich oft in der Werbeabteilung blicken.
Mein Vater hat das Ganze zwar eingefädelt, aber jetzt bin ich unendlich glücklich, dass Hajime mein Verlobter ist.

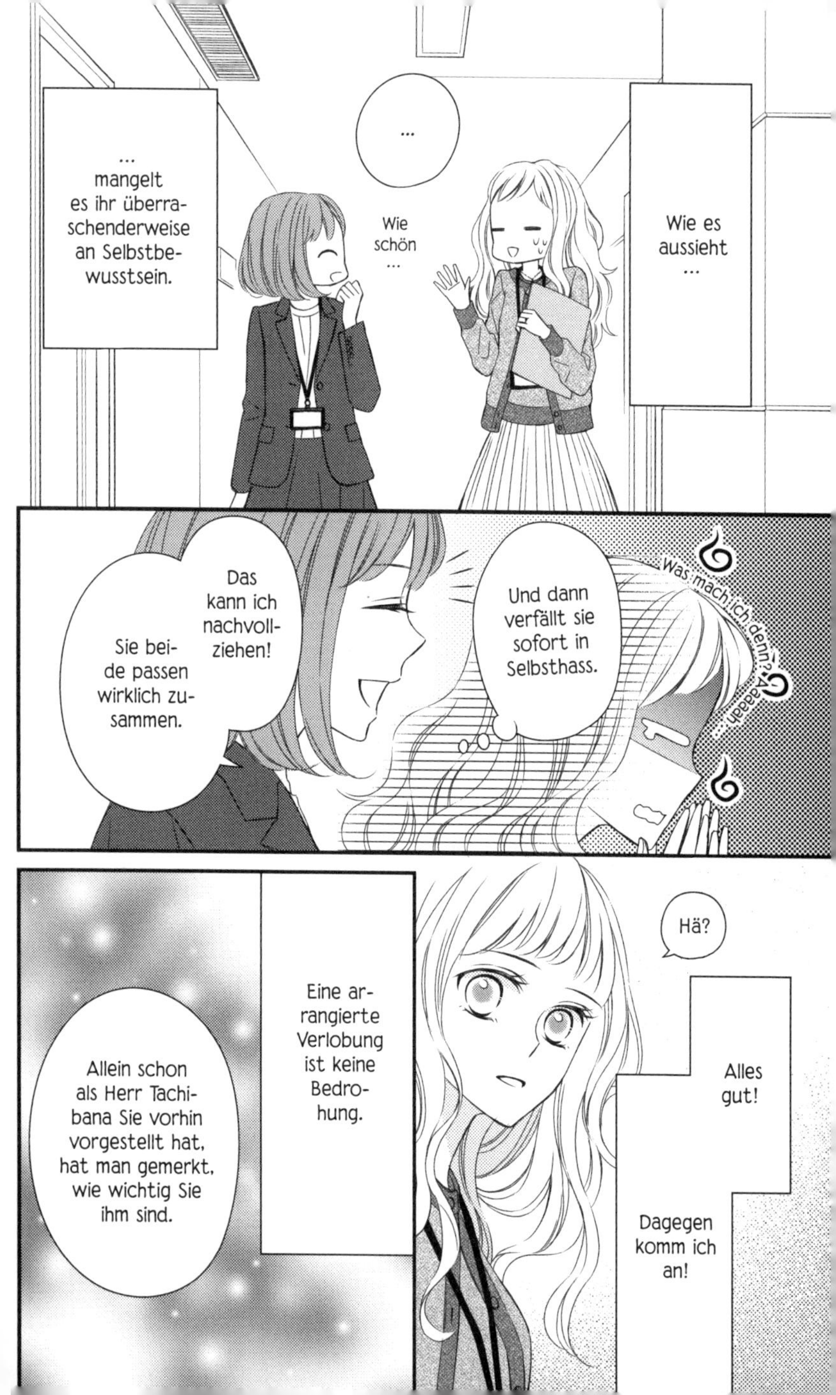
Wie es aussieht ...
...
Wie schön ...
... mangelt es ihr überraschenderweise an Selbstbewusstsein.
Und dann verfällt sie sofort in Selbsthass.
Was mach ich denn? Aaaah ...
Das kann ich nachvollziehen!
Sie beide passen wirklich zusammen.
Hä?
Alles gut!
Dagegen komm ich an!
Eine arrangierte Verlobung ist keine Bedrohung.
Allein schon als Herr Tachibana Sie vorhin vorgestellt hat, hat man gemerkt, wie wichtig Sie ihm sind.

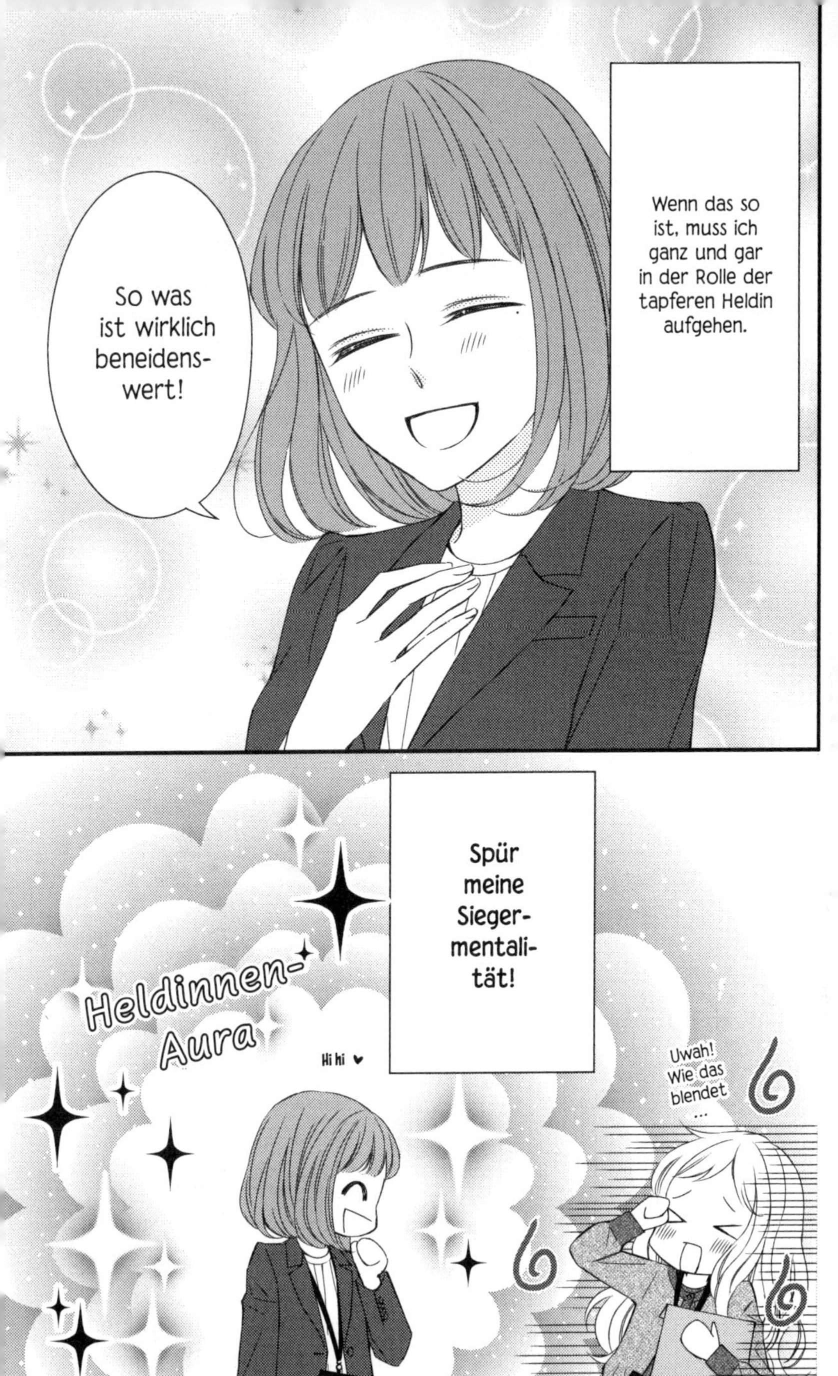
Wenn das so ist, muss ich ganz und gar in der Rolle der tapferen Heldin aufgehen.
So was ist wirklich beneidens-wert!
Spür meine Sieger-mentali-tät!
Uwah! Wie das blendet ...
Hi hi
Heldinnen-Aura

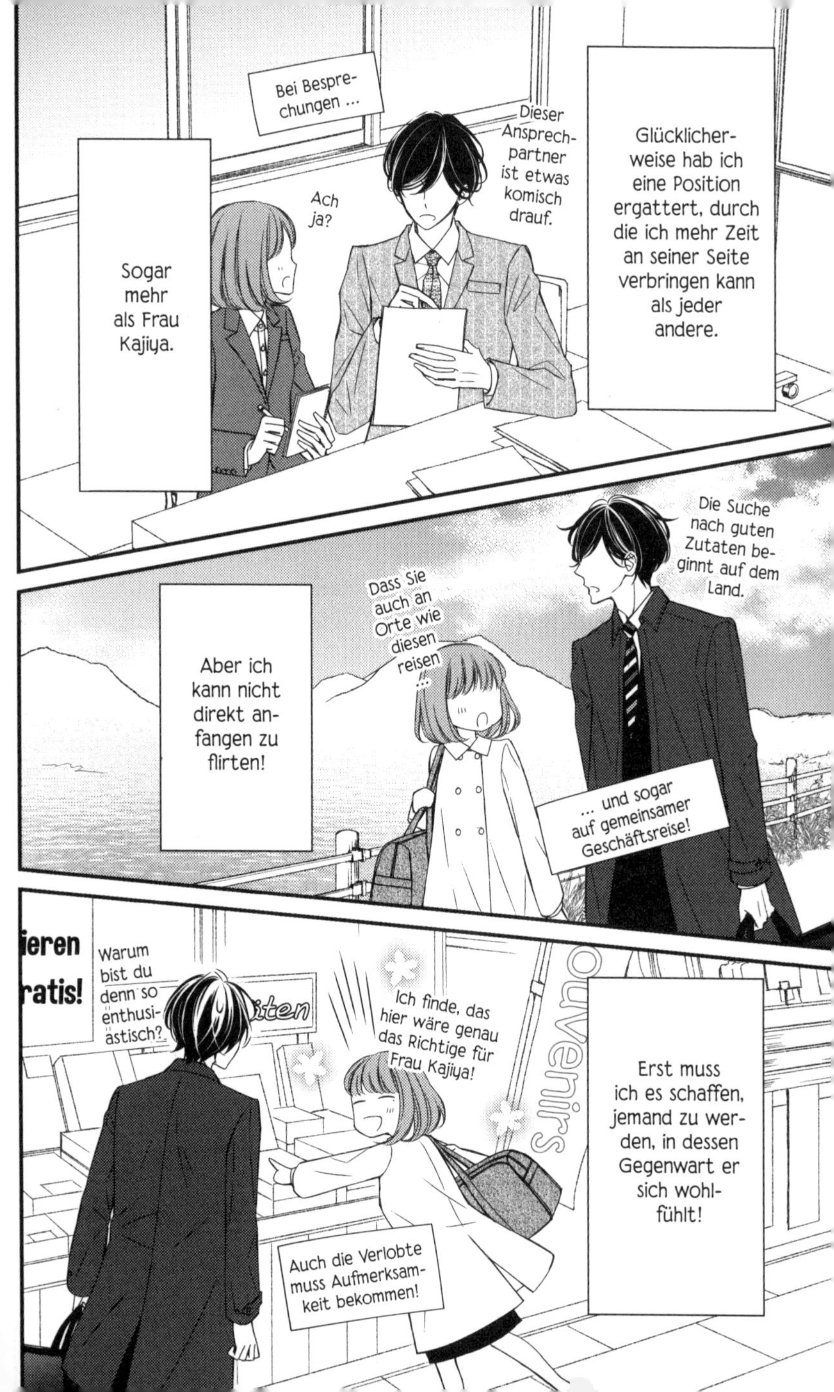

Glücklicherweise hab ich eine Position ergattert, durch die ich mehr Zeit an seiner Seite verbringen kann als jeder andere.
Dieser Ansprechpartner ist etwas komisch drauf.
Bei Besprechungen ...
Ach ja?
Sogar mehr als Frau Kajiya.
Die Suche nach guten Zutaten beginnt auf dem Land.
Dass Sie auch an Orte wie diesen reisen ...
... und sogar auf gemeinsamer Geschäftsreise!
Aber ich kann nicht direkt anfangen zu flirten!
Erst muss ich es schaffen, jemand zu werden, in dessen Gegenwart er sich wohlfühlt!
Ich finde, das hier wäre genau das Richtige für Frau Kajiya!
Warum bist du denn so enthusiastisch?
Auch die Verlobte muss Aufmerksamkeit bekommen!

In der zweiten Woche meines Arbeitslebens …

… bot sich mir eine weitere Chance.

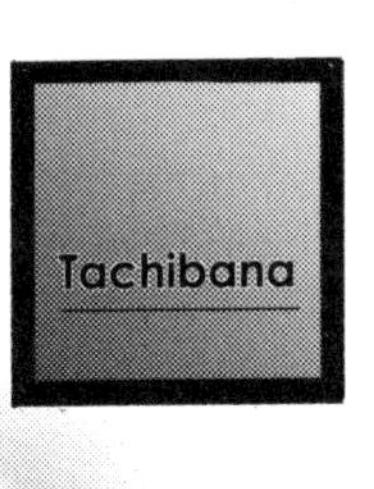

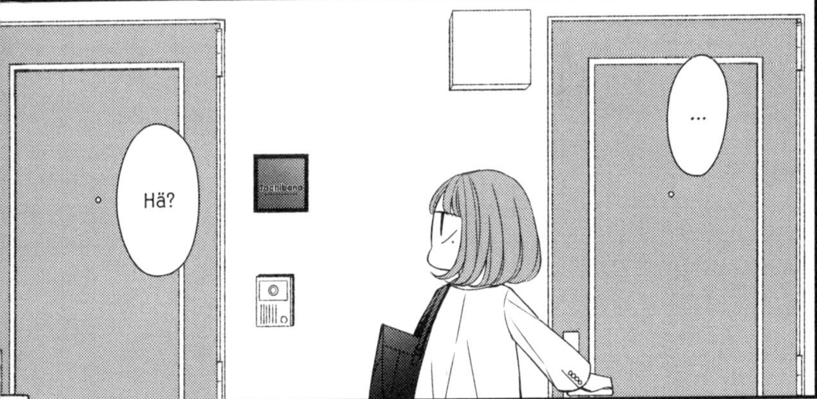

Mein Nachbar, dem ich mich seit meinem Umzug mehrmals vorstellen wollte, den ich aber nie zu Gesicht bekommen hatte, weil er kaum zu Hause war …

… er heißt »Tachibana«, oder?

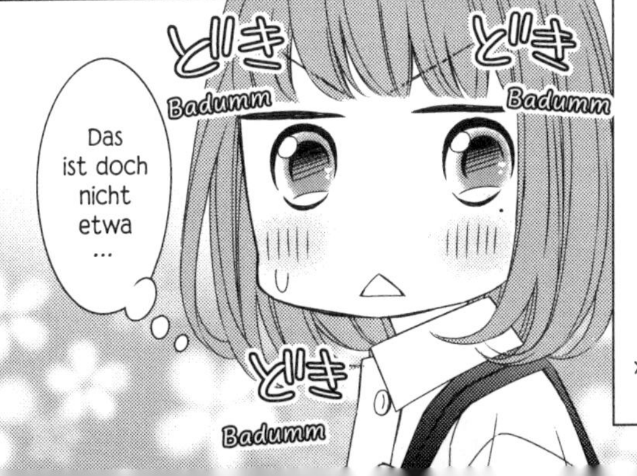

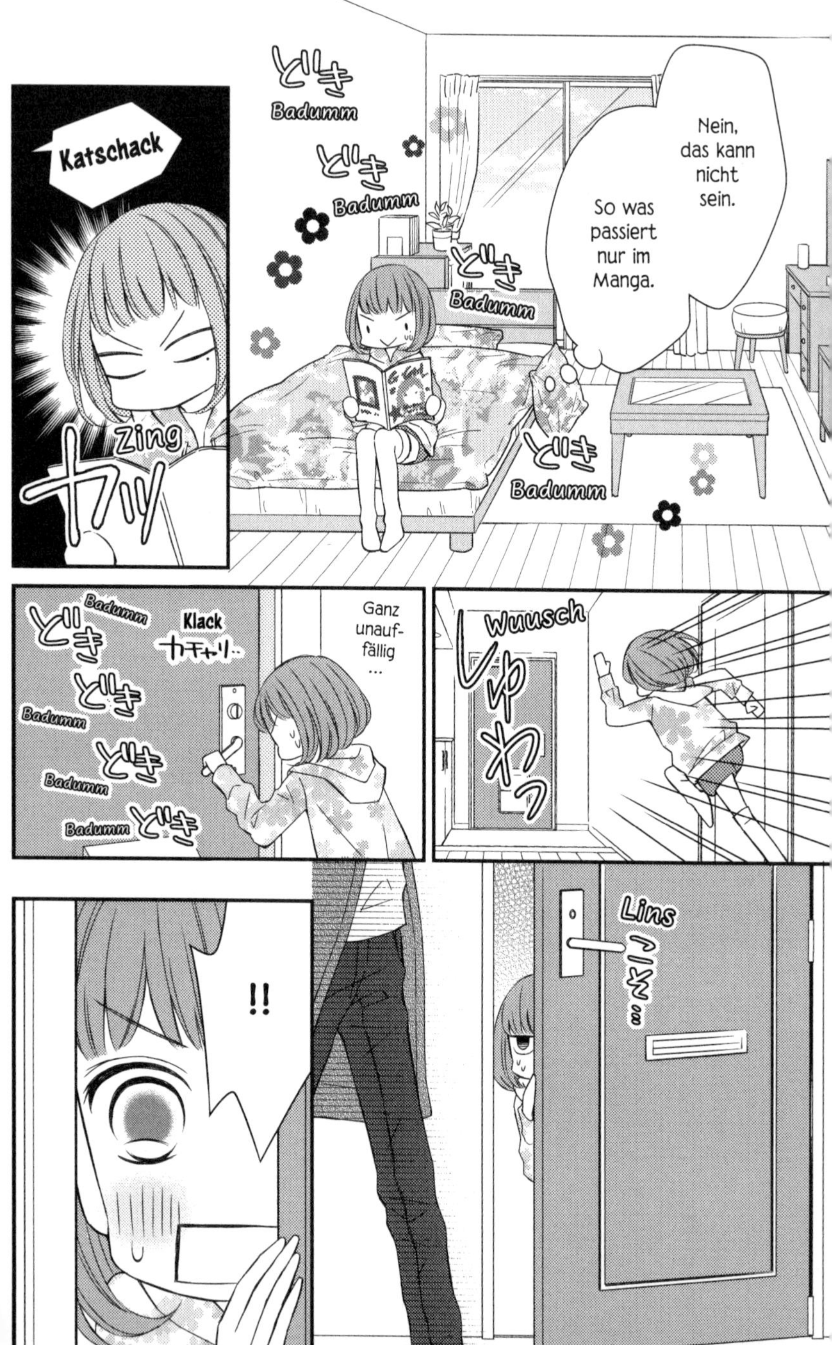

どき
Badumm
どき
Badumm
どき
Badumm
どき
Badumm
Nein, das kann nicht sein.
So was passiert nur im Manga.
Katschack
Zing
カッ
Wuusch
しゅわっ
Ganz unauffällig …
Klack
カチャリ…
Badumm
どき
どき
Badumm
どき
Badumm
Badumm
どき
Lins
こそ…
!!

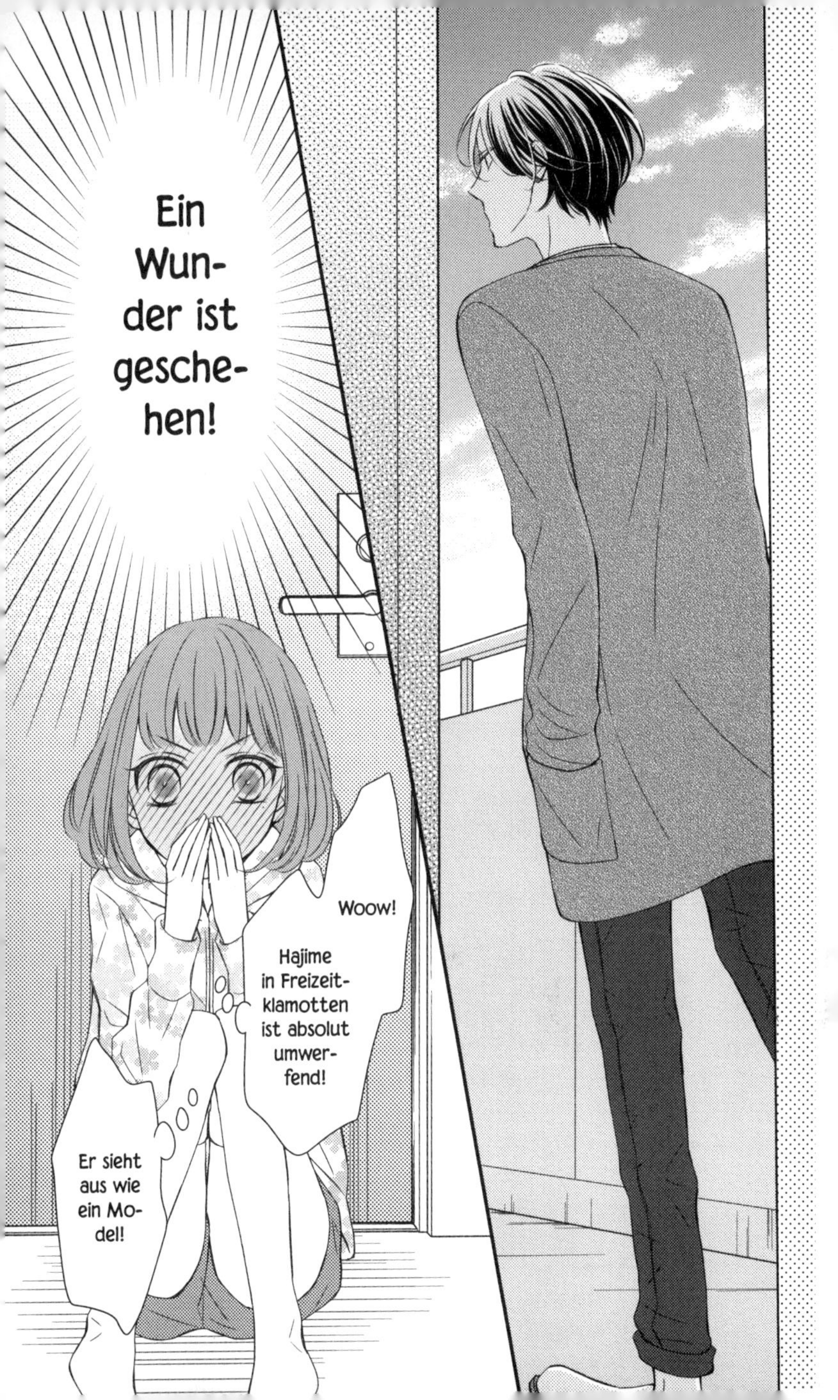
Ein Wunder ist geschehen!
Woow!
Hajime in Freizeitklamotten ist absolut umwerfend!
Er sieht aus wie ein Model!

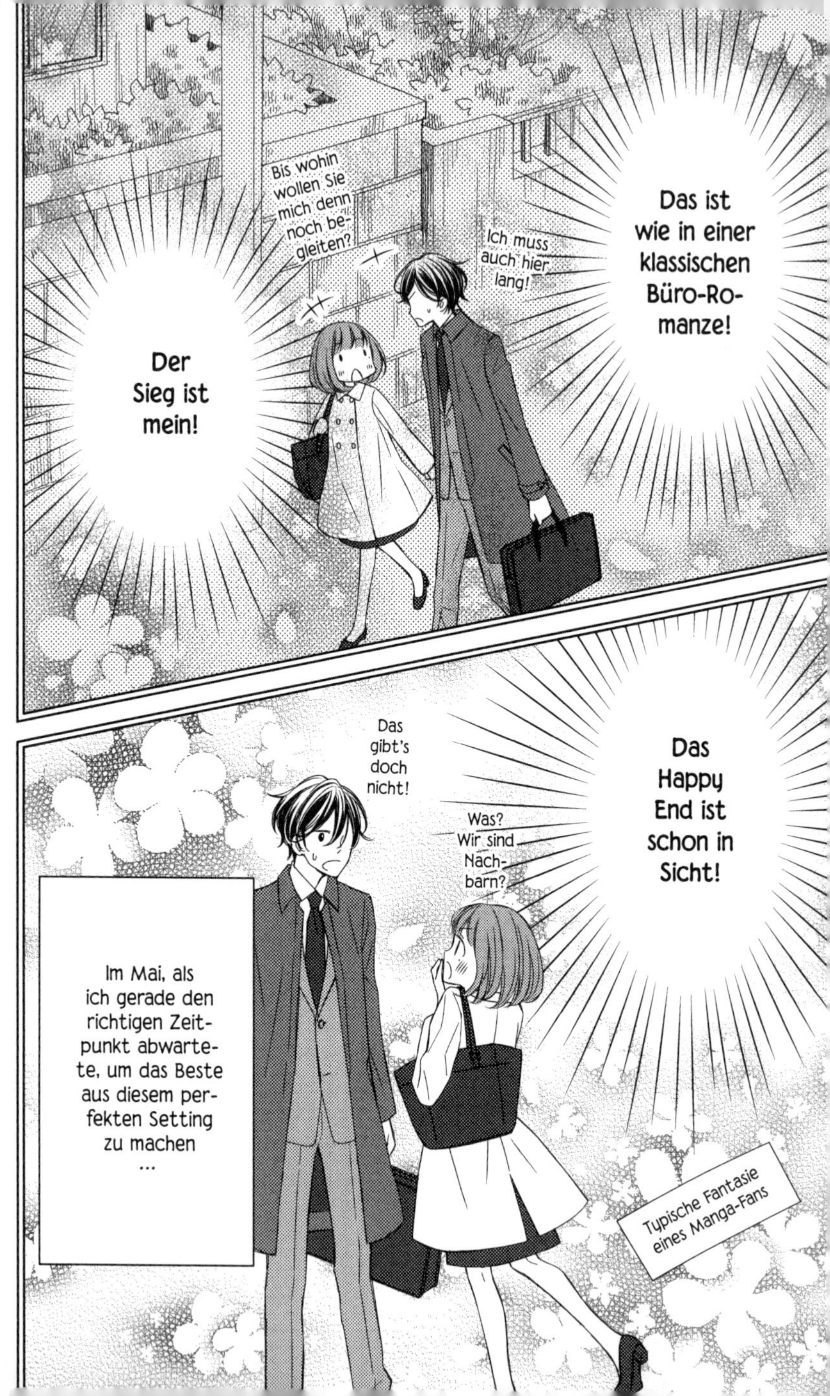

Das ist wie in einer klassischen Büro-Romanze!
Ich muss auch hier lang!
Bis wohin wollen Sie mich denn noch begleiten?
Der Sieg ist mein!
Das Happy End ist schon in Sicht!
Was? Wir sind Nachbarn?
Das gibt's doch nicht!
Im Mai, als ich gerade den richtigen Zeitpunkt abwartete, um das Beste aus diesem perfekten Setting zu machen ...
Typische Fantasie eines Manga-Fans

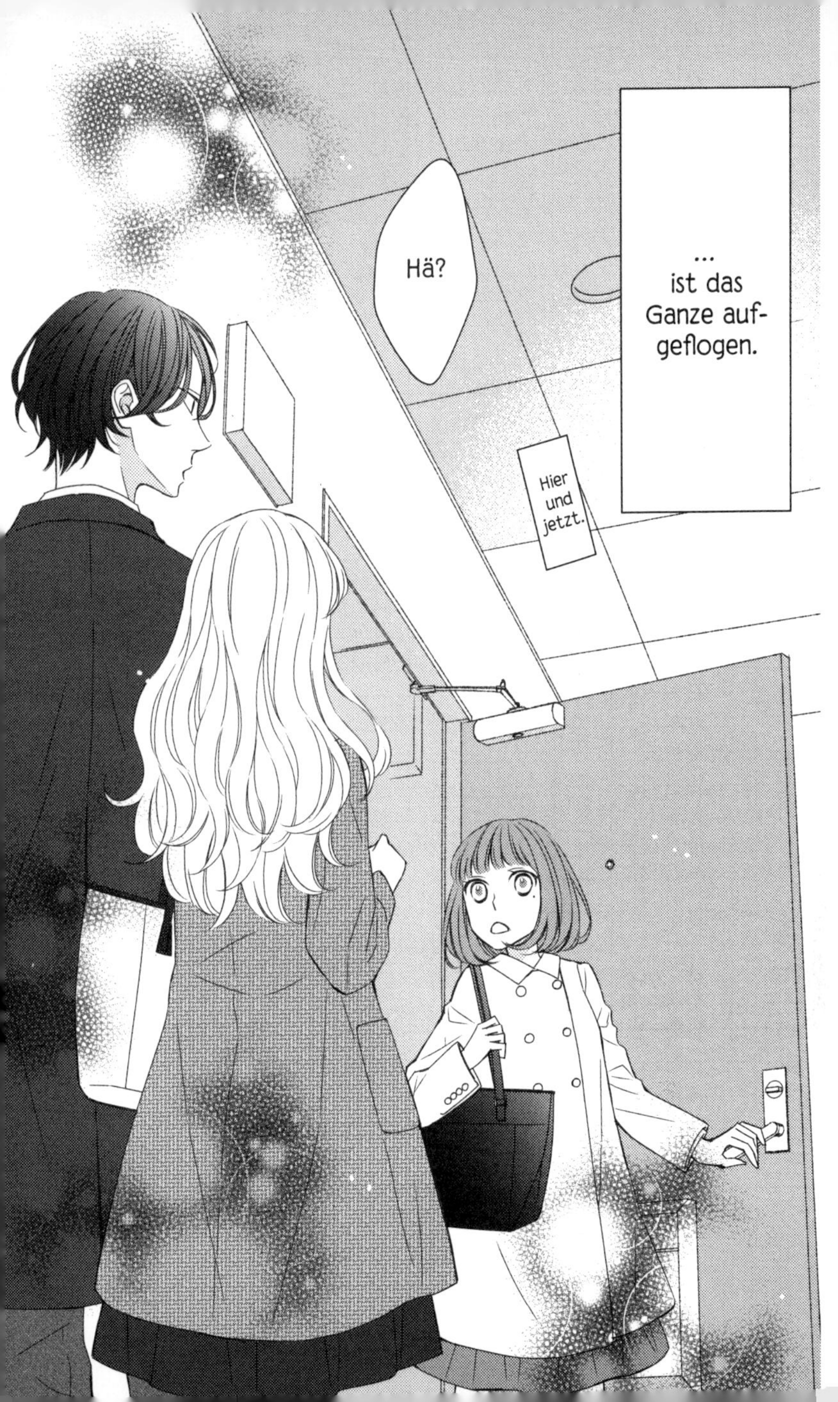
... ist das Ganze auf-geflogen.
Hier und jetzt.
Hä?

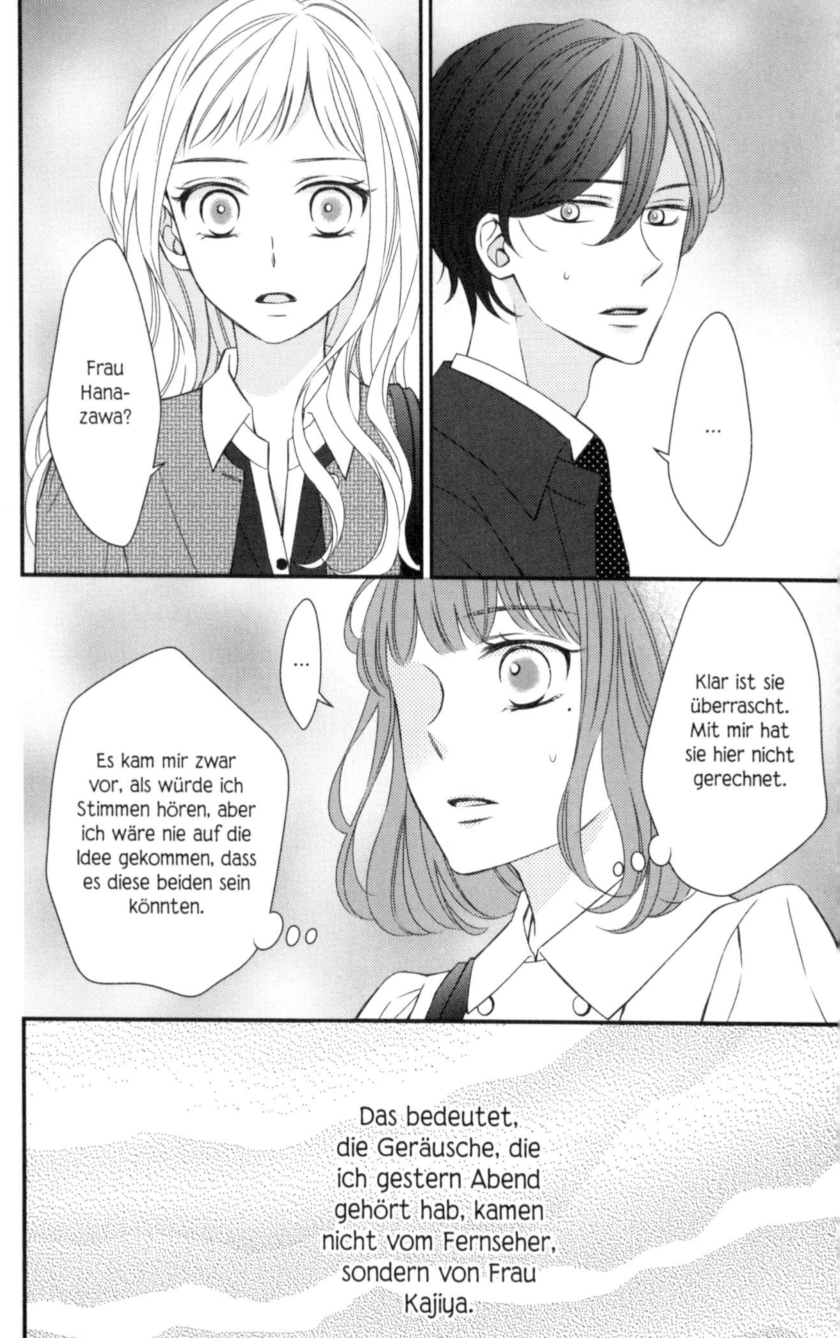
...
Frau Hana-zawa?
Klar ist sie überrascht. Mit mir hat sie hier nicht gerechnet.
...
Es kam mir zwar vor, als würde ich Stimmen hören, aber ich wäre nie auf die Idee gekommen, dass es diese beiden sein könnten.
Das bedeutet, die Geräusche, die ich gestern Abend gehört hab, kamen nicht vom Fernseher, sondern von Frau Kajiya.

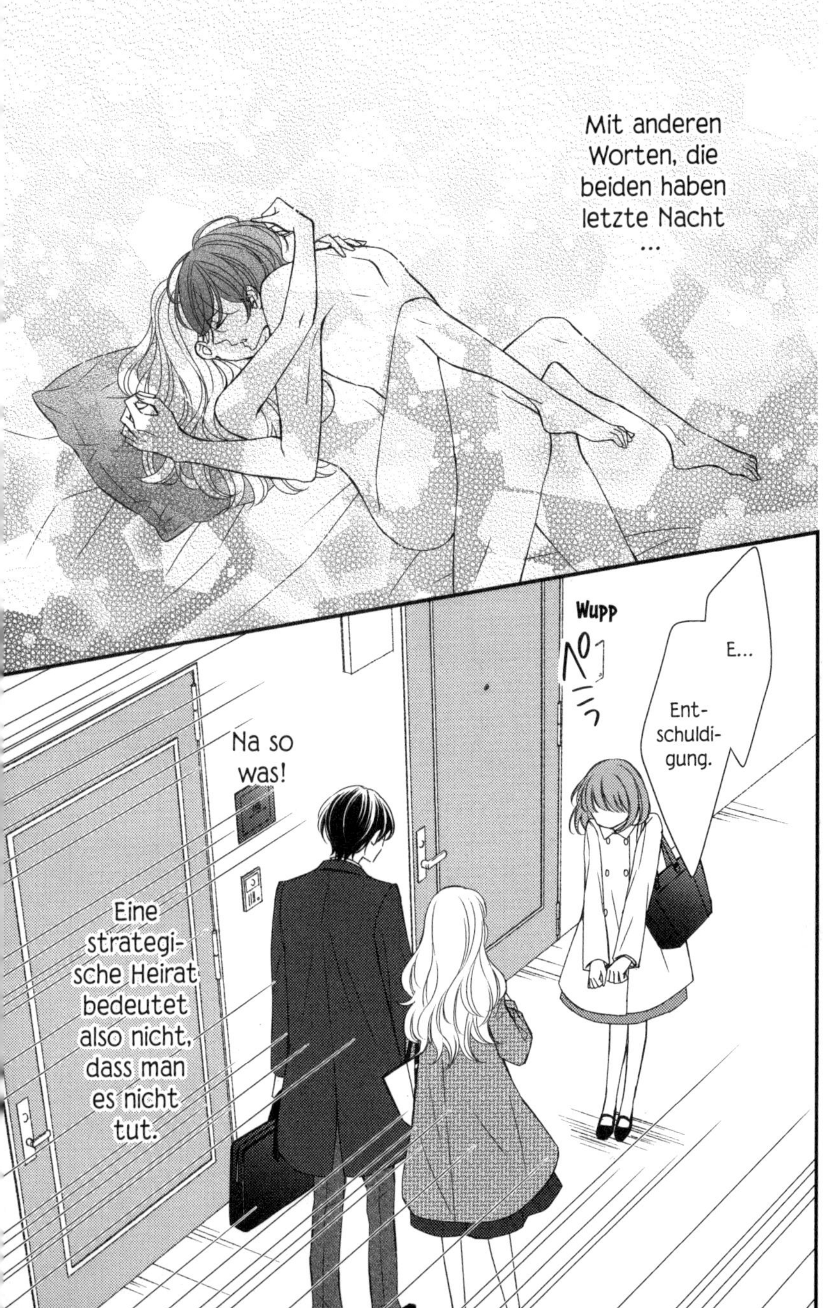

Mit anderen Worten, die beiden haben letzte Nacht …
E…
Ent-schuldi-gung.
Wupp
Na so was!
Eine strategi-sche Heirat bedeutet also nicht, dass man es nicht tut.

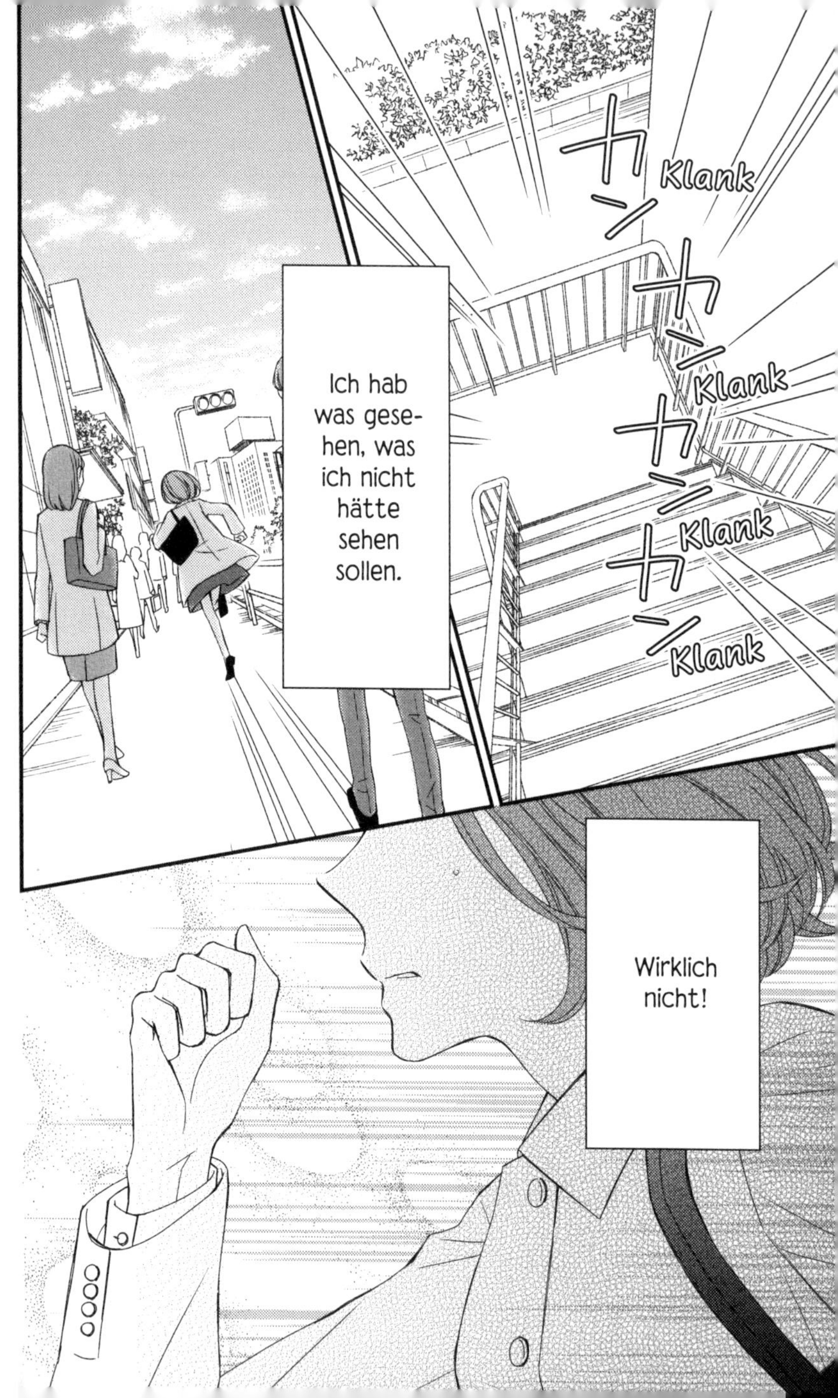

Klank
Klank
Klank
Klank
Ich hab was gesehen, was ich nicht hätte sehen sollen.
Wirklich nicht!

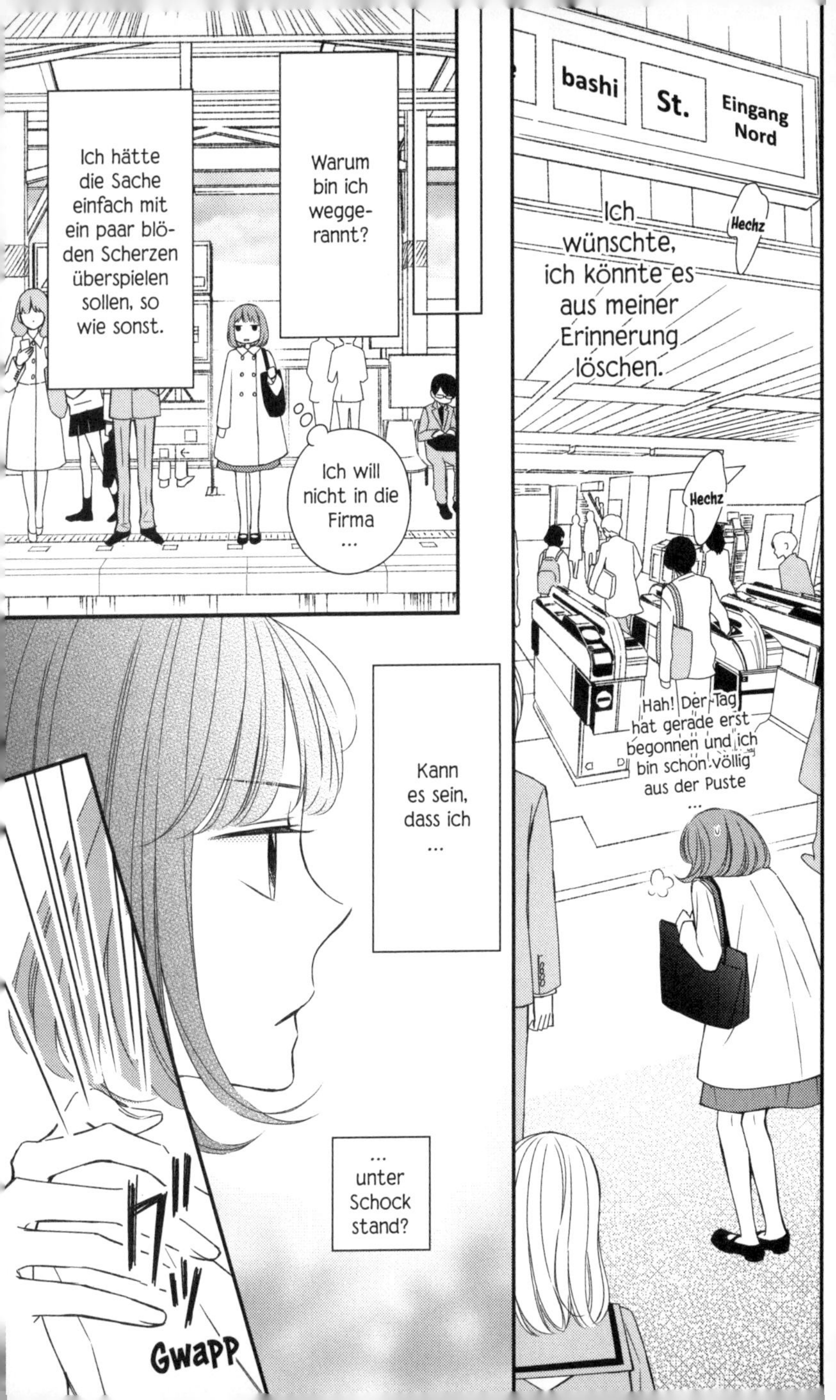
bashi
St.
Eingang Nord
Hechz
Ich wünschte, ich könnte es aus meiner Erinnerung löschen.
Hechz
Hah! Der Tag hat gerade erst begonnen und ich bin schon völlig aus der Puste ...
Warum bin ich wegge-rannt?
Ich hätte die Sache einfach mit ein paar blö-den Scherzen überspielen sollen, so wie sonst.
Ich will nicht in die Firma ...
Kann es sein, dass ich ...
... unter Schock stand?
Gwapp

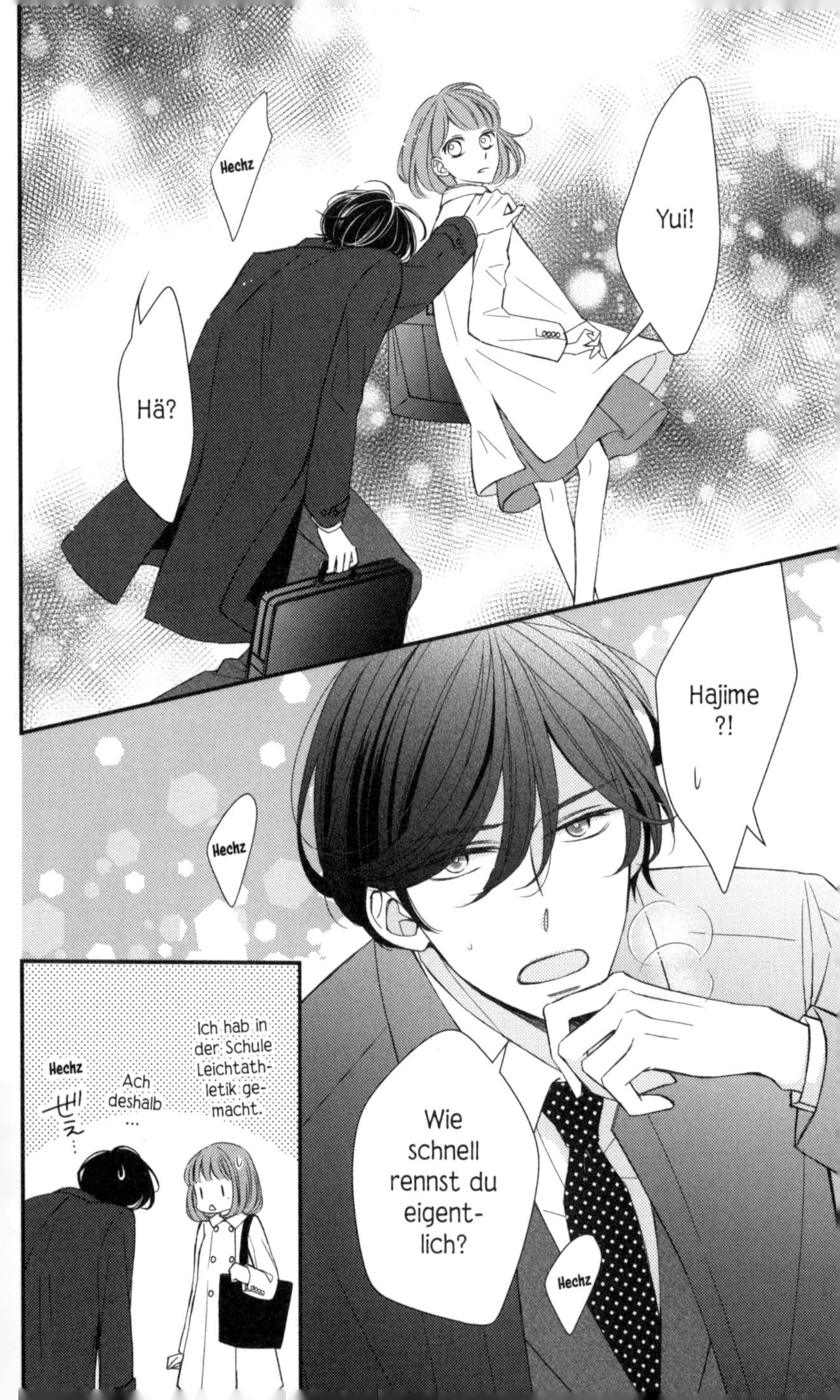
Yui!
Hechz
Hä?
Hajime ?!
Hechz
Wie schnell rennst du eigentlich?
Hechz
Ich hab in der Schule Leichtathletik gemacht.
Ach deshalb …
Hechz

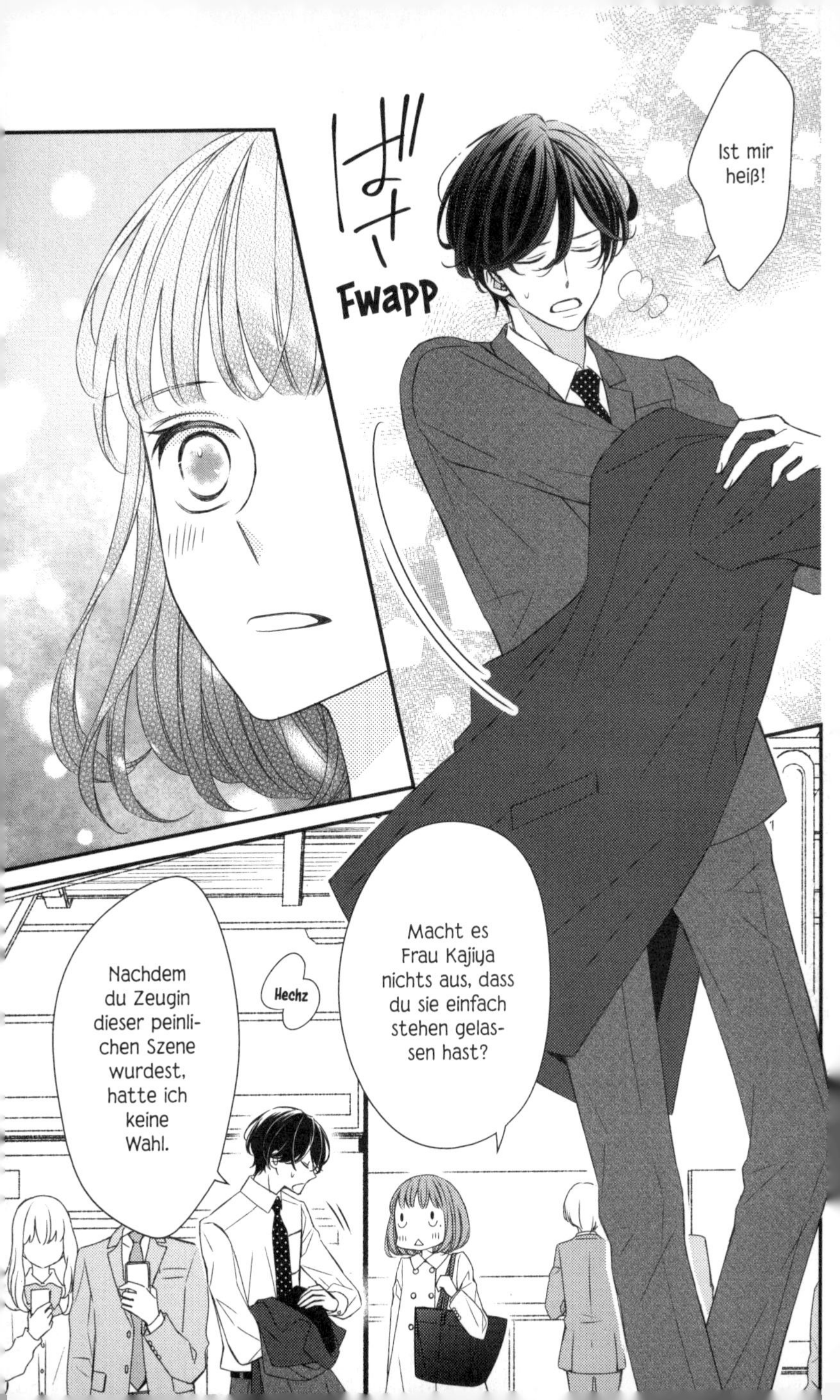
Ist mir heiß!
ばっ
Fwapp
Macht es Frau Kajiya nichts aus, dass du sie einfach stehen gelassen hast?
Hechz
Nachdem du Zeugin dieser peinlichen Szene wurdest, hatte ich keine Wahl.

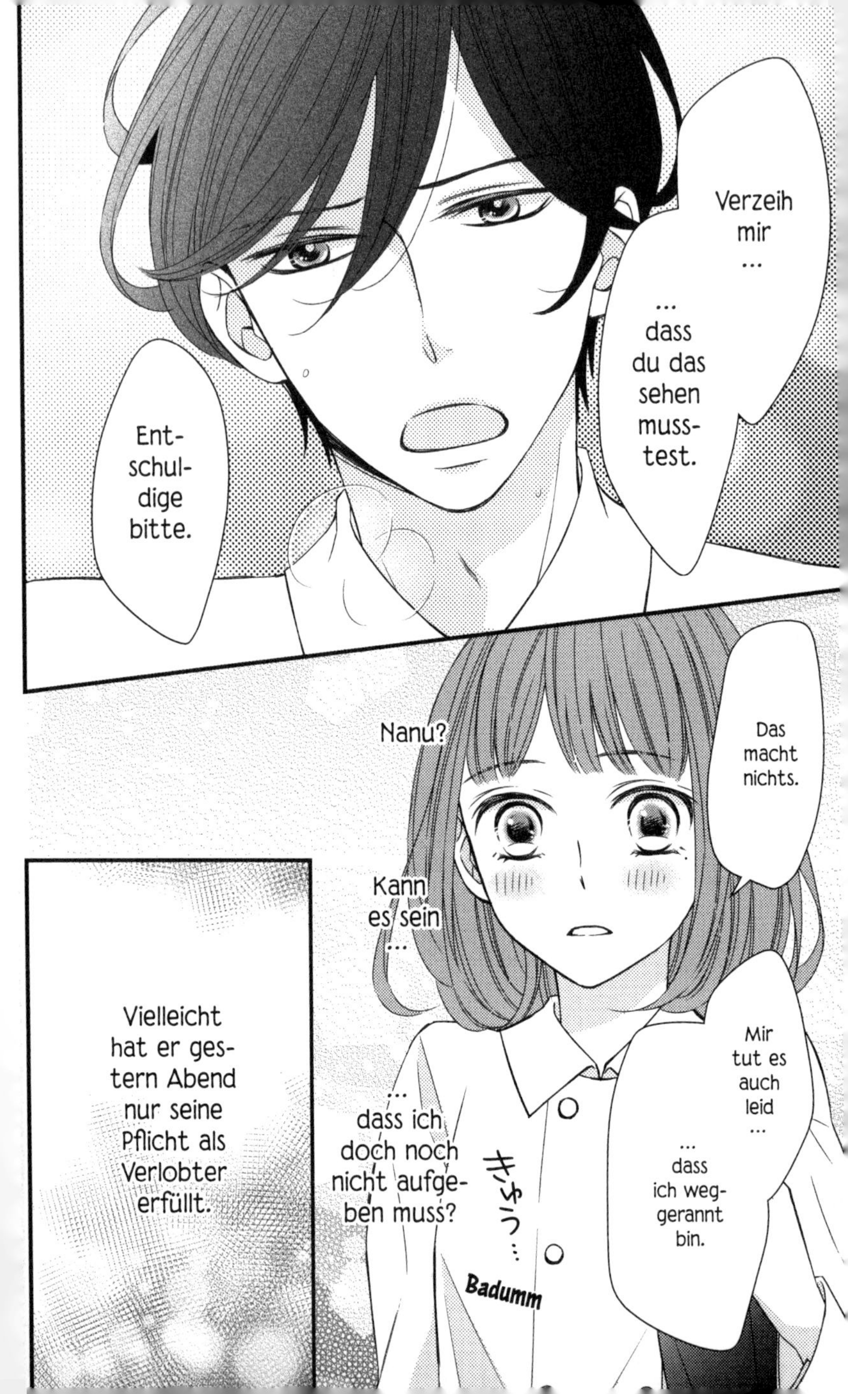

Verzeih mir ...
... dass du das sehen musstest.
Entschuldige bitte.
Das macht nichts.
Mir tut es auch leid ...
... dass ich weggerannt bin.
Nanu?
Kann es sein ...
... dass ich doch noch nicht aufgeben muss?
Badumm
Vielleicht hat er gestern Abend nur seine Pflicht als Verlobter erfüllt.

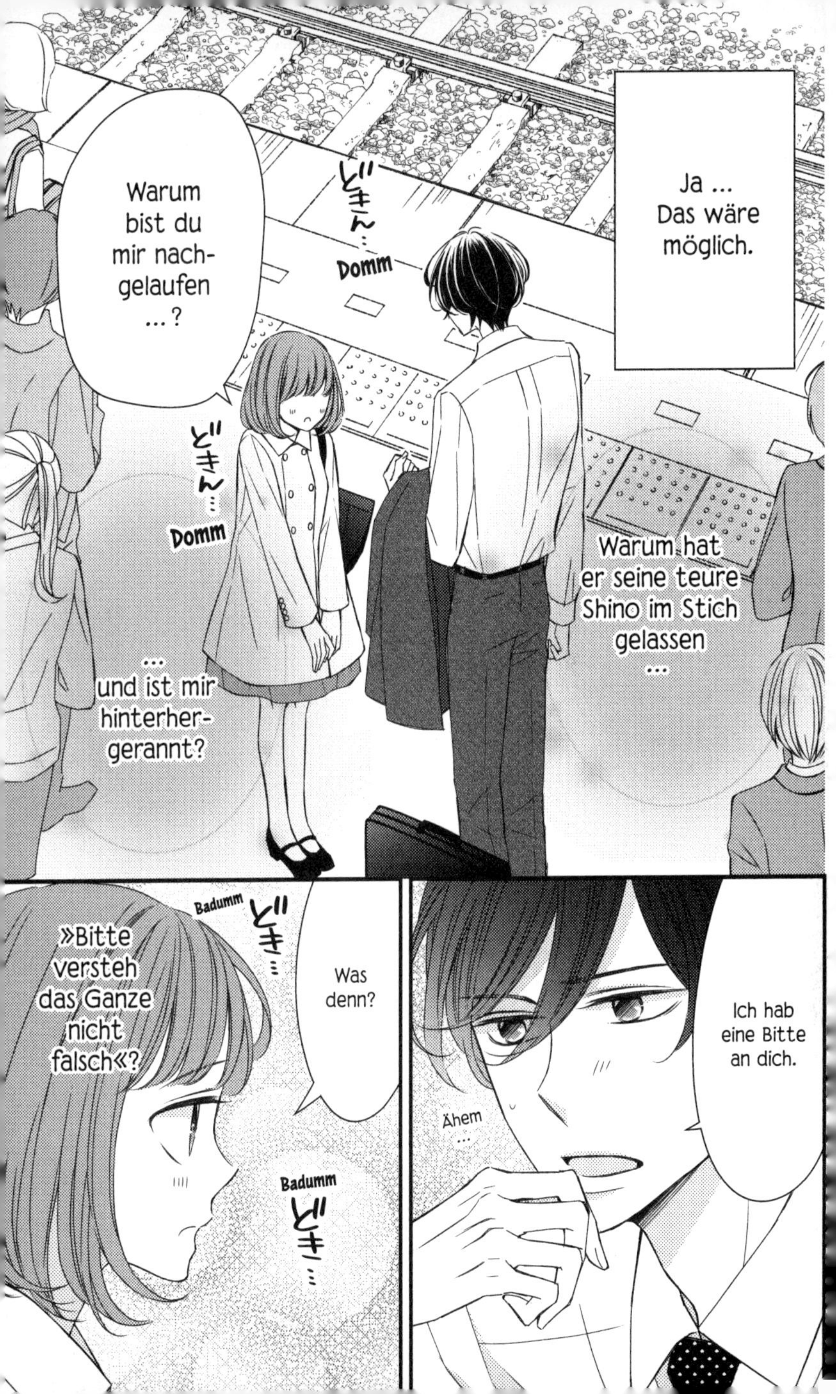
Ja ... Das wäre möglich.
Warum hat er seine teure Shino im Stich gelassen ...
どきん…
Domm
Warum bist du mir nach-gelaufen ...?
どきん…
Domm
... und ist mir hinterher-gerannt?
Ich hab eine Bitte an dich.
Ähem ...
Was denn?
Badumm
どき…
»Bitte versteh das Ganze nicht falsch«?
Badumm
どき…

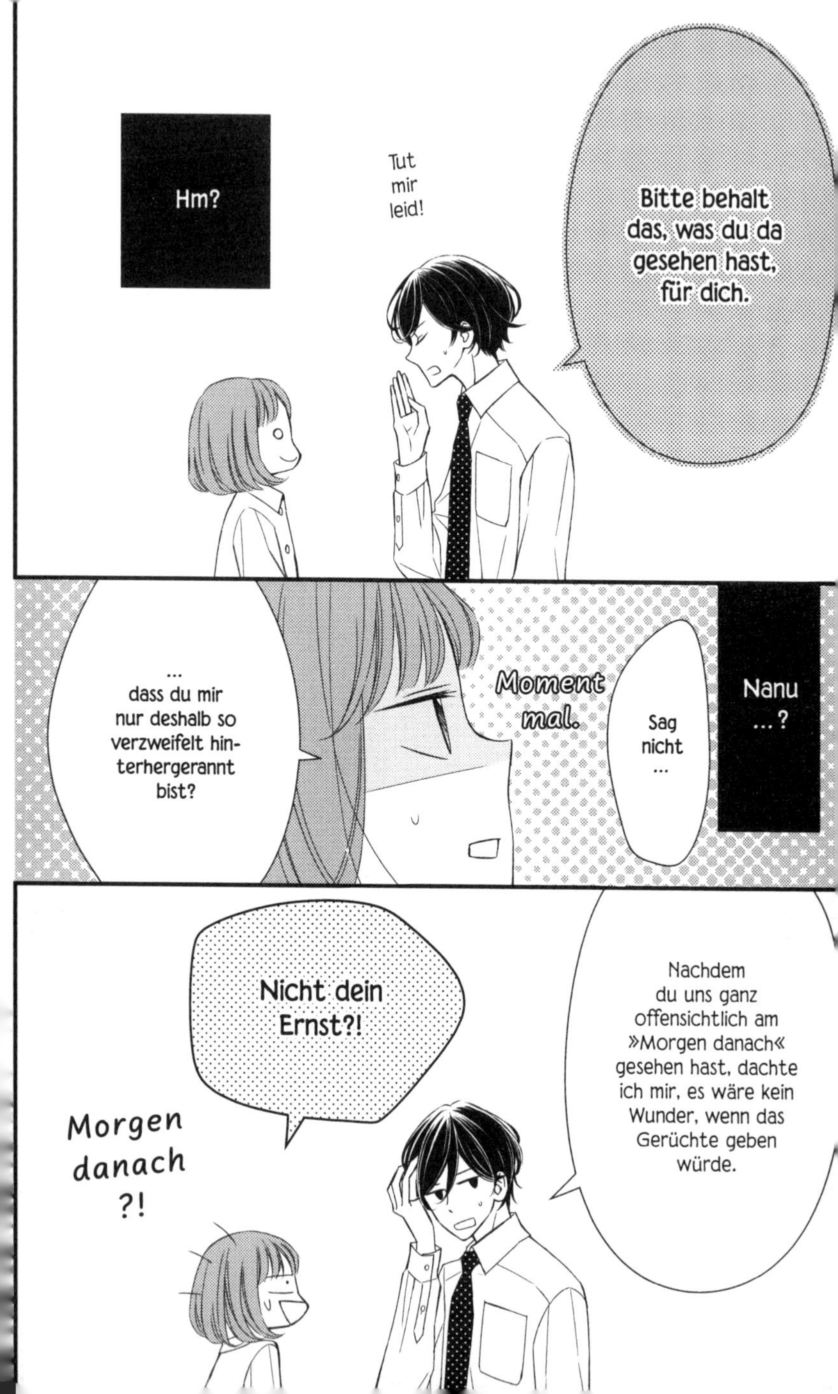
Bitte behalt das, was du da gesehen hast, für dich.
Tut mir leid!
Hm?
Nanu …?
Sag nicht …
Moment mal.
… dass du mir nur deshalb so verzweifelt hinterhergerannt bist?
Nachdem du uns ganz offensichtlich am »Morgen danach« gesehen hast, dachte ich mir, es wäre kein Wunder, wenn das Gerüchte geben würde.
Nicht dein Ernst?!
Morgen danach ?!

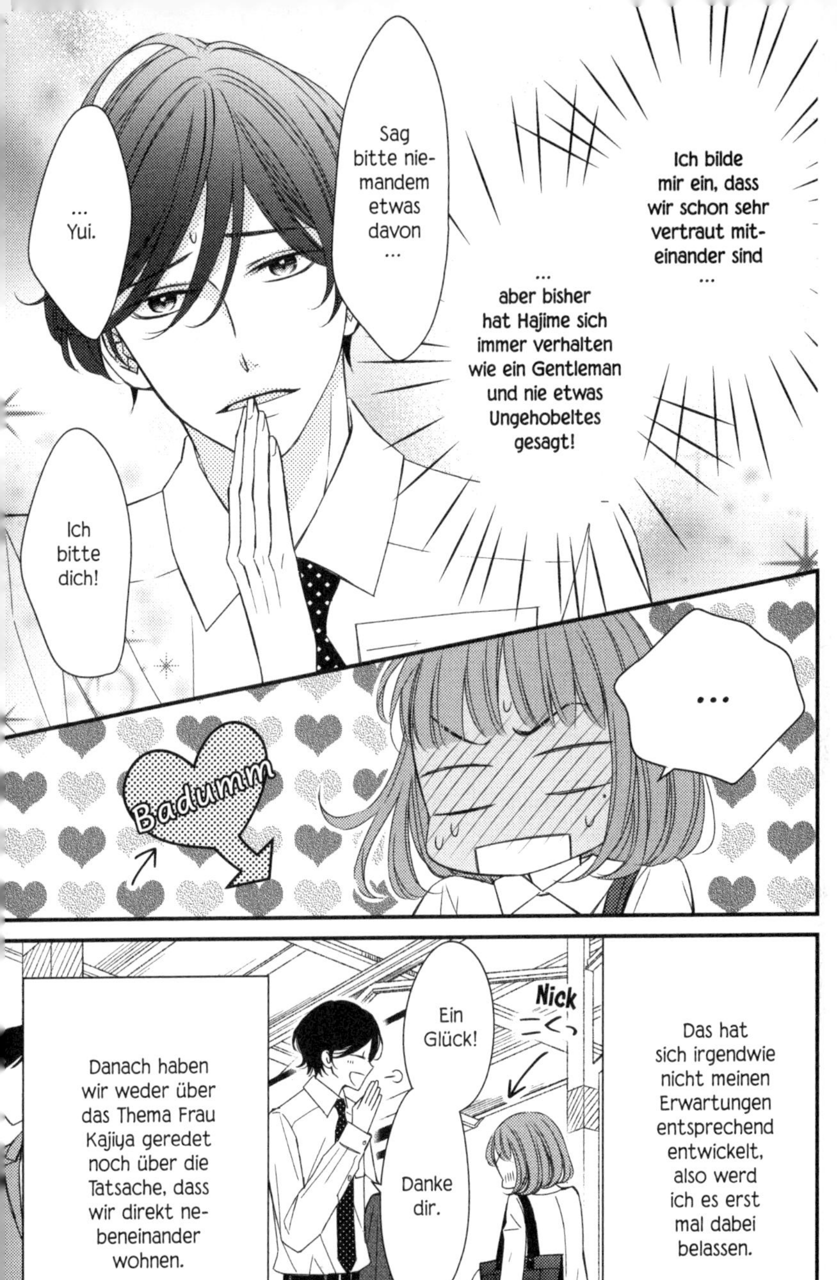

Ich bilde mir ein, dass wir schon sehr vertraut miteinander sind ...
... aber bisher hat Hajime sich immer verhalten wie ein Gentleman und nie etwas Ungehobeltes gesagt!
Sag bitte niemandem etwas davon ...
... Yui.
Ich bitte dich!
...
Badumm
Das hat sich irgendwie nicht meinen Erwartungen entsprechend entwickelt, also werd ich es erst mal dabei belassen.
Nick
Ein Glück!
Danke dir.
Danach haben wir weder über das Thema Frau Kajiya geredet noch über die Tatsache, dass wir direkt nebeneinander wohnen.

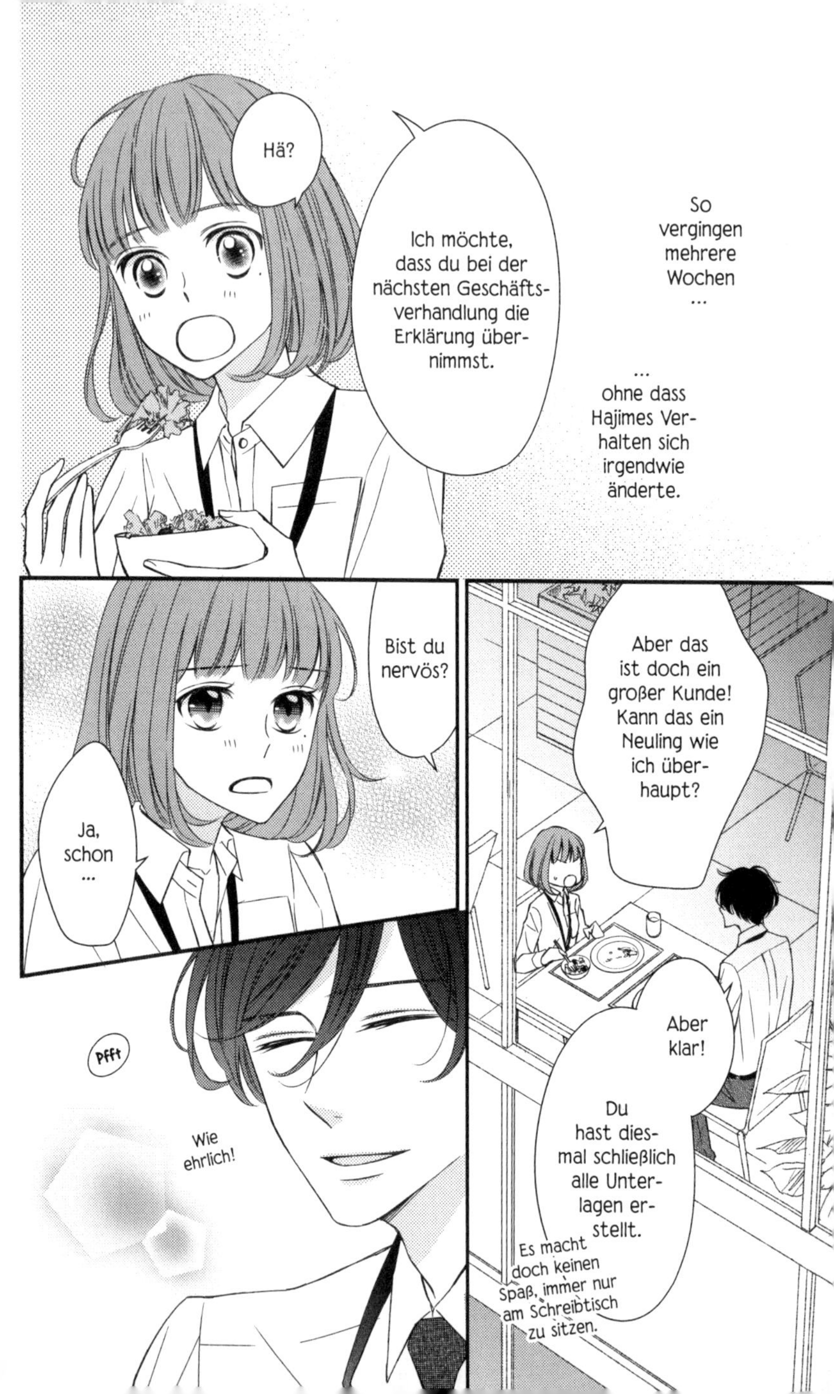
So vergingen mehrere Wochen …
… ohne dass Hajimes Verhalten sich irgendwie änderte.
Ich möchte, dass du bei der nächsten Geschäftsverhandlung die Erklärung übernimmst.
Hä?
Aber das ist doch ein großer Kunde! Kann das ein Neuling wie ich überhaupt?
Aber klar!
Du hast diesmal schließlich alle Unterlagen erstellt.
Es macht doch keinen Spaß, immer nur am Schreibtisch zu sitzen.
Bist du nervös?
Ja, schon …
Pfft
Wie ehrlich!

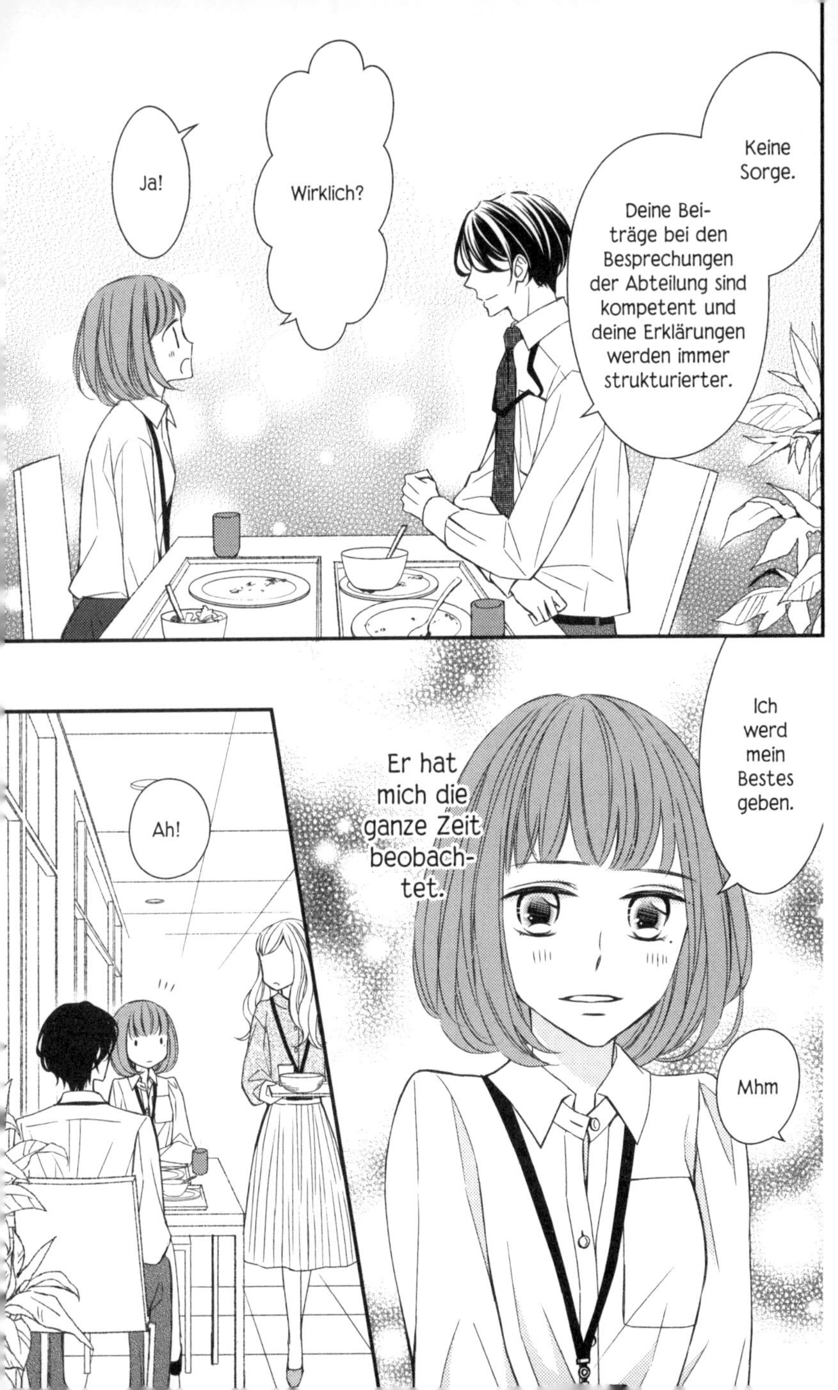
Keine Sorge.
Deine Beiträge bei den Besprechungen der Abteilung sind kompetent und deine Erklärungen werden immer strukturierter.
Wirklich?
Ja!
Ich werd mein Bestes geben.
Mhm
Er hat mich die ganze Zeit beobachtet.
Ah!

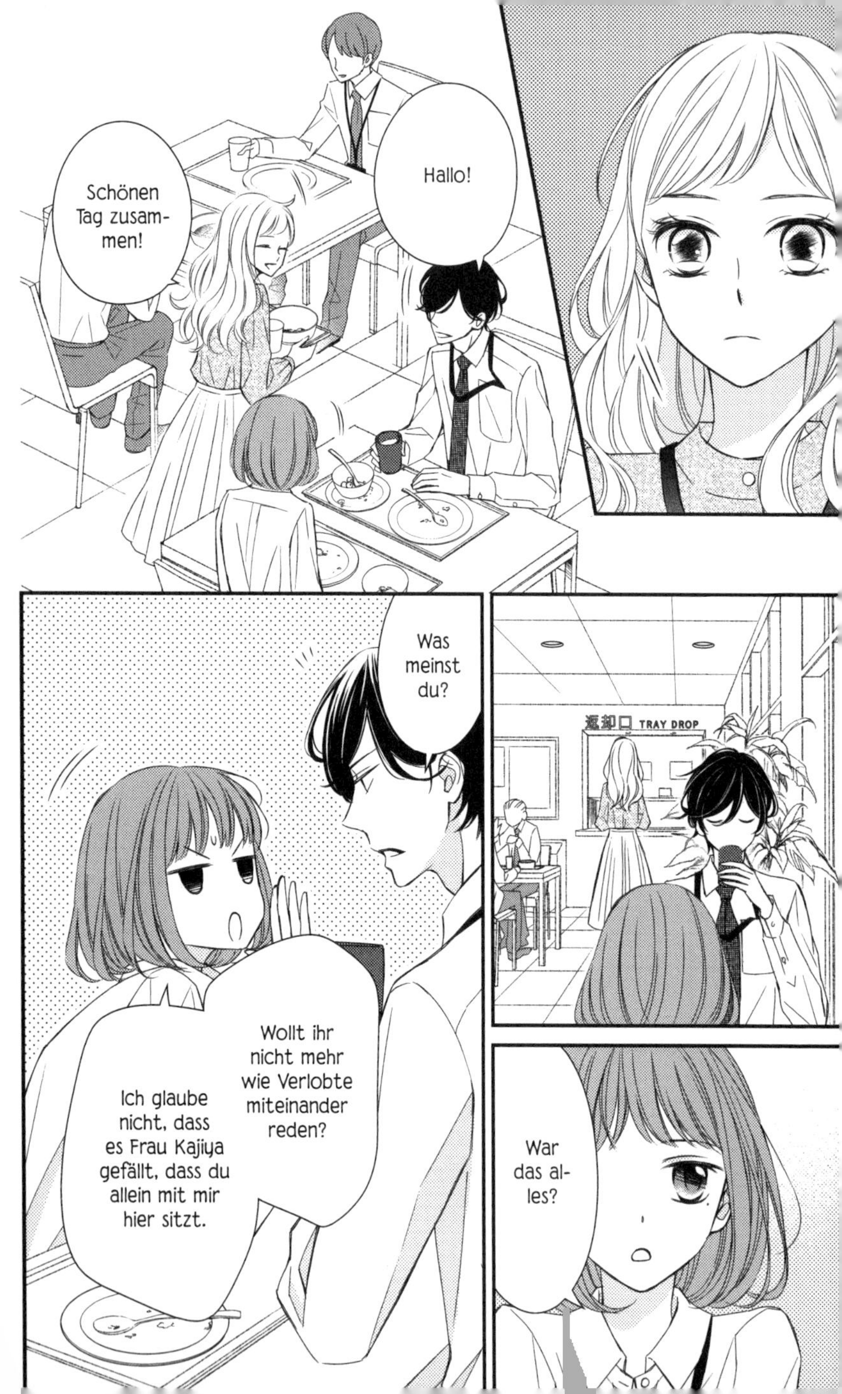
Hallo!
Schönen Tag zusammen!
返却口 TRAY DROP
War das alles?
Was meinst du?
Wollt ihr nicht mehr wie Verlobte miteinander reden?
Ich glaube nicht, dass es Frau Kajiya gefällt, dass du allein mit mir hier sitzt.

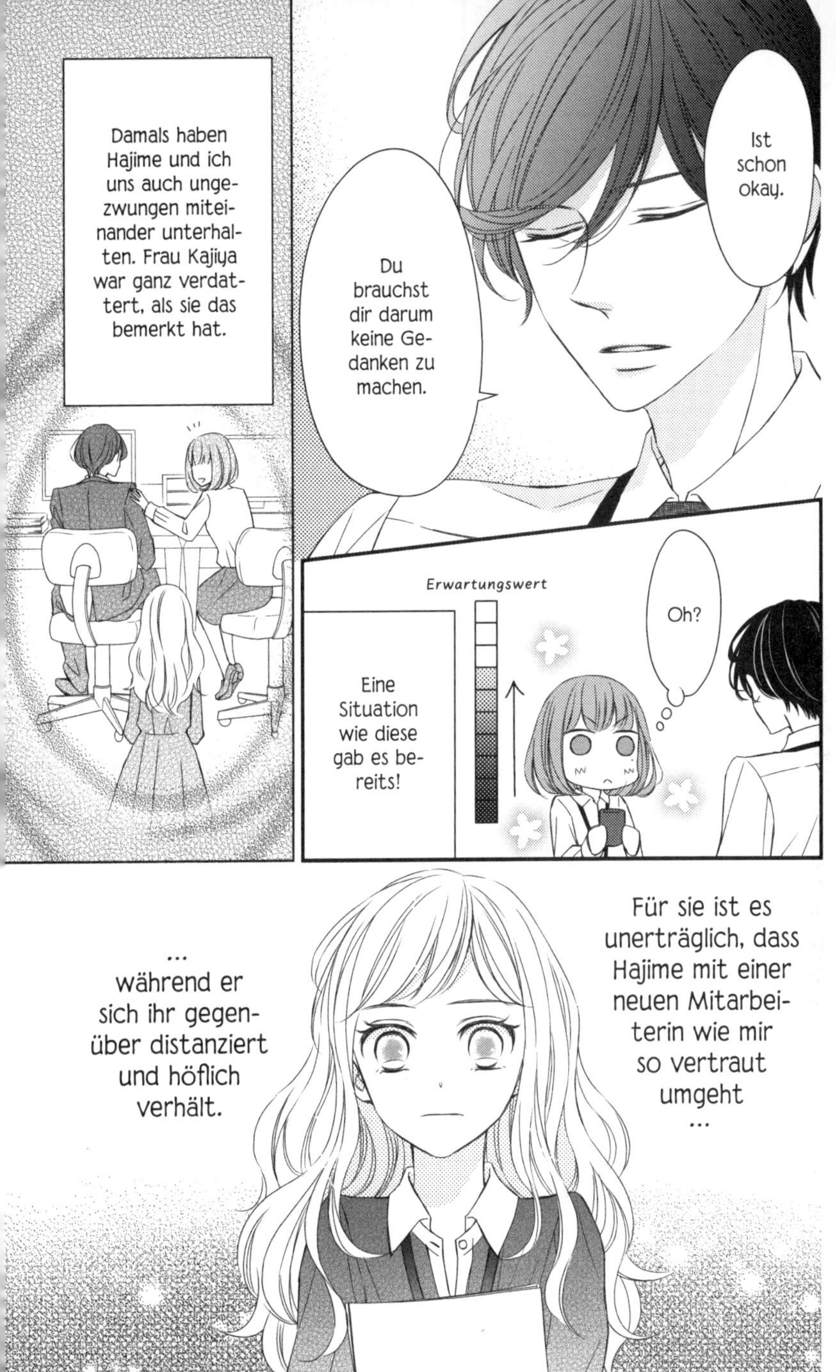
Ist schon okay.
Du brauchst dir darum keine Gedanken zu machen.
Damals haben Hajime und ich uns auch ungezwungen miteinander unterhalten. Frau Kajiya war ganz verdattert, als sie das bemerkt hat.
Oh?
Erwartungswert
Eine Situation wie diese gab es bereits!
Für sie ist es unerträglich, dass Hajime mit einer neuen Mitarbeiterin wie mir so vertraut umgeht …
… während er sich ihr gegenüber distanziert und höflich verhält.

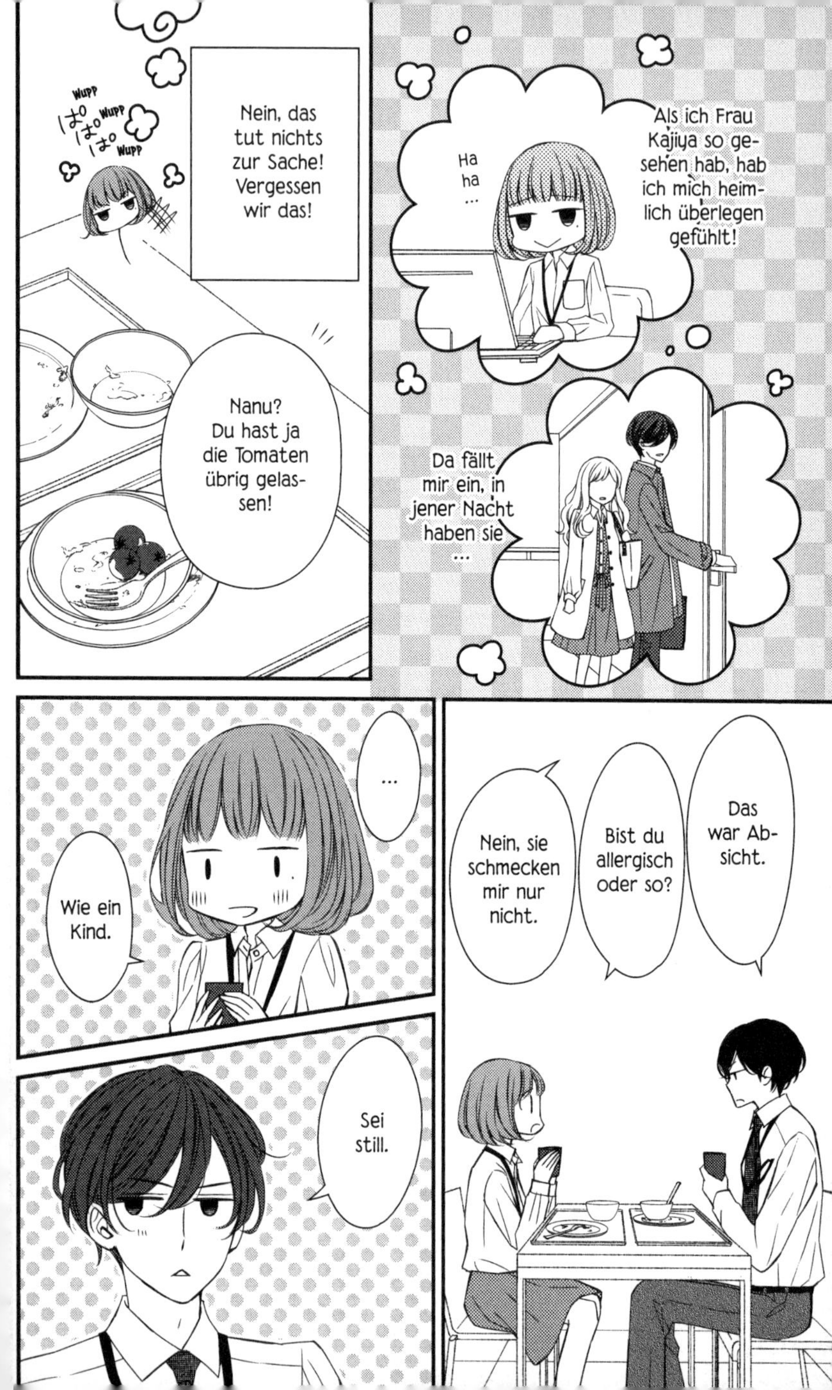

Als ich Frau Kajiya so gesehen hab, hab ich mich heimlich überlegen gefühlt!
Ha ha …
Da fällt mir ein, in jener Nacht haben sie …
Wupp ぱ Wupp ぱ Wupp ぱ
Nein, das tut nichts zur Sache! Vergessen wir das!
Nanu? Du hast ja die Tomaten übrig gelassen!
Das war Absicht.
Bist du allergisch oder so?
Nein, sie schmecken mir nur nicht.
…
Wie ein Kind.
Sei still.

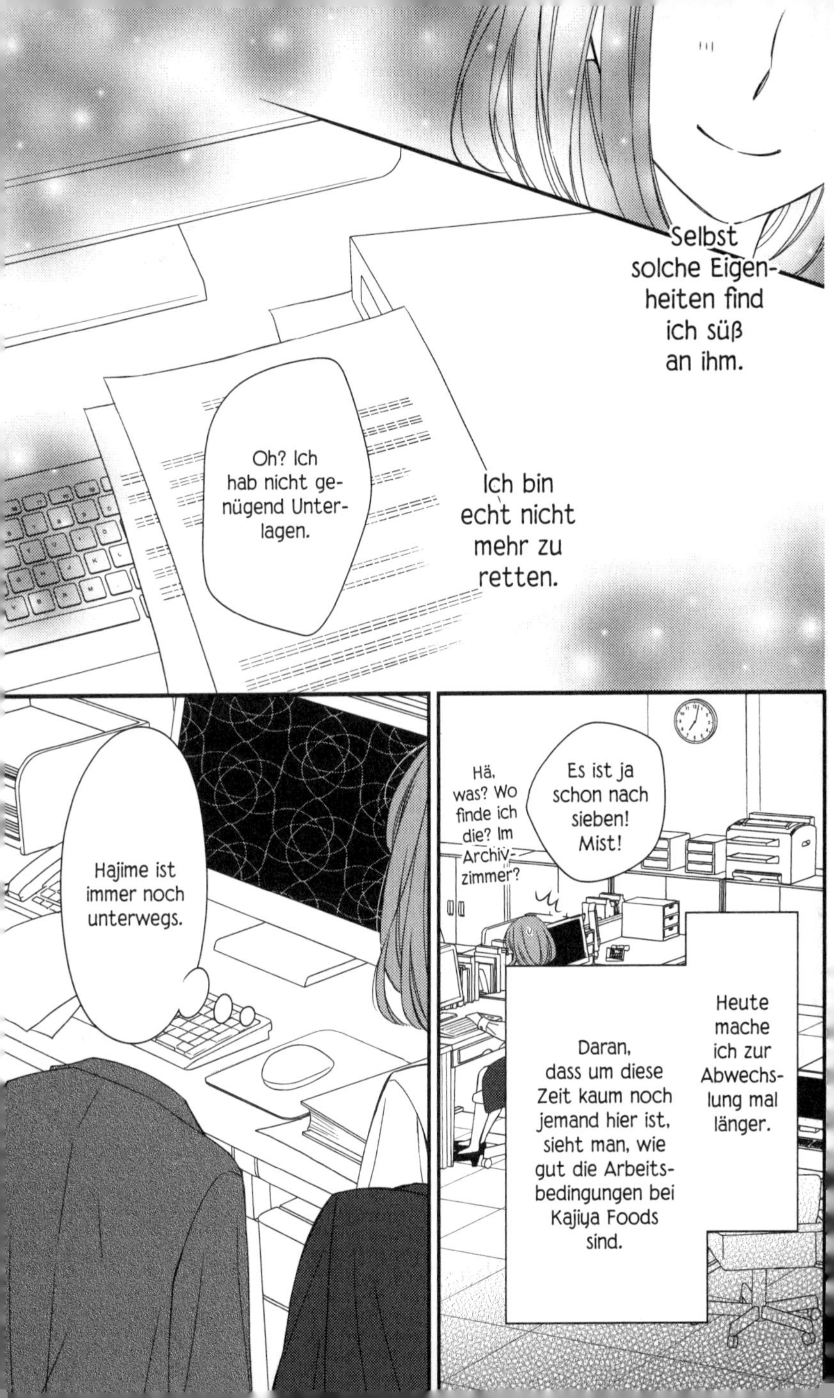

Selbst solche Eigenheiten find ich süß an ihm.
Ich bin echt nicht mehr zu retten.
Oh? Ich hab nicht genügend Unterlagen.
Heute mache ich zur Abwechslung mal länger.
Daran, dass um diese Zeit kaum noch jemand hier ist, sieht man, wie gut die Arbeitsbedingungen bei Kajiya Foods sind.
Es ist ja schon nach sieben! Mist!
Hä, was? Wo finde ich die? Im Archivzimmer?
Hajime ist immer noch unterwegs.

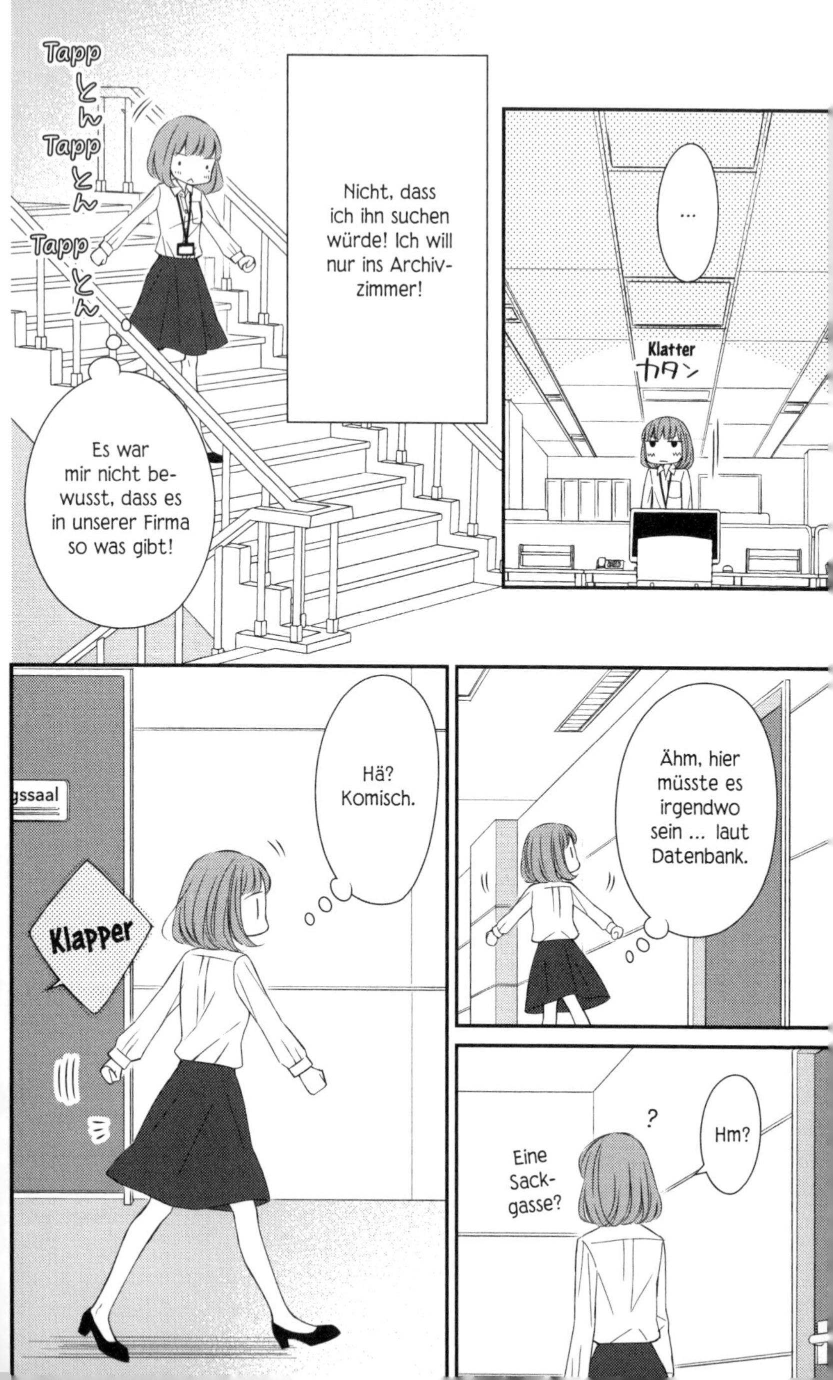

...
Klatter
カタン
Nicht, dass ich ihn suchen würde! Ich will nur ins Archivzimmer!
Tapp
とん
Tapp
とん
Tapp
とん
Es war mir nicht bewusst, dass es in unserer Firma so was gibt!
Ähm, hier müsste es irgendwo sein ... laut Datenbank.
Hm?
?
Eine Sackgasse?
Hä? Komisch.
gssaal
Klapper

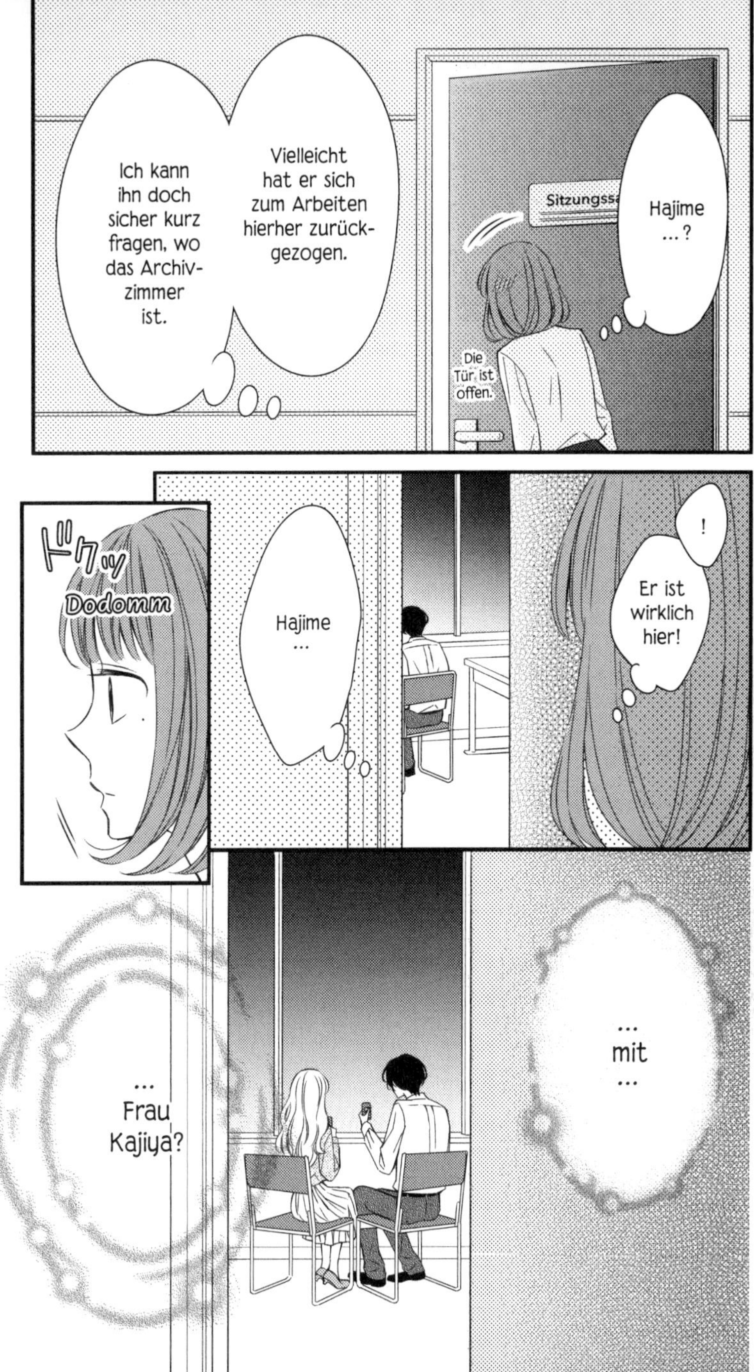
Hajime …?
Sitzungssa
Vielleicht hat er sich zum Arbeiten hierher zurückgezogen.
Ich kann ihn doch sicher kurz fragen, wo das Archivzimmer ist.
Die Tür ist offen.
!
Er ist wirklich hier!
Hajime …
ドクッ
Dodomm
… mit …
… Frau Kajiya?

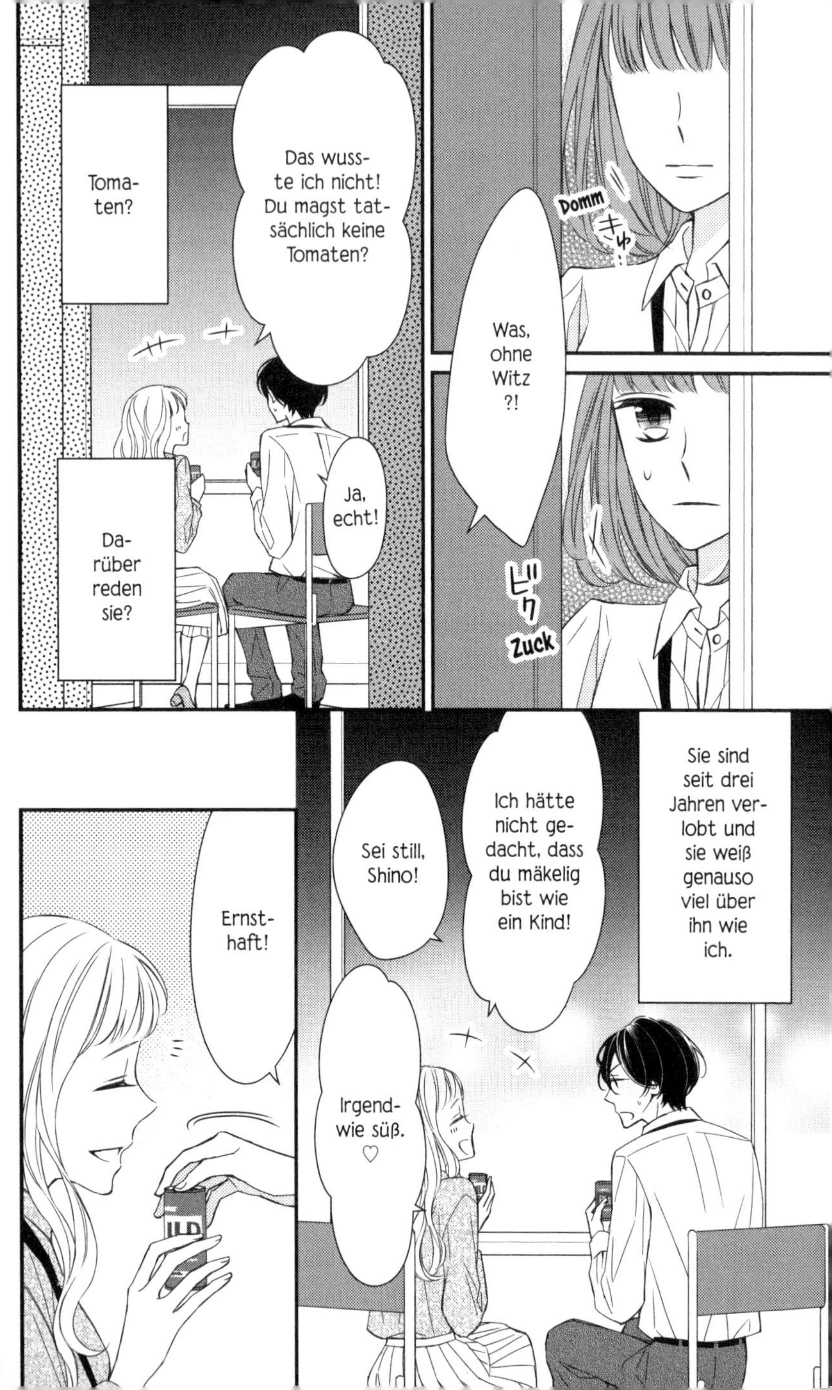
Domm
Was, ohne Witz?!
ビク
Zuck
Das wusste ich nicht! Du magst tatsächlich keine Tomaten?
Tomaten?
Ja, echt!
Darüber reden sie?
Sie sind seit drei Jahren verlobt und sie weiß genauso viel über ihn wie ich.
Ich hätte nicht gedacht, dass du mäkelig bist wie ein Kind!
Sei still, Shino!
Irgendwie süß. ♡
Ernsthaft!

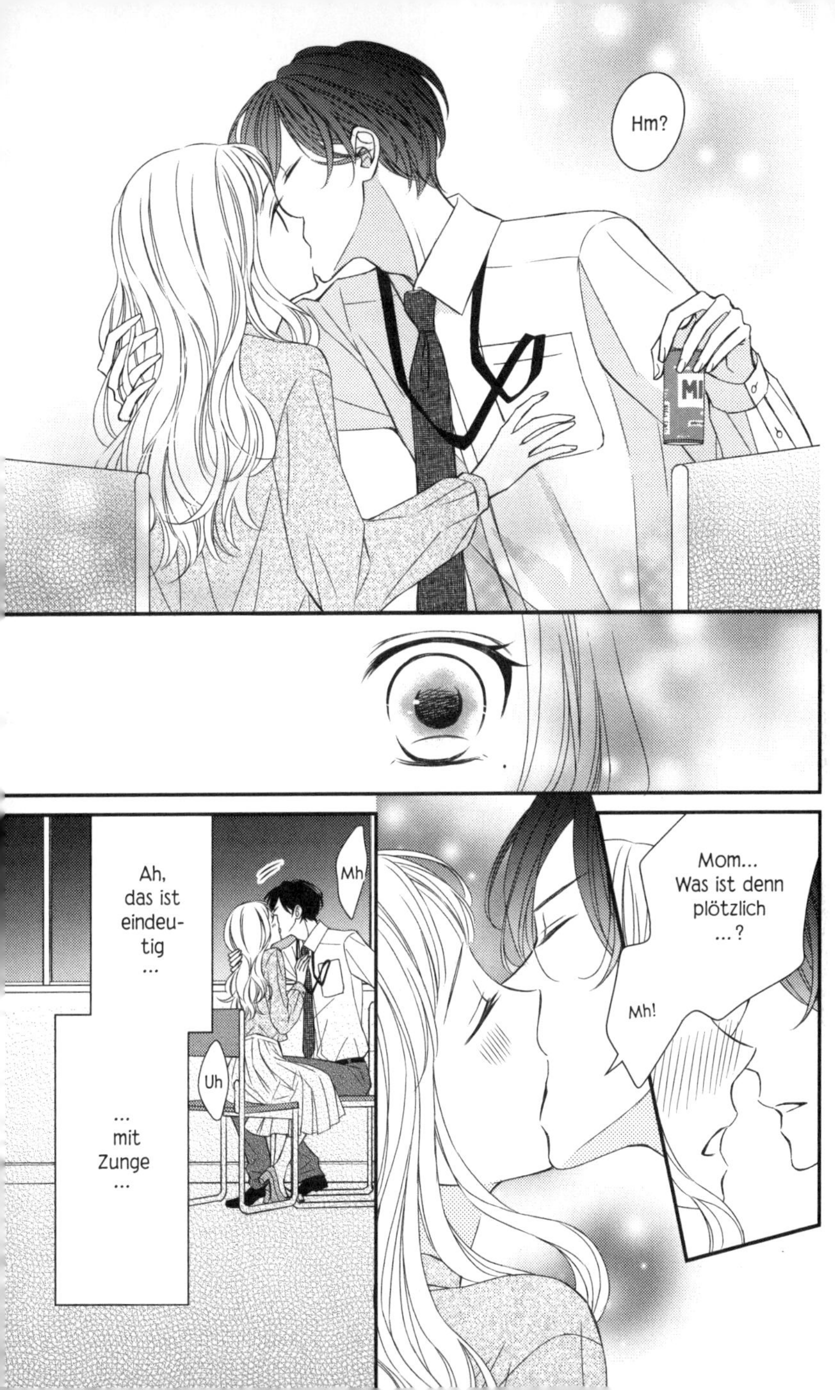
Hm?
Mom...
Was ist denn
plötzlich
...?
Mh!
Mh
Ah,
das ist
eindeu-
tig
...
Uh
...
mit
Zunge
...

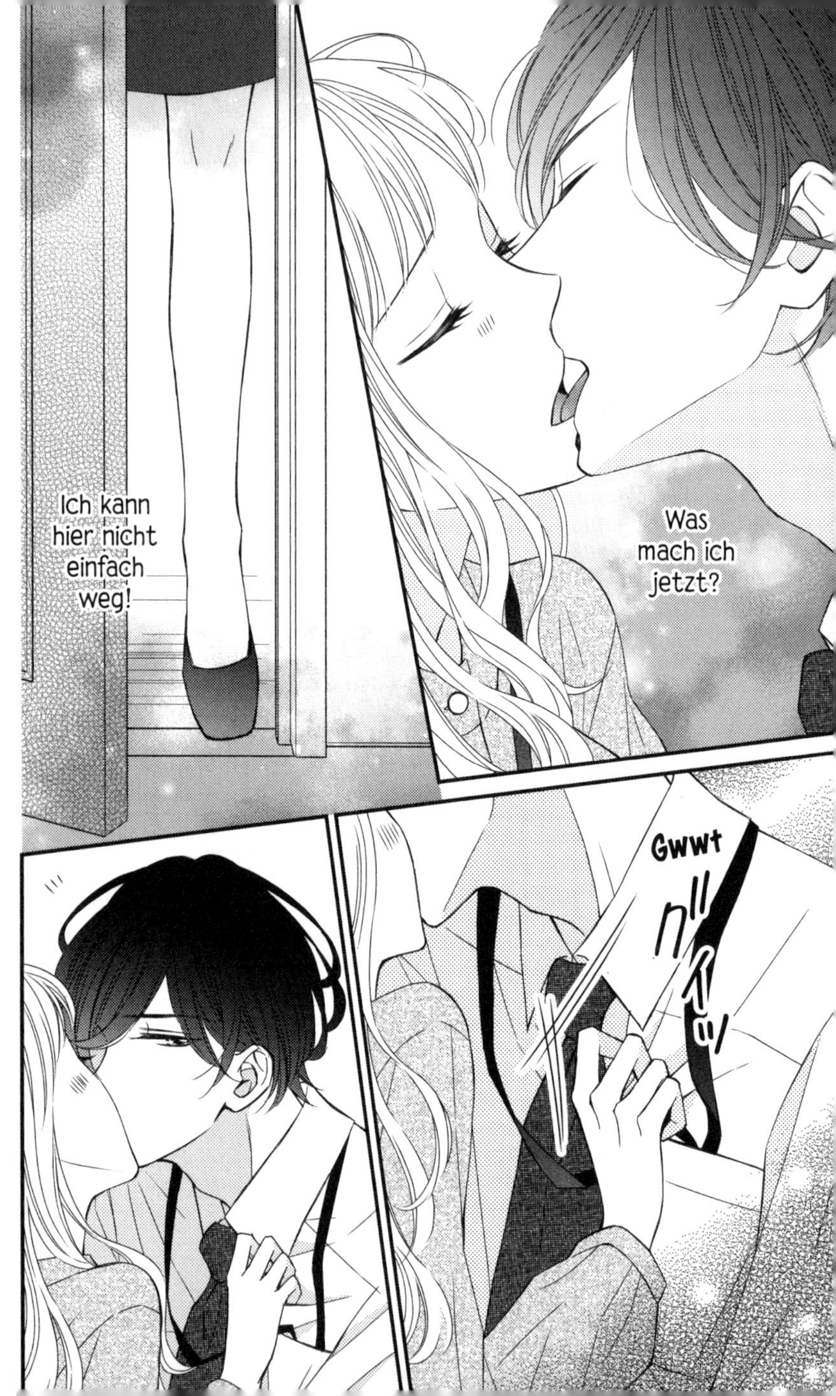
Was mach ich jetzt?
Ich kann hier nicht einfach weg!
Gwwt
グイッ

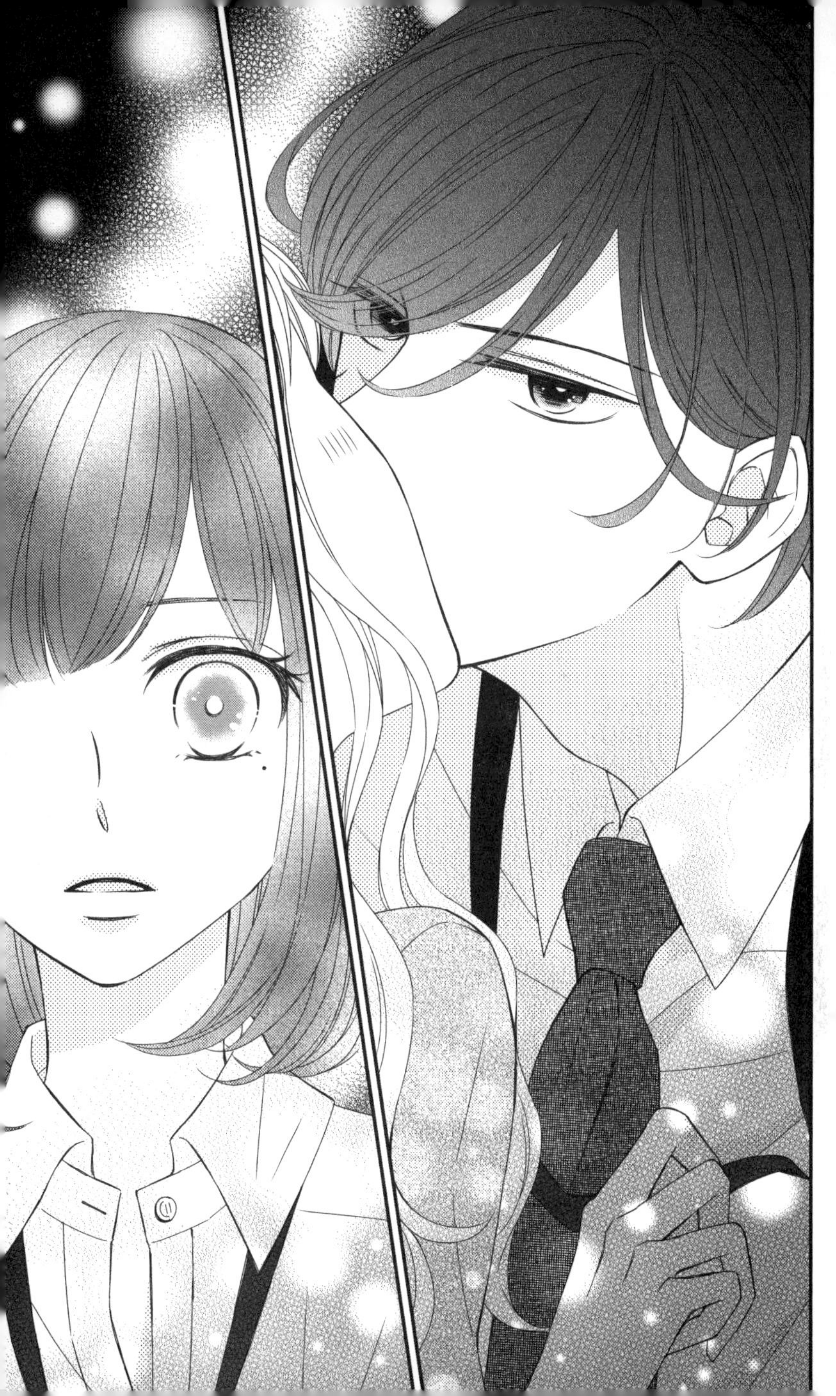

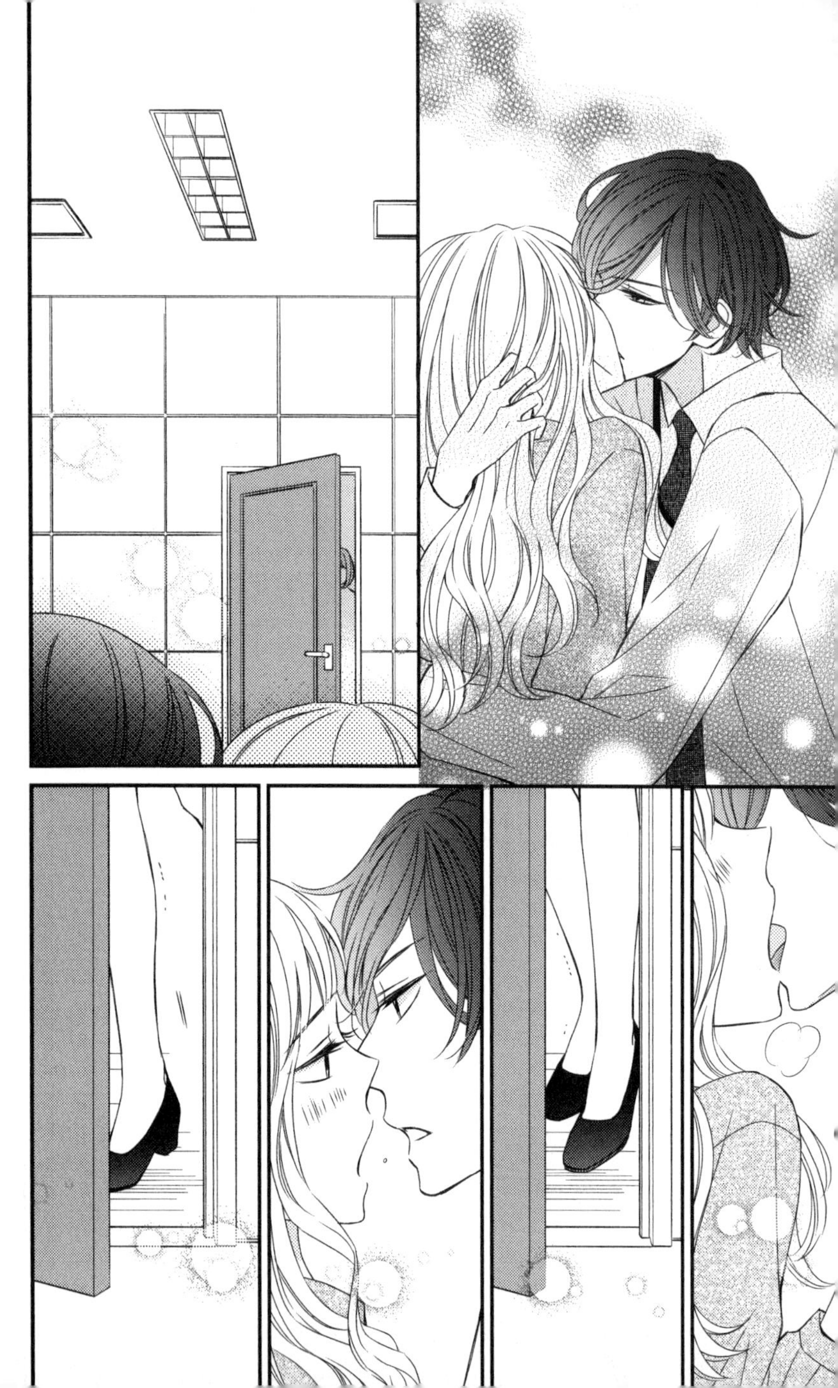

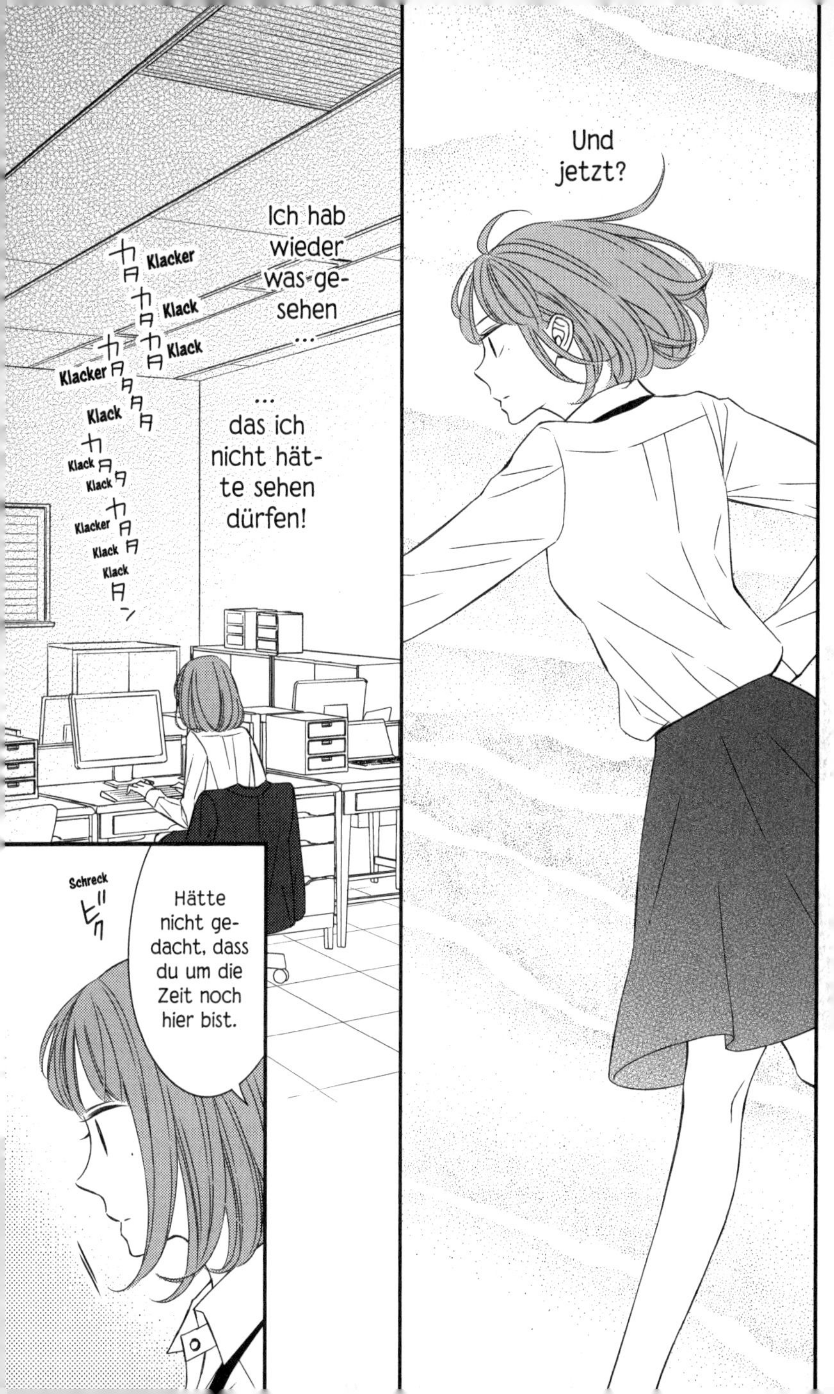
Und jetzt?
Ich hab wieder was gesehen ...
... das ich nicht hätte sehen dürfen!
Klacker Klack Klack Klacker Klack Klack Klack Klacker Klack Klack
Schreck
Hätte nicht gedacht, dass du um die Zeit noch hier bist.

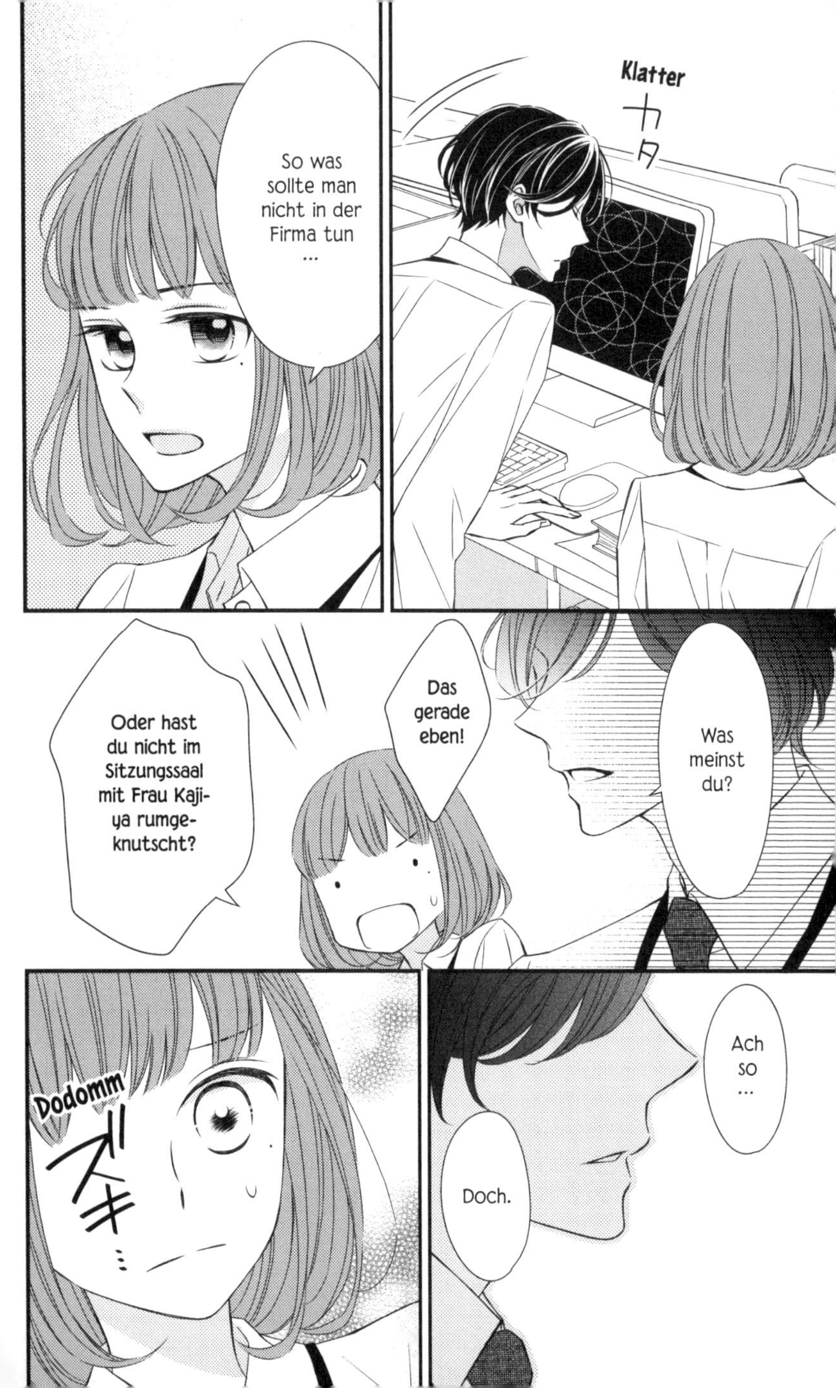
Klatter
カタ
So was sollte man nicht in der Firma tun …
Was meinst du?
Das gerade eben!
Oder hast du nicht im Sitzungssaal mit Frau Kaji-ya rumgeknutscht?
Ach so …
Doch.
Dodomm

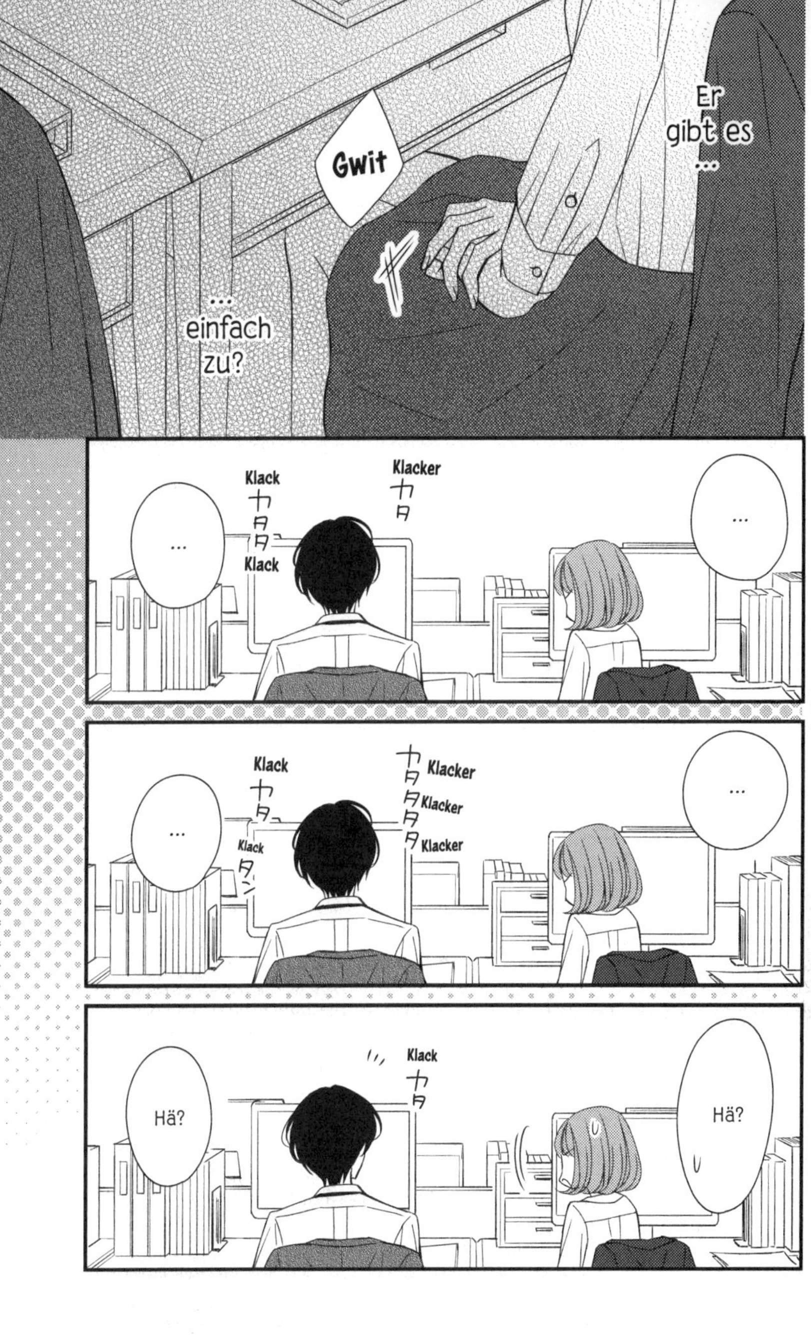
Er gibt es …
Gwit
… einfach zu?
…
Klacker
Klack
Klack
…
…
Klacker
Klacker
Klacker
Klack
Klack
…
Hä?
Klack
Hä?

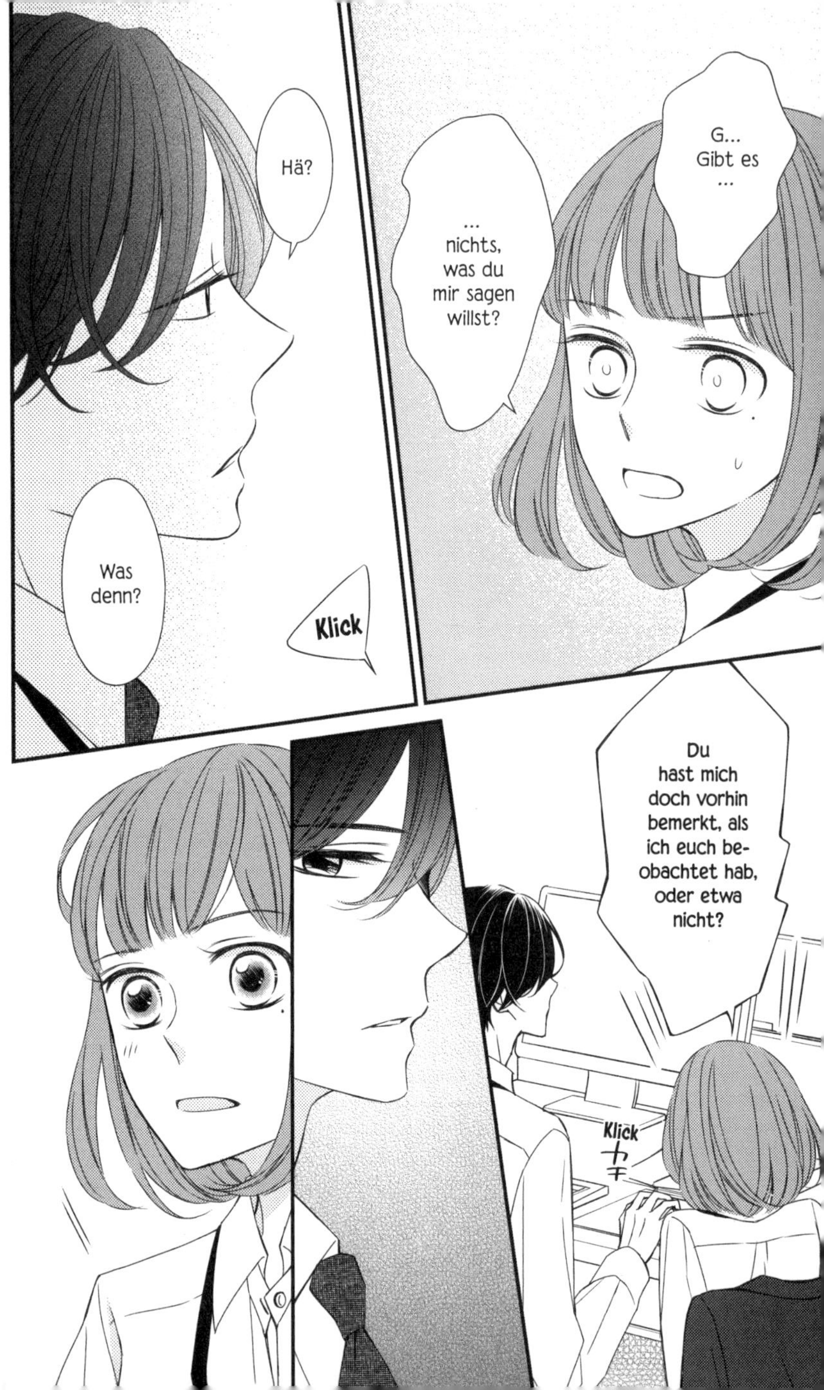
G... Gibt es ...
... nichts, was du mir sagen willst?
Hä?
Was denn?
Klick
Du hast mich doch vorhin bemerkt, als ich euch beobachtet hab, oder etwa nicht?
Klick

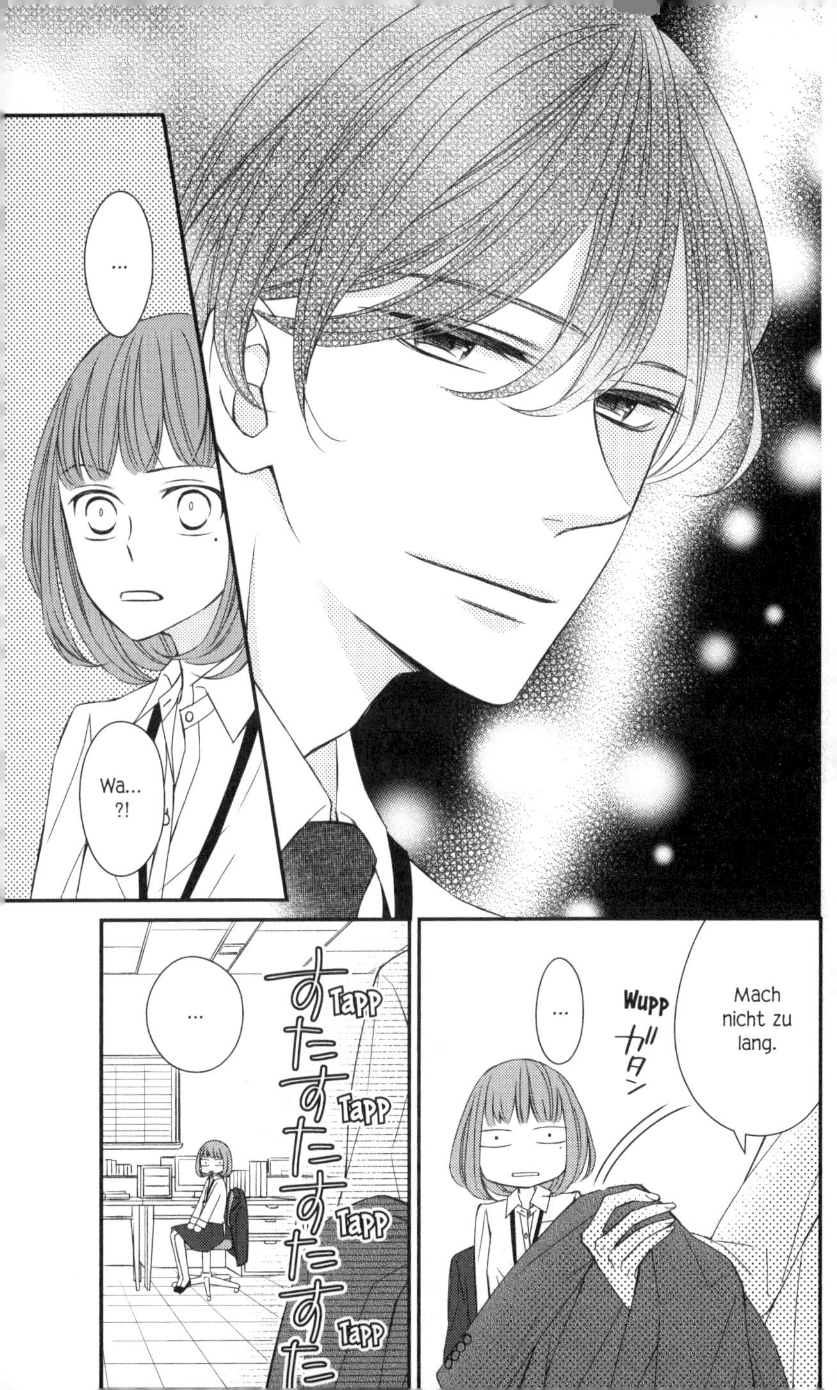
...
Wa... ?!
Mach nicht zu lang.
Wupp
ガタン
...
...
Tapp
Tapp
Tapp
Tapp
すたすたすたすた

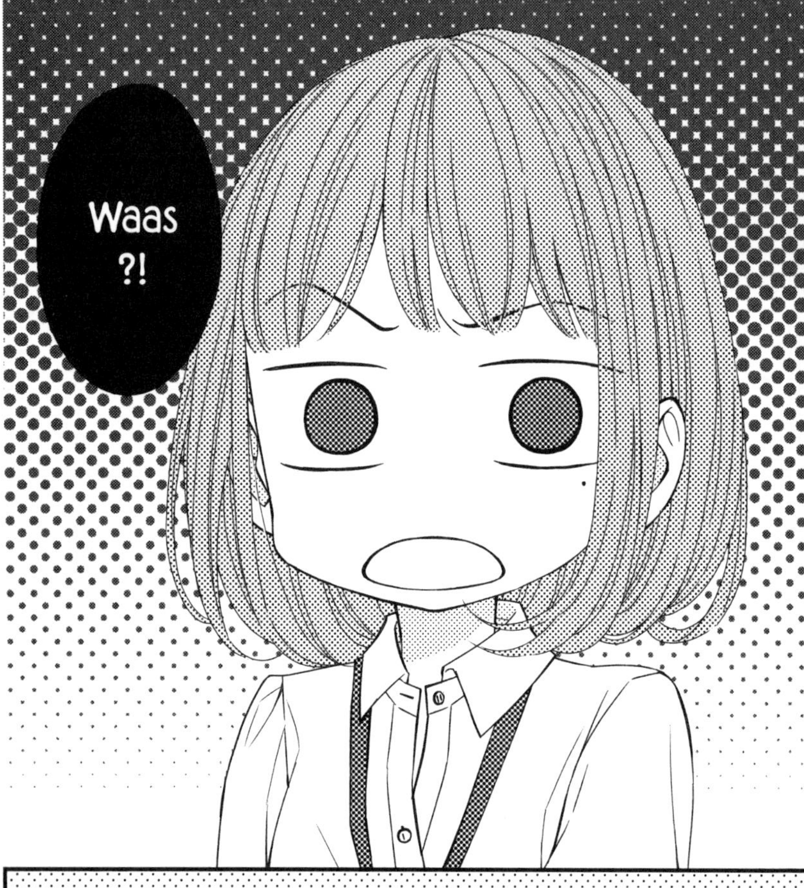

Schließlich hab ich es versäumt, ihn zu fragen, wo das Archiv- zimmer ist …

… und musste daraufhin bis fast 22 Uhr Überstunden machen.

Kapitel 3 Ende

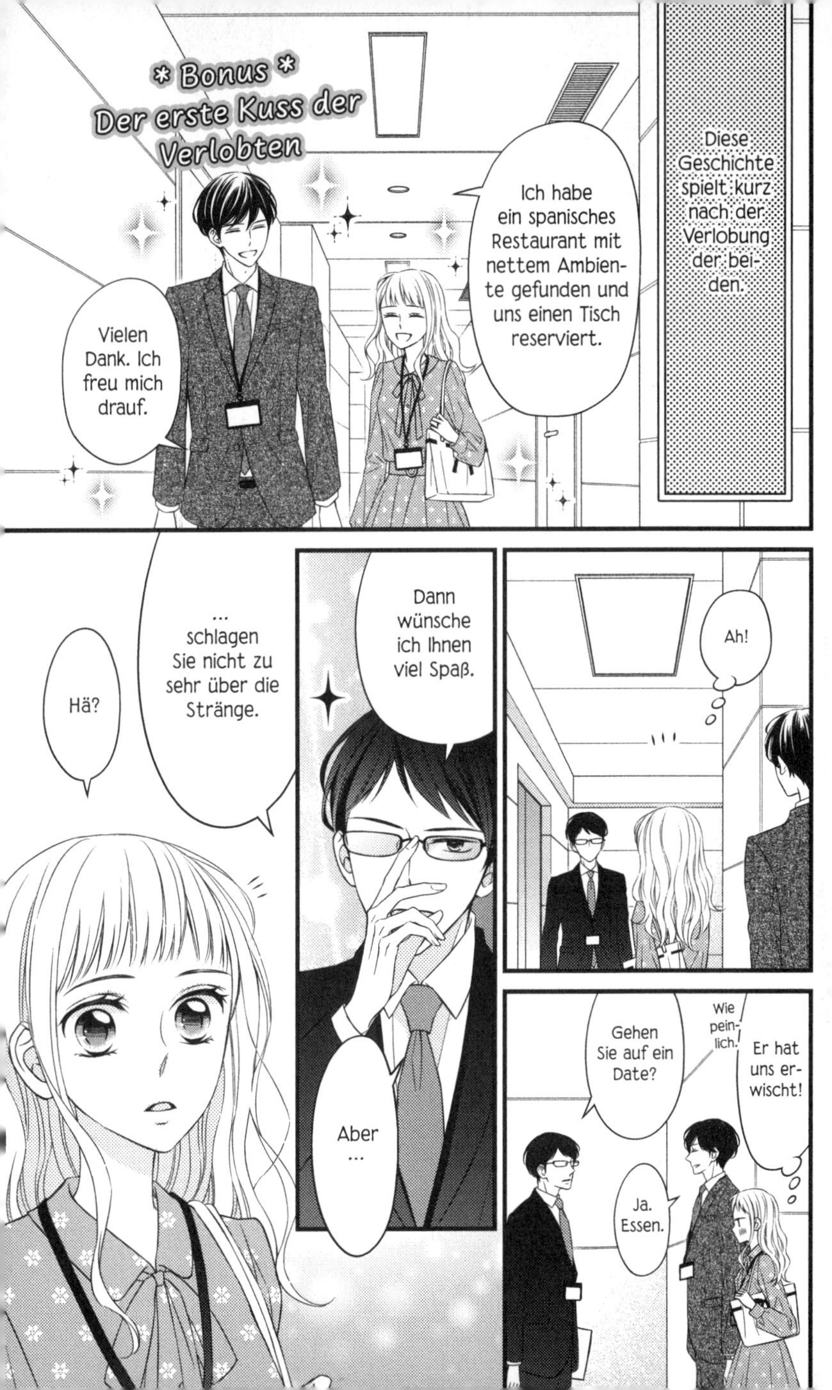
* Bonus *
Der erste Kuss der Verlobten
Diese Geschichte spielt kurz nach der Verlobung der beiden.
Ich habe ein spanisches Restaurant mit nettem Ambiente gefunden und uns einen Tisch reserviert.
Vielen Dank. Ich freu mich drauf.
Ah!
Er hat uns erwischt!
Wie peinlich.
Gehen Sie auf ein Date?
Ja. Essen.
Dann wünsche ich Ihnen viel Spaß.
Aber ...
... schlagen Sie nicht zu sehr über die Stränge.
Hä?

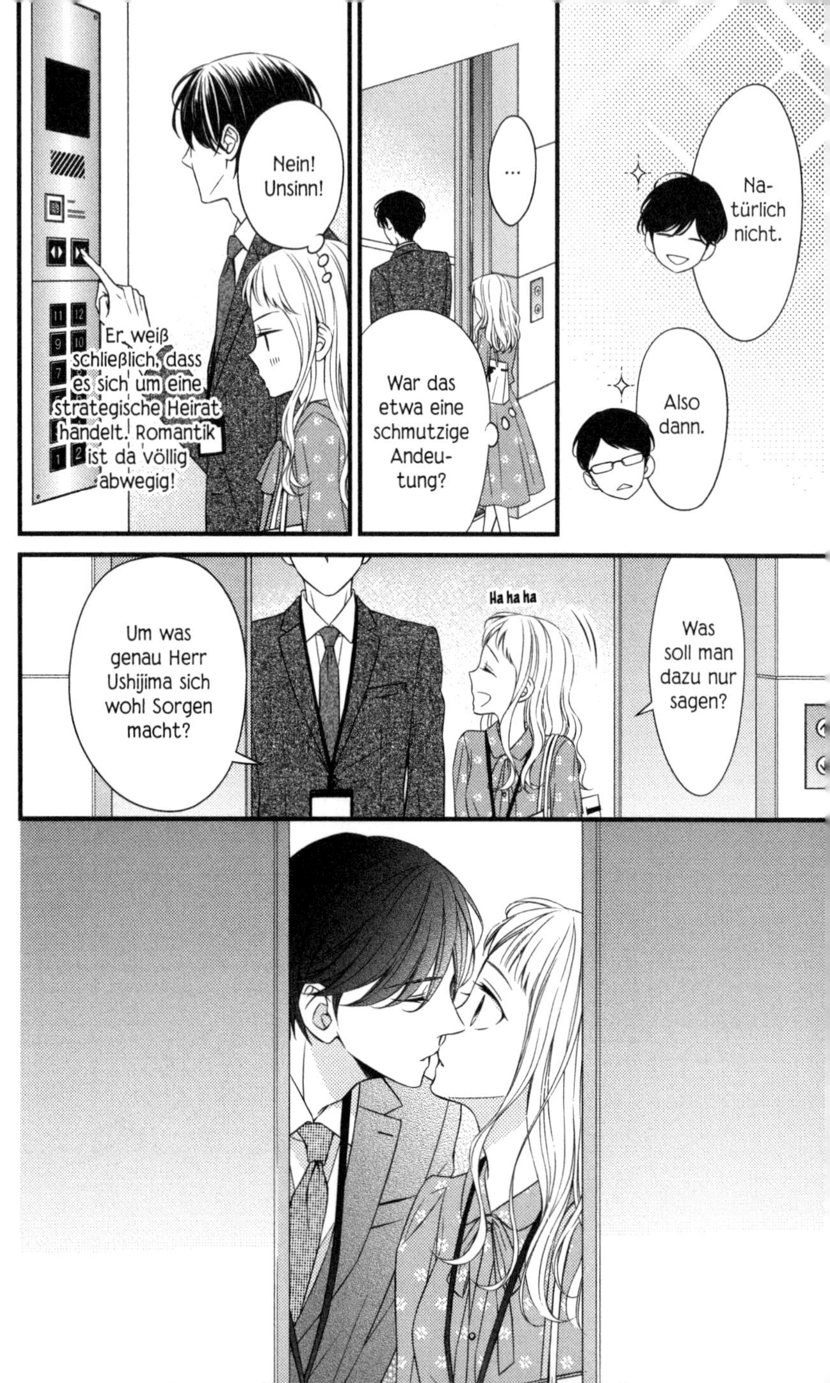

Natürlich nicht.
Also dann.
...
War das etwa eine schmutzige Andeutung?
Nein! Unsinn!
Er weiß schließlich, dass es sich um eine strategische Heirat handelt. Romantik ist da völlig abwegig!
Was soll man dazu nur sagen?
Ha ha ha
Um was genau Herr Ushijima sich wohl Sorgen macht?

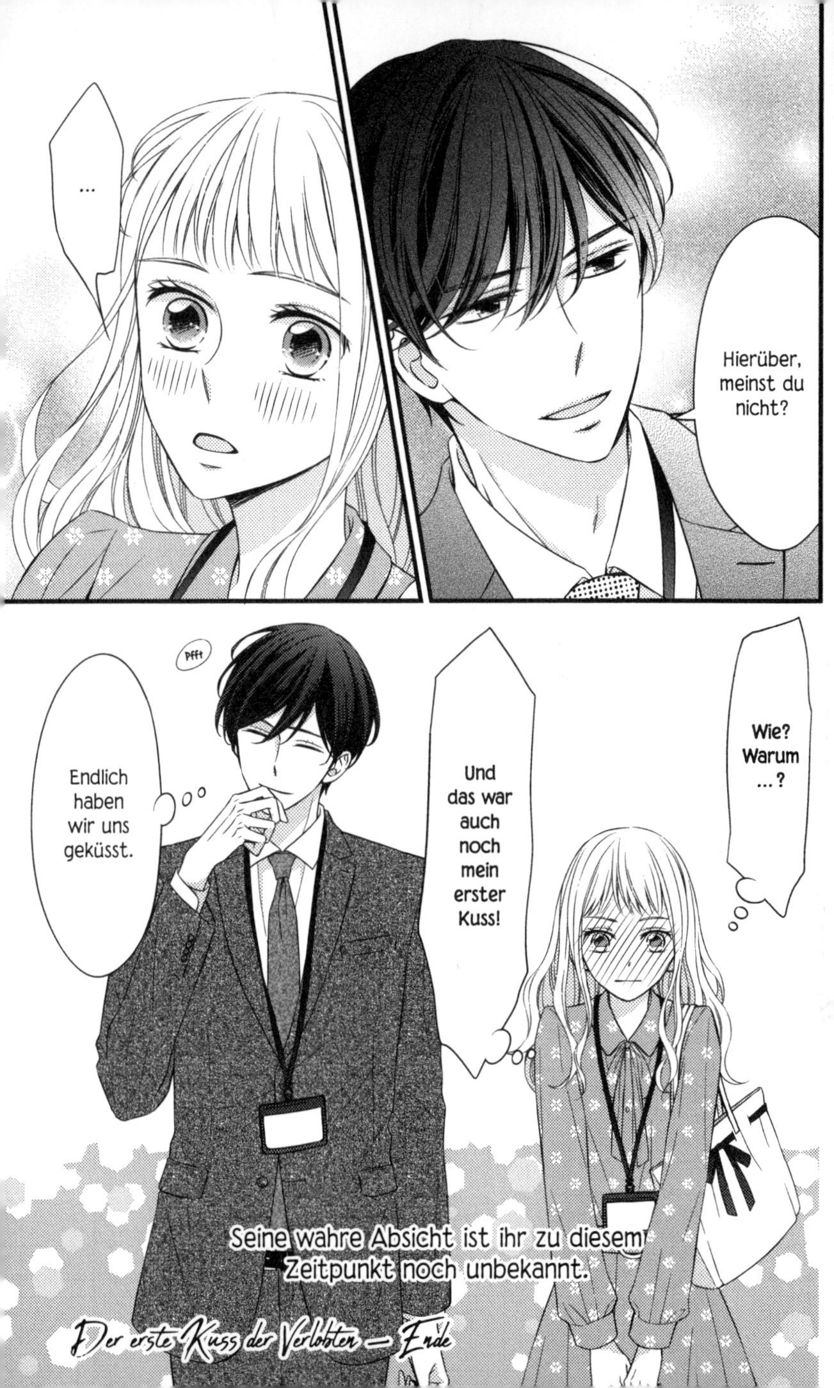
Hierüber, meinst du nicht?
...
Wie? Warum ...?
Und das war auch noch mein erster Kuss!
Pfft
Endlich haben wir uns geküsst.
Seine wahre Absicht ist ihr zu diesem Zeitpunkt noch unbekannt.
Der erste Kuss der Verlobten – Ende

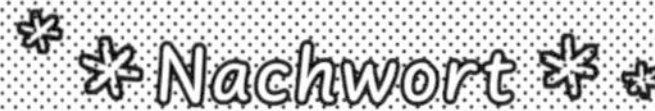

Nachwort

Vielen Dank, dass du dir Band 1 von Meine manchmal etwas anstrengende Verlobte geholt hast.
Mein Name ist Monaka Toyama und ich bin für die Story zuständig.
Dass wir in der Lage sind, unser Werk nun auch in Papierform anzubieten, haben wir all denjenigen zu verdanken, die es in elektronischer Form gelesen haben, und denen, die es weiterempfohlen haben. Ich bedanke mich von ganzem Herzen!! (:v;)
Und Frau Shiino! Dass Shino und Hajime und all die anderen Charaktere so lebendig wirken, liegt nur daran, dass Sie sie sogar noch besser verstehen als ich und dieses Verständnis mit der größten Sorgfalt in Ihren Bildern zum Ausdruck bringen. Ich bin jedes Mal ganz hin und weg, wenn Sie mir Ihre Entwürfe zeigen. (..*) Tausend Dank!
Es gibt viele Dinge, die im ersten Band noch nicht enthüllt wurden, doch im weiteren Verlauf der Geschichte wird auch Hajimes Sichtweise dargestellt und die Geschichte wird noch verzwickter werden. Es wird außerdem noch mehr Szenen geben, die für Schmetterlinge im Bauch sorgen. Ich würde mich freuen, wenn du auch weiterhin dabeibleiben würdest, und hoffe, dass wir uns in Band 2 wiedersehen!

April 2020, Monaka Toyama

✿ Besonderer Dank geht an ✿
Midori Shiino, meinen Ansprechpartner, die Redaktion, den Designer, alle, die bei der Veröffentlichung und Verbreitung dieses Werkes geholfen haben, und euch, die Leser!!

★ Twitter ★
@MtRabbitxxx
(Informationen zum Verkauf usw.)

Vielen Dank, dass du Meine manchmal etwas anstrengende Verlobte Band 1 gelesen hast! Ich bin Midori Shiino, die für das Artwork verantwortlich ist. Ich bin überglücklich darüber, dass ich dieses Werk in einen Manga umsetzen darf und ich Frau Toyamas Charaktere, die beim Lesen immer mehr an Lebendigkeit gewinnen, in Aktion setzen kann, als wären sie meine eigenen. Auch wenn es schwierig ist! Frau Toyama ist unheimlich nett und hat sich noch nie beschwert, dass ich irgendwas nicht richtig mache. Ha ha. Es gibt jedoch auch Teile, die ich nach eigenem Gutdünken zeichne, deshalb würde es mich freuen, wenn du auch den japanischen Roman lesen würdest, auf dem dieses Werk basiert.
Es wird auch weiterhin massenweise spannende Wendungen geben, deshalb hoffe ich, dass du auch in Band 2 und darüber hinaus wieder dabei sein wirst.

Besonderer Dank geht an
Monaka Toyama, die Meine manchmal etwas anstrengende Verlobte ins Leben gerufen hat, alle, die an diesem Werk beteiligt waren, die Leser der elektronischen Version, meine Familie, Freunde und dich, die Person, die diesen Manga in den Händen hält.

Twitter → @shiinomidori

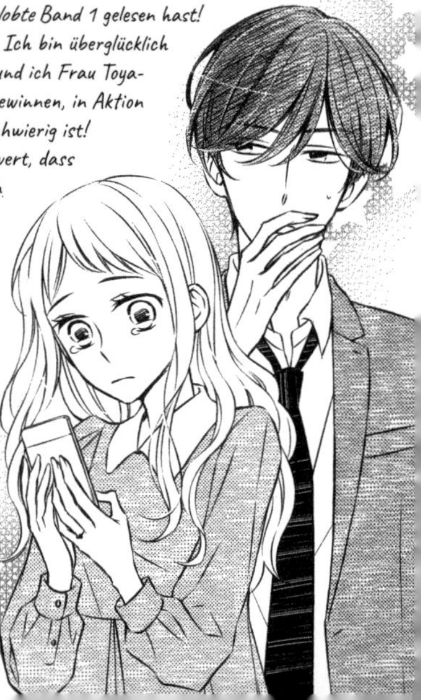

Meine manchmal etwas anstrengende Verlobte

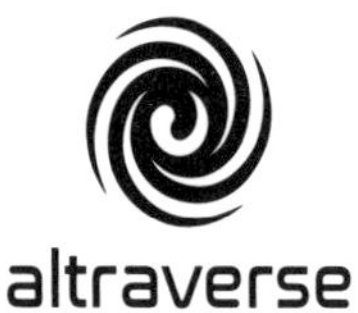

Deutsche Ausgabe / German Edition
Altraverse GmbH – Hamburg 2021
Aus dem Japanischen von Nadine Quade

KIMI WA MENDONA KONYAKUSHA by Midori Shiino, Monaka Toyama

First published in Japan in 2020 by HAKUSENSHA, Inc., Tokyo.
German language translation rights arranged with HAKUSENSHA, Inc., Tokyo through Tuttle-Mori Agency, Inc.

Redaktion: Anne Faltin
Herstellung: Madlyn Weyhe
Lettering: Vibrant Publishing Studio

Druck: CPI books GmbH, Leck
Printed in Germany

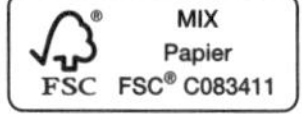

ISBN: 978-3-96358-793-1
1. Auflage 2021

www.altraverse.de